他们 的
故事和文化

Kenneth Latourette
[美]赖德烈 著
陶李春 编译

中国人

北京大学出版社
PEKING UNIVERSIYT PRESS

图书在版编目(CIP)数据

中国人：他们的故事和文化 /（美）赖德烈著；陶李春编译 . —北京：北京大学出版社，2023.4

（培文·历史）

ISBN 978-7-301-33263-4

Ⅰ.①中… Ⅱ.①赖…②陶… Ⅲ.①中华文化—研究 Ⅳ.①K203

中国国家版本馆 CIP 数据核字（2023）第 012473 号

书　　名	中国人：他们的故事和文化 ZHONGGUOREN：TAMEN DE GUSHI HE WENHUA
著作责任者	［美］赖德烈（Kenneth Latourette）著　陶李春 编译
责任编辑	徐文宁　李冶威
标准书号	ISBN 978-7-301-33263-4
出版发行	北京大学出版社
地　　址	北京市海淀区成府路 205 号　100871
网　　址	http://www.pup.cn　新浪微博：@ 北京大学出版社 @ 阅读培文
电子信箱	pkupw@qq.com
电　　话	邮购部 010-62752015　发行部 010-62750672 编辑部 010-62750112
印 刷 者	天津光之彩印刷有限公司
经 销 者	新华书店
	660 毫米 ×960 毫米　16 开本　22.5 印张　290 千字 2023 年 4 月第 1 版　2023 年 4 月第 1 次印刷
定　　价	79.00 元

未经许可，不得以任何方式复制或抄袭本书之部分或全部内容。
版权所有，侵权必究
举报电话：010-62752024　电子信箱：fd@pup.pku.edu.cn
图书如有印装质量问题，请与出版部联系，电话：010-62756370

谨以此书献给

美国著名汉学家卫三畏及卫斐列

序　言

　　本书将要讲述一个故事，故事的内容是一个伟大的民族和她灿烂的文明。故事里充满了美好的愿景和卓越的成就，亦充满了凄楚的悲剧。数以亿计的人出现在这个故事里，他们是几千年来人类族群中最大的一个。故事前后横跨五千余载。20 世纪发生的事情，让东西半球上的人愈加感知到中国人的重要性。20 世纪以前，虽有汉唐时代的陆上丝绸之路贯通东西，元明时期的海上丝绸之路连接亚非，但是，中国人的影响力更多还是囿于东亚和南亚。东部无边的海洋，北部荒凉的沙漠，西部高耸的山川，南部密布的丛林，阻隔了中外往来交流。中国人收到国外花样众多的贡品，但他们依然建立了自己别具一格的文明，这种文明强有力地影响了他们的近邻，尤其是日本人、越南人和朝鲜人。人类生活中的许多方面，尤其是丝绸、茶叶、瓷器、纸张，以及包括绘画在内等艺术品都发源于这种文明。然而，19 世纪中叶以后，西方入侵引发文化和政治革命，中国人的思想和制度经历了更为激进的变化。

　　中国是一个历史悠久的文明古国，唯有透过历史角度，方能最大限度地去欣赏中国人及其取得的成就，才能明了，他们与我们一样，他们所做的一切，都是为了争取更好的生活。中国人颇具历史意识，喜欢从历史中观照自身，我们倘能追根溯源，便能更加深入地了解他们，了解他们的文明。作者在书中第一部分首先介绍了中国的地理环境，然后依时为序，讲述其历史沿革和文化发展。作者在第二部分分专题介绍了中国主要时期的文化和制度，包括人口、政府、经济、宗教、家族、艺术、文学和教育等。

  作者要对他的母校耶鲁大学致以深忱谢意，因为正是在这里的求学时代，他开始接触中国历史，正是在这里的执教生涯中，学校给予他教授中国历史的机会，本书即由此而生。本书的价值不在于有新发现，而在于对中国历史研究做一总结和阐释。没有人比作者更了解这项工作之繁难。哪些内容该讲，哪些内容不该讲，以及讲多讲少，讲深讲浅，煞费心思。学术进步，一如后浪推前浪，随着后来者对中国历史了解日深，书中内容难免过时。然而，本书也有可能成功地对专家们所熟稔的内容进行相对中肯的总结，进而鼓励他们在其涉足领域深入钻研。

  "欲知大道，必先为史"，历史教育重在多维思考，独立判断。作为历史学者，我们应该尽力提供较多的事实，让学生进行选择判断的范围更为广泛。这是因为任何一位历史学者都无法做到毫无偏见地去撰写历史。如果他说他所写的内容皆为客观事实，他要么是盲目地自欺欺人，要么便是试图让他的读者丧失警惕。对事实的选择，需要历史学者对众多人物和事件的相对重要性进行研判。本书作者明了自身的偏见：他生于西方，长于西方，自幼接受西方教育，难免会从局外人的视角来观察中国大地上发生的事物，而不会像一个中国人那样去看待它们。他试图做一个客观的陈述者。但他明白，他对中国人所抱有的深切同情，他对中国文化的高度赞赏，很可能会让人产生误解，觉得他是在为中国人进行辩护。实情到底如何，相信大家掩卷自明。

目　录

第一部分

第一章　帝国舞台：地理因素及其影响 …… 003

第二章　帝国开端：夏商周（至前221）…… 020

第三章　帝国形成：秦汉（前221—公元220）…… 044

第四章　帝国分裂：三国两晋南北朝（220—589）…… 075

第五章　帝国繁荣：隋唐（589—907）…… 097

第六章　帝国撑持：两宋（960—1279）…… 125

第七章　帝国混融：元朝（1279—1368）…… 147

第八章　帝国再造：明朝（1368—1644）…… 155

第九章　帝国鼎盛：清朝（1644—1838）…… 170

第十章　帝国衰落：西方冲击下的转变（1839—1860）…… 182

第十一章　帝国自救：西方冲击下的变革（1861—1893）…… 193

第十二章　帝国瓦解：西方冲击下的转型（1894—1945）…… 203

第十三章　华夏新生：新中国成立（1945—1949）…… 249

第二部分

第十四章　人口 …… 261

第十五章　政府 …… 268

第十六章　经济 …… 285

第十七章　宗教 …… 297

第十八章　家族 …… 306

第十九章　艺术 …… 316

第二十章　文学与教育 …… 327

结语 …… 343

译后记 …… 349

第一部分

第一章

帝国舞台：地理因素及其影响

"中国"一名的由来

"China"是一个外来词，可以追溯到公元前3世纪的秦朝。（古代）中国人认为，在理想的人类文明社会中，只需要有一个政治中心，而中国就是那个中心。这种想法根深蒂固，因此他们不将本国与别的国家区分开，而是把中国称为"天下"，意为"天空之下"。最常用的叫法还是"中国"，意为"中央王国"。中国人常称自己为"汉人"，这得名于中国历史上著名的汉朝。南方人常称自己为"唐人"，这得名于另一个有名的朝代：唐朝。

中国的两个主要分区

历史上，中国版图分成两个部分：一是本土地区，主要居住人口自古就是汉人；二是边疆地区，汉人在这一地区的人口占比相对较小。从19世纪开始，二者之分渐趋淡化，边疆地区也有正式的省级划分。不过，时至今日，这仍是一种简明的区分方法，为我们提供了一个有用的地理划分框架。

中国本土

古代文明都是大河文明，文明的起源离不开河流。黑龙江、黄河、长江和珠江，是中国从北到南四条最重要的河流，黄河更是中国的"母亲河"。中国本土地区主要是由黄河流域、长江流域，以及珠江流域组成。长江和黄河发源于西部高原，向东奔流入海。黄河中下游平原是华夏文明的发源地。很早的时候，中国疆域就囊括长江中下游流域，以及南边的珠江流域。在占领南边疆域后，人口开始迁移和定居，与当地居民逐步融合。

是什么特别之处，让这里拥有得天独厚的资源，孕育出一个人口众多又高度文明的民族？又是什么赋予中国人卓越的特点？下面我将逐一揭晓。

从自然环境方面来说，中国本土地区可以分为四个部分：北部地区，长江上游流域，长江中下游流域，南部沿海。这四个部分都还可再往下细分。

北部地区

北部地区主要有山东（"太行山之东"）、河北（"黄河以北"）、河南（"黄河以南"）、山西（"太行山之西"）、陕西（"陕原以西"）、甘肃（"甘州+肃州"），以及安徽（"安庆+徽州"）和江苏（"江宁+苏州"）的北部。流经该地区的主要河流是黄河。它发源于青藏高原，一路九曲十八弯，最终流入渤海。黄河之黄，是因河水夹带大量泥沙，这些泥沙淤积在移动的沙洲周围，形成更大的沙洲。因此，黄河河面开阔，但大型船只还是很难通行，只有小型船只能通航。

黄河以及毗连的其他小河（主要有其北侧的海河和其南侧的淮河）带来的泥沙，在山东海岬一侧形成广阔的冲积平原：华北平原。华北平原绵延超过 30 万平方公里，地势低平，鲜有高山。华北平原又称黄淮海平原，下分辽河下游平原、海河平原、黄泛平原和淮北平原。这一平原形成的地方原本是海床，而后扩展至河南、河北和山东，以及江苏和安徽的北部，其最南边还与长江三角洲相连。

由于泥沙淤积，黄河下游河床抬升，形成"地上河"。黄河本身较易淤堵，加之人为筑堤，常有水患。堤岸似的河床不断升高，河水就会流向周边地区，另寻一个地势低一些的河床。历史上，黄河多次改道，不是南移，就是北偏，给人口稠密的黄河周边地区带来无尽的苦难。因此，三千多年来，黄河一直被称为"中国的忧患"。

北部平原比较适合人类文明发展。除了一些盐碱地，这里的土地非常肥沃。北部平原，再加上黄河支流渭河形成的渭河平原，其文明发展影响整个中国。历史上，有很多朝代在此建都；如今这里仍有不少繁华都市，如北京（旧称北平，"北方平定"）、天津（"天子之津"）、济南（"济水之南"）、西安（旧称长安，"长治久安"）、开封（古都之一，"开拓封疆"）、洛阳［古都之一，"洛河之北（水北为阳）"］。

形成平原的沉积物，主要是黄土。西北季风将亚洲内陆的表土，吹到甘肃、陕西、山西等省，遇到秦岭和太行山阻挡，风力减弱，尘土落下，形成厚厚的黄土层。黄土覆盖北方大部分地区，每年都有新土落下，土壤肥力，天然得补。肥沃易耕的黄土，是北方重要的农业资源。黄土土质松软，黄土地上常现垂直断裂，裂痕不断加深，陡峭的山壁间便形成山沟和峡谷。黄土易蚀，流失严重，容易出现沙尘暴，现在每年春上北方居民还会遇上扬沙天气。

华北平原的部分东部边界，由山东的山脉构成。这些山脉主要由古老的火山沉积岩构成，山坡上有侵蚀痕迹，山间峡谷也在侵蚀之下不断扩大。山东最有名的山是东岳泰山，它是一座道教名山，位居五岳之首。几千年来，中国人十分尊崇这座山，成千上万的人前来朝圣。正是因为泰山的岩石地层，以及其所处的沿海地区下沉现象，山东海湾地区拥有许多优良海港，尤其是胶州湾。

华北平原以北，是绵延至蒙古高原的高山。往西走，先是山西的高山和高原，再往西，便是陕西和甘肃的高山和峡谷。此间耕地主要位于山间谷地及山坡梯田，少部分在平原。原始时期，这里森林密布，后因林木被伐，山坡遭到侵蚀，进而侵害山谷，如今林木稀疏。此间大多数河流都很窄小，但也有例外，最典型者就是渭河。黄河从北部大弯折转向南流，冲出高山，急转东去。渭河就在这一转弯处（潼关）与黄河交汇。它是黄河最大的支流，分为东、西两个部分，西边是黄土沟壑区，东边是关中平原区，俗称"八百里秦川"。这里是中华文明早期的一个发源地。这里也有都城，其中数西安最为有名，许多著名历史事件都发生于此。

山西主要是山地高原，盛产煤炭。境内名山有五台山（佛教四大名山之首）和恒山（北岳）。主要河流汾河在黄河与渭河交汇处的上游汇入黄河。山西西部地势逐渐走高，直至甘肃，海拔最高超过5500米。越往西，河流的流域越小，人口也越少。

鄂尔多斯（蒙古语中的意思为"众多的宫殿"）的主要地貌为丘陵、沙漠和高原，其西、北、东三面为黄河环绕，位于河套平原腹地。河套平原是指黄河的"几"字形大弯折，农耕文化与游牧文化在此交汇，历史上引黄灌溉，是有名的粮仓，被誉为"塞上江南"。

华北平原的东南部，随着历史发展，逐渐融入长三角地区。然而，一系列从西边绵延至此的山脉，越往东，海拔逐渐降低，形成一道有效的分水岭，将长江下游分在南部，淮河、黄河分在北部，其中淮河流经长江下游大部分地区。长江和淮河一直是中国历史上的水利工程难点，就因没有一个适宜的入海口；一到雨季，河水就会外溢，殃及周围人口稠密的乡村。

长江上游流域

　　长江是世界上最长的河流之一。它发源自西藏唐古拉山,从被称为"世界屋脊"的青藏高原中流出,在崇山峻岭间,一路蜿蜒东去。长江上游水域也叫金沙江(因产金沙而得名),山高谷深,滩多流急;其上游南端到达中国内陆最西南端——云南("彩云之南"),这里人口密集,湖泊众多,水源充足,气候宜人。云南为山地高原地形,东部为高原,西部为高山峡谷。云南与外界的连接口位于该省东南部,1910年滇越铁路通车(西南地区首条铁路)之后,该出口交通更为便利,第二次世界大战中成为一道重要的补给线。在云南还有一条路线,经过缅甸北部的八莫市,顺着伊洛瓦底江,贯通缅甸仰光,这是一条在商业和军事上都具有重要意义的路线;第二次世界大战中,在滇越铁路被切断后,它成为中国与外部世界联系的唯一运输通道。

　　长江流经的下一个省份是四川("川峡四路"),它的中心是四川盆地,以红土著称。盆地西边是成都平原,此间沃野千里,被誉为"天府之国",是古蜀国文明中心;这里的人们,至今仍在利用古老的灌溉系统(都江堰)进行灌溉。四川盆地,降水丰沛,气候宜居,是中国人口最稠密的地区之一。该地蕴藏大量矿产。几条湍急的河流将四川分成几个部分,其中最有名的是流经成都平原的岷江。

　　四川的东南部与多山的贵州接壤,西南与云南相连,北连陕甘,西边更是只有遮天蔽日的高山。由此可见,四川是一个地理位置相对独立的地区。对四川而言,长江是一条通往外界的重要渠道。长江在穿过四川人口最为稠密的地区之后,河流下切,在重山叠峦之间,劈出一条水路。由于水流湍急,航行十分困难,但是几百年来沿江船夫一直都能想出办法跨越它,如今更是有轮船、飞机相助。在长江峡谷的适宜地段修筑水坝,可以给当地带来大量的水力资源。

长江中下游流域

　　从三峡往东,长江流域不断扩大,沿江支流开始汇入。长江下游南边有两个湖泊:洞庭湖和鄱阳湖,它们与长江相连,起到泄洪作用。洞庭湖因湖中有洞庭山而得名,古称"八百里洞庭",位于湖南("洞庭湖的南边")省北部。湘江等四条大河及其支流,由南向北,汇入洞庭湖和长江。湖南山峦众多,林木丰茂,河网密布,土地肥沃。鄱阳湖因湖中有鄱阳山而得名,位于江西("江南西道")省北部。江西跟湖南一样多山,一样拥有能够承载大量人口的河谷;赣江等五大河流,注入鄱阳湖。这里水网稠密,降水充沛。

　　长江北部主要支流是汉水,它是长江最大的支流;两河交汇地区有三座城市:汉口、武昌和汉阳,统称武汉。武汉在湖北("洞庭湖的北边")省境内,是一个天然的商业中心,素有"九省通衢"之称。长江河面宽阔,河底纵深,远洋汽船可以轻松进入;武汉是长江中游航运中心,该地距离长江入海口九百多公里。湖北和江西的东侧是安徽和江苏,长江也流经这两个省。

　　离开三峡,长江两侧便是大小不一、土质肥沃的冲积平原。在距离长江入海口约二百多公里的镇江,这些冲积平原逐渐扩大成一个三角洲。优越的地理条件,使得江苏省大都市林立,其中有南京(古都之一)、苏州、无锡、常州、扬州,以及中国现代商业大都市上海(上海旧属江苏)。上海是中国的商业和金融中心,它的繁荣主要源自与西方国家之间的海上贸易。它沿着黄浦江两岸拓展而成。江苏最有名的湖泊为太湖。长江转向东流后,江面宽阔,其众多支流都适合航运。为此,人们造出了可以连通它们的精细运河网。连接南北的京杭大运河最初就是南起杭州,北达北京郊外的通州。若是可以南下连通珠江,就可打造出一个贯通南北的水路中国。

南部沿海

长江入海口以南，海岸线犬牙交错，主要山脉与海岸线平行。耕地分布在谷底和山坡梯田。沿海地区分为浙江［因境内最大河流钱塘江（古称浙江）而得名］、福建（"福州+建州"）、广东（"广南东路"）、广西（"广南西路"）四省，平均海拔900～1800米，高山像屏障一样将这四省与长江流域隔开。该地区丘陵众多，覆以修竹茂林。沿海地区有很多河流，大都较为短小，衍生出许多河谷。这样的谷地利于形成部落和方言，故该区域语言差异较大。珠江河谷是该地区最大河谷。珠江三角洲，土壤肥沃，人口众多。广州就在珠江河口。珠江可以通航，最远可达云南边境。闽江在福州偏南处入海，其重要性仅次于珠江。闽江两岸，青山如黛，风景如画。

浙江省的北部，囊括部分长江三角洲。浙江多山地，主要城市有杭州和宁波。杭州靠近钱塘江河口，美丽的西湖一直以其"淡妆浓抹总相宜"的湖光山色而闻名。宁波地处平原，人口众多，是著名港口。舟山群岛在宁波的北部，那里有闻名于世的佛教圣地普陀山。福建省丘陵遍布。进入20世纪，南部港口厦门取代泉州成为新的商业中心。香港一直是广东的主要竞争对手。珠江三角洲还有其他许多城市，如韩江三角洲的潮州，以及作为其转口港的汕头。广东省除了广州所在的三角洲是平原，其余地方都是丘陵。广东再往南，隔着一道窄窄的海峡，是地形高低不平的海南。广西为古代百越一部分，多山地丘陵，河流众多，漓江最为有名。漓江山水尤为出众，"奇峰照影，江清浮云烟；巧石弄态，洞幽藏桃源"。灵渠连通长江流域与珠江流域。比起北方地区，南部沿海拥有更多优良的港口，非常适合进行远洋贸易。

气　候

中国气候主要包括温带大陆性气候、温带季风气候、亚热带季风气候和高原山地气候。秦岭是一条重要的分界线，以北是黄土高原，以南是丘陵山谷。长城是另一条重要的分界线，以北是草原地区，以南是中原农业地区。

中国本土地区多属温带（云南和两广部分地区属热带），四季分明。春夏之季，中国北部、西北部的干旱地区，热得比沿海地区和南部地区要快，暖空气上升，形成局部低压。带有水汽的风从沿海北上西进，给这些地区带去降水。到了秋冬之季，这个过程反向运作。大西北的高山屏障，使冷空气更快集聚，因此，一到秋冬，降温也比南部要快。这就导致主要降水集中在春夏两季。再往南的地区，更靠近水汽来源，有的地段由于高山阻隔，海洋来的湿气在此骤然抬升，形成大量降水。香港年均降雨量可超过 2000 毫米，整个南部沿海地区的年均降雨量约在 1000 毫米，长江三角洲地区可达 1200 毫米。南部地区和中部地区夏季的湿度都很高。离湿气来源较远的北方，降水就较少，北方沿海地区的年均降雨量在 600～800 毫米，越往内陆，降雨量越少。夏季，南北两方都常有暴雨。夏季的大量降水是造成河流水位骤涨和洪涝灾害的部分原因。

由于南北两方在降水和气温上的差异，中国北方的地貌和作物，与长江流域地区和南部沿海地区大不相同。南方平原丘陵，郁郁葱葱，作物生长季达 6～9 个月，一年可种 2～3 季，主要农作物是水稻。北方平原丘陵，满目黄土，冬季更是尘土飞扬，作物生长季较短（4～6 个月），一年种不到 2 季，小麦是主要农作物。北方时常干旱，伴之以饥荒。此外，北方夏日的高温和降水有利于作物生长，但冬季的寒冷和干燥又会让作物死亡，只有那些耐受性较好的作物才能适应。同样，树木在北方也不易生长，北方比较典型的树木类型是阔叶落叶林。公元前2000年，北方气候要比现今温暖潮湿，林木丰茂。后来，这里逐渐变得又寒冷又干燥。相比之下，南方生长季节长，降水也多，更适合林木生长，这里植被茂盛，林木挺拔。南北气候差异也在一定程度上导致其他差异。北方的低温严寒和沙尘暴，让人们不得不在室内活动。北方短暂的生长季使得人们在一年中的某段时间需要高强度劳作，余下时间则闲散无事。南方则是另一番景象，即使冬季也可进行室外活动，甚至也可耕作。近千年来南方地区一直处于优势和领导地位，部分也是地理差异所致。

古代社会经济依赖农业，农业则依赖气候，人们常说"靠天吃饭"。气候变化有暖有冷，农业产量有高有低，国家税收有多有少，国家权力的稳定性也随之波动。气候温暖，农耕区北移，农耕–游牧过渡地带，如河西走廊、河套平原、辽东平原，得到开垦，物资充盈，帝国强盛。气候寒冷，迫于生计，游牧区南移，游牧民族入主中原，华夏历史随之改变。历史上，夏朝末，伊水洛水干竭。殷商时，气候暖湿。西周时，气候渐寒，周孝王时汉江冰冻，关中气候较冷。西周晚期，犬戎入侵。春秋初，北狄、西戎等侵入中原和关中。东周时，气候转暖，竹梅等物生长区域北移。关中地区成为经济重心，秦汉定都关中。河套辽西适合农耕，农业丰收，产量大增，西汉不断向外扩张。东汉到南北朝，气候寒冷，北方物候晚来半月。河套地区落入游牧民族之手。4世纪，气候极寒，350年，匈奴突然出现在东欧草原，接下来百年其势力在欧洲达到极盛。同一时期，游牧民族涌入中原，"五胡乱华"，交替纷乱。6世纪末气候转暖，隋唐一统，八水环绕长安，北至河套都种水稻，关中出现亚热带作物，四川盆地出现热带水果，西北和东北地区得到发展。安史之乱，气候转冷。880—1230年，气候寒冷干燥：1110年，泉州大雪；1178年，福州荔枝被冻死。农业区萎缩，辽金南下。关中粮食无法自足，经济、政治中心向东转移。人口加速南迁，南方经济快速发展。南宋时，南方已成经济重心。

1230—1350年气候温暖，蒙古兴起，统一东亚。1350—1900年气候转寒，其中1650—1700年气候极寒，汉水五次结冰，洞庭湖三次结冰，京杭大运河一年封冰期长达109天。黑龙江、西域、河套都不适合农业生产。明清时期，北方游牧民族不断南迁，如蒙古族盘踞辽西、河套等。1900年至今气候转暖，物质因素对历史进程的影响超过气候因素（地理大发现后，全球经济联系紧密，海洋变得更为重要），南方比北方发展更快。加之人为生态破坏，北方地理环境难以恢复到隋唐时期的温暖潮湿、水多林密。如果北方生态环境能够修复，北方也许就可得到复苏，再度拉开绽放的序幕。

边疆地区

中国的边疆地区主要有西藏、新疆、内蒙古和东北三省。

西　藏

西藏（唐宋时称吐蕃，康熙年间改称"西藏"）位于一个巨大而巍峨的高原——青藏高原，面积超过100万平方公里，其五分之四地域海拔均超过4500米。西藏地形复杂，包括山脉、峡谷、冰川和戈壁；地貌分为喜马拉雅高山区、藏南谷地、藏北高原、藏东高山峡谷区。这里湖泊众多且多为咸水湖，湖周多有丰饶牧场；许多湖泊都被赋予宗教意义，有三大圣湖。西藏有些山峰海拔超过6000米，山顶常年积雪覆盖。山脉是西藏与青海（唐古拉山）和新疆（昆仑山）的天然分界线。西藏的南边是喜马拉雅山脉，世界最高峰就矗立在这里。喜马拉雅山北部纵深的峡谷，以及西藏的东部，是印度、缅甸、泰国等国主要河流（雅鲁藏布江、印度河和萨特里日河）的发源地。西藏的西边是喀喇昆仑山。青藏高原东部的横断山脉，将西藏与四川和云南隔开。西藏人口稀少，多居高原东部山谷。牛羊是藏民的主要生活资料。藏民不尚虚华，信仰纯朴，在他们眼中，山是神山，水是神水，树是神树，花是神花。这里的香格里拉（"心中的日月"），有绿色的沃野、蓝色的江水、白色的雪山、黄色的花朵，在寥廓的苍穹下，就像"西方净土"的入口。

新　疆

新疆（"故土新归"）是清朝最后一个收复的主要边远地区。新疆平均海拔低于西藏，由于深居内陆且有高山阻隔，温差较大，气候干燥，降水稀少。天山山脉横亘新疆中部，将其一分为二：南疆和北疆。北面是阿尔泰山，南面是昆仑山，"三山夹二盆"，北面是准格尔盆地，南面是塔里木盆地，盆地中有塔里木河流经；塔里木河自西向东而流，最后注入罗布泊。许多河流发源于天山山麓，河流流经之地有许多绿洲。

历史上许多地方都有这种情况：昔日面积广大、人口众多的绿洲（如楼兰古国）变成沙漠。但在绿洲是不是逐渐干涸的这一点上，人们看法不一。如今，天山北部依旧有大量的沙漠、半沙漠平原和河谷。西部和西北部的高山形成天然屏障，将新疆与中亚地区隔开。丝绸之路跨越新疆，长久以来都是中外交流的通道。

内蒙古

蒙古（"永恒之火"），原为部落名，后来演变为蒙古族的自称。蒙古高原位于中原以北，新疆以东，海拔在 900～1500 米之间。直接与内陆省份相连的部分称为"内蒙古"。蒙古高原大部分地区都属于半干旱地区，多用于放牧。19 世纪，这里的人口主要是蒙古族，他们靠畜牧为生，逐水草而居，分为多个部落。20 世纪，汉族大举迁入，他们是农民，开垦土地，种植谷物。

内蒙古以北是一片戈壁大沙漠。戈壁以北为外蒙古，其地多为高山和草原；它的财富主要是牛羊群。额尔古纳河流域（史称"蒙兀室韦")是蒙古人的发祥地。13世纪,他们在成吉思汗的率领下,从这里出发征服四方,建立了一个横跨欧亚的大帝国。

东北三省

东北三省位于中国东北部的偏远地区,包括辽宁、吉林和黑龙江,那里是一片得天独厚的宜居之地。东北地区西与内蒙古相连,边界处是蒙古高原的断崖以及大兴安岭。北部也有许多高山(小兴安岭山脉),再往北的黑龙江形成一道中国与外国的边界。东边的山脉(完达山和长白山)将三江平原和中部大平原与乌苏里江和日本海隔开。东北地区的南部是渤海,以及通往太平洋的黄海。由于山脉延伸出的山嘴不断退化,东北地区入关的唯一陆路选择就是沿着海岸线走山海关,那里素有"天下第一关"之称。

东北地区的中部由广阔的平原、河谷和低矮的丘陵构成。几条流经这里的河流,成为该地区天然的排水系统,其中主要河流是辽河和松花江。嫩江是松花江的主要支流,它流向东北,最终注入黑龙江。辽河河口的东部是延伸出来的辽东半岛,该半岛是山东山脉的延伸。辽东半岛以东的鸭绿江,是中国与朝鲜半岛的分界线。朝鲜在历史上长期是中国的附属国。

东北地区的河谷平原,水土丰沃。许多山脉都是植被丰茂,也有一定的矿产资源,盛产煤炭和黄金(人们受此诱惑前来淘金)。东北地区冬季严寒,滴水成冰,夏季酷暑,烈日炎炎,但这里农业发达。由于是龙兴之地,清政府严禁开发,直到19世纪末这里仍是地广人稀,但从20世纪开始,每年都有许多汉人移居至此。一些朝鲜人也穿过边境定居这里。虽然现在东北的一些地区有过度拥挤的迹象,但还是有很大一部分地区未得到充分开发,隐藏着巨大的机会。

东北地区丰富的物产、广袤的森林和优质的矿产,为俄国和日本所垂涎,成为它们竞相争夺的对象。

环境对中国人的影响

中国本土非常适合孕育伟大的统一文明：这里气候多样且适宜，河谷广袤且富饶，植被众多且繁茂，动物种类更是繁多。在近代工业化发展之前，中国的矿产资源足以满足其自身发展所需。西北和西南地区的山峦屏障，并未阻碍人口扩散和文化交流。南部沿海丘陵在一定程度上阻碍了语言统一，但并未阻碍南部地区与其他地区在政治和文化上的统一。可通航河流深入中国大部分地区，促进了内陆经济发展。相比之下，西欧境内的天然屏障并不比中国多，但它却发展出众多独立国家。印度境内并没有难以跨越的地理障碍，但其各地文化却是相去甚远。若非历史上精妙的政府治理模式，中国可能也逃不开分崩离析的命运。

中国有着出色的政治体制，但在历史上它还是频繁地经历分裂，其中部分原因在于地形。大面积的冲积平原之外是山峦屏障，阻碍了跨文化交流，促进了文化差异，不利于在政治上进行统一管理。黄河下游为泥沙阻塞，上游水流湍急，中国北部的经济、军事活动只能在陆地上进行。长江作为天然水路，可以说是西南地区与东部地区之间交流的中枢，但其通航能力并不稳定。南部沿海地区和西南地区的重重山峦，让这些区域难以控制，容易出现叛乱。与此同时，这些地形也将邻国人阻拦在外。

一个国家国土面积过于巨大，确实有碍其统一。放眼全世界，除了中国，没有一种文明能在一个政治体下统一如此之久。罗马帝国和西班牙帝国的统治时间远不如中国长。波斯人、亚历山大大帝、阿拉伯人、蒙古人和土耳其人都曾控制大片地区，但最多也就统治几个世纪。中华文明虽然也有内部纷争和外族征服，但却从未中断。

此外，气候和环境差异也形成多样的文化和民族特征。北方环境恶劣，生活艰苦，北方人思想保守，身材高大，性格豪爽，为人坦诚；

南方环境温暖，生活安逸，南方人思想开放，身材矮小，乖巧精明，文质彬彬。南方人重利，善做生意，多为自己，更看重实效。北方人重权，善于作战，多为家族，更看重脸面。北方人豪迈，如"信天游"，粗犷高昂；南方人柔顺，如"黄梅戏"，莺歌燕舞。此外，长江流域和南方地区那些云雾缭绕的山峦和青葱的草木，与北方大片苍凉的黄土地，形成鲜明对比。这可能导致南北两方居民在审美上的差异，这些差异在绘画和诗歌中多有体现。比如，北方诗歌直白素朴："高高山头树，风吹叶落去。一去数千里，何当还故处。"南方诗歌细腻温婉："宿昔不梳头，丝发披两肩。婉伸郎膝上，何处不可怜。"

中国拥有大量土地，但是人口众多让其变得十分拥挤。中国或许能够通过改进农业技术和科学选种，来开发现今广袤却贫瘠的土地，提高现有耕地的产量。想要缓解人口压力，稳定有效的治理以及更为便捷的交通不失为两个可行之法，但也只能起到减缓作用。只有三种权宜之计，可以减少饥荒，消除贫困：一是进行史上最大规模的人口迁移；二是国家高度工业化，用产品换取食品；三是大幅降低出生率，在全国范围内推行计划生育。中国自然资源丰富，经济自给自足，国家疆域辽阔，以至于其大部分注意力都放在防卫上。中华民族是一个爱好和平的民族。

环境对中国人的影响：边疆地区

上面讲了内陆环境对中国人的影响，下面我们来看一下边远环境对中国人的影响。

首先，这些区域对中国的气候有很大影响。北部广阔的沙漠在夏季聚热，冬季聚冷，决定着中国的季风风向和雨季的规律性（中国粮食产量主要取决于降水）。这些区域（尤其是西藏地区）也是中国主要河流的发源地。其次，边疆居民曾多次南下。内蒙古和新疆多为沙漠或半沙漠地区，个别地方有绿洲。这些地区的人口深受自然条件的限制。他们的生计受到牧群大小影响，牧群数量受牧草丰歉影响，牧草丰歉则受降水影响，所以这里的生活方式都是游牧或半游牧。在这样的生活背景下，他们性格顽强，行动迅速。同时，他们也十分好战。他们觊觎内陆富饶之地，多次强行闯入。

内陆与边疆地区阻隔不大，便于西北和北部少数民族长驱直入。蒙古高原上有多条通道，可以南下直通中原。新疆整体地势较低，塔里木盆地、绿洲和天山北部河谷，都有道路通往黄河流域。这也使得边疆成为帝国外患之一。东北也是一大威胁。与蒙古高原相比，这里气候更加宜人，但其发展速度还是比不过黄河流域。因此这里的人们也因垂涎内陆地区而强行闯入。

对生活在中原地区的人们来说，他们一直在防御来自北方和西方的侵略。19世纪中叶之前，北部边境始终是他们的主要防御方向。他们通过以下四种方法来应对：一是在蛮族间进行挑拨（后来对抗西方列强时也用过这个方法）；二是修建防御工事（尤其是长城）；三是与潜在的入侵者谈判；四是把战争推进到敌方地盘，让他们屈服。最后一种方法，在满族人统治时期实行得最为有效。

与此同时，地理界线也是一道屏障，阻碍了华夏文明与世界上其他文明深入沟通，虽然这一屏障并非不可逾越。其他早期文明的发源地，如印度北方、波斯高原、两河流域、尼罗河流域和地中海地区，都与黄河流域、长江流域相距甚远，或多或少有山峦、沙漠、海洋相隔。但是，这些区域还是与中国有一定的文化和贸易往来。考古研究证明，中国文化对西方有极大影响，对东亚的影响更是不容小觑，当然，这些地区也在一定程度上影响到中国文化。贸易主要通过陆上丝绸之路进行。生活在塔里木盆地的一些居民，在中西方交流中起着中间人的作用。中国南方地区也主要靠陆路与外界交流。西方国家主要通过水路到达中国南方港口与中国进行交流。不过，在19世纪中叶之前，与其他一些文明相比，中华民族还是显得有些故步自封。

这种故步自封可能源于中国人的性格特征。中国人有高度的民族自豪感。与中国交流密切的国家都借鉴了中华文明，这让中国人觉得自己高人一等。中国人认为自己是中央大国，其他人都是"蛮夷"，他们认为自己是世界上最强大的王国。当西方民族在19世纪中叶强行闯入时，中国人只是将其当成新的一波野蛮人。中国人愿意从外来者身上学习，但却并不认为有必要推翻整个结构。这种高高在上的态度，使得中国人在应对列强侵略时倍感屈辱。

截至目前，我们尚未讨论海洋对中国的影响。事实上，海洋对中国的影响，与陆上地理界线一样重要。海洋是水汽的来源，给中国带来降水。在19世纪以前，与北部和西部广阔的陆地相比，海洋阻隔中外交流的能力要更强。在东方文明中，唯一有可能与中国进行商业往来的国家是朝鲜和日本，但在文化上，它们都是借鉴中国。太平洋对岸的北美洲，由于距离过远，就算几百年前曾有船只抵达，也不会带来多少交流。印度要算是距离中国最近的国家中文化最为不同的，但不论水路还是陆路，它都难以进入中国。所以，除了一些海盗，并没有什么从海上来的入侵。

中国人有着海洋一样开阔的胸怀，明代郑和下西洋，不为攫取他国利益，而是交换货物，传播技术，"和顺万邦，共享太平"。不过在历史上，中国虽是一个海洋大国，却从未想过成为航海民族。长江北部的主要文明中心远离海岸线，内陆与海洋联系较弱。南部地区有许多优良海港，但并未得到政府关注。可以确定的是，南方有很多商人冒险出国经商。有段时间，官方还授意民间进行海外交流。后来，该地区的人开始从海上输出移民。但直到19世纪中后叶，这些远洋航行才对整个中国产生影响。中国总是比较关注西部和北部的外患，而忽视南部和东部的潜在风险。19世纪中叶，形势大变，海洋不再是防御的屏障，而是危险的前方。西方国家驾驶大型战舰，强势闯入中国。向西方学习的日本,更是成为中国的主要威胁之一。而这一切的最终结果就是,中华帝国解体,新中国成立。

虽然历史上也曾被外族占领,但中国一直认为自己是泱泱大国,现在它则不得不承认其他国家与自己平起平坐。在此之前,中国一直觉得自己是一个文化输出者,现在它则惊觉自身文化落后;为了应对新局直至重回巅峰,中国不仅需要忍痛丢弃部分文化,还要全面革新剩余部分。未来的中国,需要逐步壮大自身海上力量,成为海上强国,恢复陆上丝路、草原丝路和海上丝路,三路齐飞,重振华夏声威。

第二章

帝国开端：夏商周（至前 221）

中国的起源

与其他古老的文明一样，中国的开端也是蒙罩着一层神秘的面纱。过去两千多年，中国流传下来大量典籍，但有关中国人和中国文化起源的明确记载却不多见。《诗经》《尚书》和甲骨文中有一些相关记载，它们告诉我们，中国原初文化系历经多个世纪发展而来。关于这方面的内容，未来的考古新发现将会告诉我们更多信息。

与其他文明相似，中国古代先人也想解开宇宙起源、人类起源、自身文化起源之谜，他们给出的答案同样也是神话。而同样与其他文明相似的是，他们的神话非但没有帮人解疑，反而愈加让人困惑。

神话传说

我们无法根据史书追溯中国人或全人类的起源，但历史上还是有人撰文记述人类起源，所以我们今天才会有这么多充满英雄人物的神话传说。这些神话传说，可信度较低，但却有重要意义。究其因，一方面，它们在文学、电影和宗教中反复出现；另一方面，中国神话和西方神话中的一些主要人物，早已被视为真实存在的人物。有些故事更是有其历史原型，所以这里我们必须提到这些神话故事。

神话本身就有多个版本，不同年代更是有不同的释义。通常认为，盘古是创世神，是他开天辟地，造出日月星辰。在他之后，出现了天皇氏、地皇氏、人皇氏。有巢氏构木为巢；燧人氏钻燧取火；伏羲氏作网罟，制乐器，结绳记事，八卦占卜。常与伏羲一同提及的女娲，炼五色石以补苍天，抟黄土作人，创立婚姻制度。（伏羲和女娲人面蛇身，演变成龙图腾，成为中华民族的象征。）神农氏尝百草，教民稼穑，开创中医。（黄河流域的）黄帝联手炎帝打败（南方的）蚩尤，一统天下（小范围的部族臣服）。黄帝用砖造房，建天文台，添加闰月，发明车船，从多个方面发展了中国文明。他的正妻教人养蚕术，对后世产生重大影响。

后来又经历一些君主统治，尧开始登场。尧是一位模范君主，他认为自己的儿子不够贤明，而舜德才兼备，遂传位于舜。舜多次进行祭祀，广泛游历，征服不少蛮族部落，将国家分为十二州，初步治理水患（远古时代，洪水滔天）。舜亦行禅让制，传位于禹。禹行疏导法治好水患。据称，舜和禹都曾与他们的前任共同执政过一段时间，但禹后来直接退位，将统治之位传给他的儿子，由此建立了中国历史上第一个王朝——夏朝。

上述人物的历史真实性只能期待日后考古发现来佐证。其中有些人物可能完全出自虚构。有些人物可能是被中国同化地区人民信奉的英雄和神灵。值得怀疑的一点是，五位夏朝之前的统治者"五帝"，与中国传统物理学中的五种元素"土、木、金、火、水"之间是否存在联系。这些早期人物被视为统治者，表明这些传说诞生于皇权时代，那个时代的人用当时的政治架构重述原始社会。像尧、舜、禹这样受到儒家赞扬的帝王，只有禹在《诗经》中被提及，后被神化。盘古也是较晚（三国时期）才见于史料。

考古发现

20世纪的考古发现为研究中国的开端提供了更多证据。考古研究表明，距今200万年前的更新世早期就有人类在这片土地上活动。在南方和西南地区发现了一些重要的人类化石。但最令人兴奋的发现，还是在北京西南周口店发现的北京人（中国猿人）化石。这是世界上最早发现的智人之一，距今约50万年前。他们面部较扁，鼻部较宽，鼻骨较直，并有蒙古人种特有的铲形门齿。他们会打猎，捕鱼，制作漂亮饰品（人类爱美之心自古即有），实行火葬。考古学者在南部地区和四川也发现了智人的遗迹。这些智人基本上生活在同一时期。在东北地区和内蒙古也发现了一些早期智人的骨骼和工具。

新石器时代后期，大量人群生活在黄河流域。考古学家考察了上百个相关遗址，这里的居住者大都是农夫，饲养狗和猪。他们在黄土地上繁衍生息。他们制作了多种陶器，上面刻绘的图案充满生活情趣。这些陶器发现于仰韶，这一时期的文化便被命名为"仰韶文化"。他们居住的房屋也是大小形状不一。个别村庄甚至发展成为有围墙保护的小城市。他们实行土葬，中国人有句古话"哪里的黄土不埋人"，对死人由恐惧变为敬畏，认为人死了是去了另一个世界，还会影响活着的人，故要进行祭祀。有的村里有丧葬处，有的甚至专门辟出一片墓地。

在长江上下游和南方地区也发现了新石器时代遗址，跟北方一样，不同遗址，明显有别。

禹　夏

曾有很长一段时间人们都在怀疑是否真有夏朝。后经考证确认，夏朝确实存在。《史记》中第一个王朝的本纪就是《夏本纪》，里面记述禹之事功,列举夏代十七王之传承。公元前21世纪,夏朝建立,世袭制开启,人们"各亲其亲,各子其子,货力为己"。夏朝创立国家,制作礼制,建筑宫室,发明车舆("奚仲作车"),铸造青铜,创制乐舞(九辩九歌)。夏人有自己的文化习俗信仰,尊卑贵贱等级制度也已形成。

殷　商

殷商的存续时间为公元前16世纪到公元前11世纪。商朝数次迁都,最有名者为安阳,约从公元前1384年定都于此,直到商朝灭亡。这里有大量庙宇宫殿。商朝独有一套文字系统。大多数留传下来的文字,都得自甲骨。这些"甲骨"是祭祀用品,用来向神明询问天气、农事、战争、捕猎、出行、疾病等事宜("卜"代表甲骨灼裂之纹路,其音模拟甲骨灼裂时所发"噗"声)。卜史把问题刻在甲骨上,在其背面钻凿小孔,将其加热冷却,得到裂纹,进行剖析。研究者已经整理出甲骨文字典。当时也有一些关于国事的文字记录写在竹简或木简上。

商朝广泛使用铜、锡、铅等金属,青铜器成就最高,主要用作礼器,上面刻有许多动物图案,如牛、羊、象;少数青铜器上还刻有铭文。青铜器是当时权力的象征,与贵族地位相连,同时还是沟通人神联系的中介物。通常认为,青铜工艺与甲骨文一样,都是本土自创。现存商朝青铜器物,在国内外都有很高评价。玉石一直被中国人视为重要宝石。陶器得到广泛发展,成为人们的日用器物,是新石器时期制陶工艺的延续。商朝"为国以礼",礼制发达。商朝的商业与新石器时代一样主要来源于农业,种植粟、小麦和大麦。商朝以贝为币,交换货物。商朝出现了织布,一般平民穿葛、麻织物,贵族多穿丝织物。有趣的是,筷子的使用也始于商朝并一直沿用至今。商朝饲养的家畜有猪、狗、羊和牛。马常用于征战和狩猎,大象用于运输和战争。

商朝社会由贵族统治。国家以国王和王公贵族为首。他们把狩猎当成一种玩乐和备战活动。作为战备工具，他们造出战车，至于这是他们自己发明的，还是借鉴西亚而来，不得而知。可以确定的是，战车和车轮最早出现在西亚和埃及。在后人看来，商朝也有其残酷的一面：殉葬，即在王公贵族去世后，他们的马和仆人一并被处死，一起放入墓中（希望死后继续有人服侍）。献祭仪式常要搭上人和动物的性命。国王任命臣子及地方诸侯。诸侯有义务上缴贡品、出兵征战。在贵族阶层与平民阶层之间，有文官阶层负责记录国事，他们可能是创造和发展文字的人。知识阶级是中华文明的守护者，他们忧心国运。

商人祖先以玄鸟为图腾。商朝祭拜天神、地祇（地神）和人鬼（祖先）。所有天神中，地位最高的是帝（上帝）。天帝管理天庭。地神包括社神（土地神）、山神、河神和四方神。商朝人将世界分为三界：人之上的天界，人之下的地界，以及介于两者之间的人界。祭神方式包括歌舞和献祭。祭拜仪式主要由贞人主持，需要献上玉石，还要杀死人和动物来献祭。日历推算对农业非常重要，主要由懂天文的保章氏来计算。他们观察到日食、月食和太阳黑子。他们制定的阳历年和阴历月被广泛接受。

商朝末期，华夏文明的几个鲜明特征得到发展。这些特征经过演进，始终存在于中国社会。整个国家由一个政府统一领导。尽管后来政府管辖范围扩增，治国方略、治国理念以及相应的政府结构也多有变化，但中国人从未放弃追求统一政权领导的初衷。文字成为实现和维护国家统一的重要工具之一。后世学术精英由此发端，而也正是这群人，对塑造中国人的思想起到重要作用。商代艺术，如青铜和陶艺，以及随之产生的文化，至今依然存在。商代经济依靠农业发展起来，这种情况在中国社会持续了相当长的时间。中国人一直把五谷作为主食，将丝绸作为特色产品。中国人似乎特别爱吃猪肉；狗是陪伴人类的朋友和看家护院的好帮手，养狗是城乡生活中不变的特征。

周　朝

商朝之后是周朝。周朝就已实现中国文化的大一统，尽管这一文化在后世不断扩大其影响，且在东周时期，王室衰微，诸侯割据。当时各国诸侯，封地大小不一，实力强弱不等。诸侯并起并未中断大一统梦想，反而让这种愿望变得更加强烈。周朝是中国历史上寿命最长的朝代，从公元前11世纪到公元前256年，持续近9个世纪。在这近千年中，中国人迸发出巨大的创造力。乱世之下，不同的思想流派、生活观、社会观、道德观等逐渐形成，后在佛教思想影响下，社会经过重大变革，中华文明定型。即使20世纪遭到西方文明的冲击，人们的价值观仍因传统思想的滋养而保有鲜明的中国特色。

商朝的覆灭与夏朝类似。很多人都相信，是暴君纣王（纣辛）导致商朝灭亡。他原本是个治国之才（史载"纣资辩捷疾，闻见甚敏；材力过人，手格猛兽"），但在宠妾妲己的蛊惑下，重用奸臣，大肆挥霍。这对亡国夫妻，残忍暴虐，荒淫无度。纣辛与周文王之间爆发冲突。"王"是周人对最高统治者的尊称。周国地处渭河流域，为商朝属国之一。因长期与西北"混夷""西戎"等游牧部落作战，周人骁勇善战，军事力量强大，生产蒸蒸日上，繁庶兴旺。周人与华北平原上的人关系密切，但在文化上与后者有所不同。最能体现这种不同的一点便是，文王被称为"西伯"。后世史家高度评价周文王的品格和治国表现，将他视作理想的贤人明君。在周文王与纣辛的对抗中，起初是纣辛占得上风，他将周文王拘于羑里。周国大臣重金购得驺虞、鸡斯之乘、骊戎文马、有熊九驷及有莘氏美女，献给纣辛，纣辛大悦，赦免文王。文王死后，武王即位。武王伐纣，推翻纣辛，周人作为最后的胜利者，在进行宗庙祭祀时对武王不吝溢美之词。中国历史上关于推翻商朝统治的记载带有很强的倾向性，这也是历史上"胜者为王"常见的结果。

周初史料，少之又少，我们只能通过周王室宗庙祭祀之礼的相关记载获知统治者的姓名。和文王一样，武王也被奉为楷模。武王定都镐京，镐京地处渭河流域，是周氏政权的发源地，离日后古都长安很近。武王重新分封诸侯（大多数诸侯都是周室的子孙或亲戚），将商朝土地分给商王后人，并分封了自己的两个弟弟。

武王死后，成王继位。成王继位时尚且年幼，武王之弟周公（旦）摄政。早在武王时，周公就为国家治理做出很大贡献。周公堪称完人，他辅政幼主，帮助巩固政权。在他死后，成王父子（康王）治理国家，社会安宁，百姓安居乐业，史称"成康之治"。由周公确立的一套行政管理体系，为后世好几代人沿用。古人认为《周礼》为周公所作，但《周礼》的成书时间在公元前4世纪到公元前3世纪左右，甚至更晚，其中大部分内容都是作者试图将自己梦想的乌托邦强加到古代帝王身上。

在昭王（前995—前977年在位）和其继任者穆王（前977—前949年在位）的统治下，周朝疆域和文化都在扩张。据史料记载，这两位统治者南征北伐，翻过秦岭，攻至江汉，大获财宝，铸器铭功。特别值得一提的是，穆王精力充沛，是一位闲不住的旅行家，后世有一本书《穆天子传》讲述他的故事。他的远征，南达长江以南，北抵遥远西北，并在瑶池拜访了神秘的西王母国，受到西王母（"西方的女王"）的接待。不过，他的西行旨在购买马匹，充实军队实力。

公元前9世纪和公元前8世纪，周王室开始走下坡路。周朝长期实行大分封，其中一部分是同姓皇亲贵戚，一部分是通过世袭得到头衔的功臣和将军后代，他们为君主服务，其他诸侯则是前代统治者的后人。这些诸侯中，有人通过吞并邻国，不断扩疆拓土，从而扩大了整个中国的疆界。周王室力量衰弱，无力掌控强大的诸侯。

宣王（前827—前782年在位）比其前几任统治者能干。在他统治初期，周朝强大到足以与"西戎"（今山西、陕北一带）抗衡，一度将这些部落从平原逼退至高地。他还攻入汉江流域。然而，宣王的出现，只是推迟了周朝的衰败。他的继任者幽王（前781—前771年在位）是一位昏君。幽王宠爱褒姒，为其废后黜太子。为博美人一笑，幽王数次"烽火戏诸侯"（烽火只有战时搬救兵才可点燃）。结果真到（废后之父联合外敌）兵临城下的危难之际，幽王点燃烽火，各地诸侯拒不救援。最终，幽王被杀，褒姒被俘。

平王（前770—前720年在位）在其统治初期，由于受到蛮夷攻击，迁都洛阳。这标志着周朝的衰落已无可救药，在支撑了五个多世纪后，大国诸侯取代王室，成为实际左右全国形势的核心。周王室只能举行一些礼仪性的宗教和祭祀活动，其"天下共主"的地位已经失去。迁都前的周朝史称西周，迁都后的周朝史称东周。东周是一个独特的时代，中国人的思想异常活跃，其引人注目的文化发展对后世中国产生了深远影响。

公元前8世纪到公元前3世纪中叶，中国社会的发展与中世纪的欧洲大致相似。与中世纪的欧洲一样，中国是一个由各封国组成的边界不稳定的国家。广义上的"封建制"已经存在：所谓"封建社会"，就是指对少数群体分封特权，地方诸侯对周天子履行臣服、纳贡、进谏、服兵役等义务，地方小领主对相对有权势的诸侯也要履行类似义务。不过，与欧洲相比，中国的封建统治主要依靠宗法关系，而非法律。与中世纪的欧洲一样，随着周王室实力衰微，各诸侯国谋求结盟，稳固自身政权。与中世纪的欧洲一样，华夏文明不断扩张，吸纳了许多新的民族文化。当欧洲文明向北蔓延到德国、英国、斯堪的纳维亚和俄国，华夏文明则向东（穿过山东）、向西（进入四川）、向南（进入长江流域）扩散。同欧洲一样，中国也存在文化共同体，特别是疆界周边地区逐渐融入华夏文明。但与欧洲历史进程不同的是，诸侯割据很快就被中央集权取代，随之而来的则是文化的高度统一。

诸侯争霸

东周时,国家分裂成许多诸侯国。到公元前 7 世纪,五个诸侯国脱颖而出:位于东北部的齐国,即今山东、河北的部分地区;位于北部的晋国,即今山西地区;位于西部的秦国,即今陕西地区;位于中部的宋国,它离前朝文化中心不远;位于南部的楚国,其中心是今湖北省。这五大诸侯国有四个都处在中国疆域的边界上。它们通过向外扩张来扩大自身领土,远离之前的文化中心。当时,楚人中少有汉人血统,其文化与中原文化有很大不同。北方边界地区国家努力想要控制中原(今河南),那里是传统的政治文化中心。处在这一地理位置上的许多小国,可以说是其周边一些较强大诸侯国垂涎的盘中餐。只有宋国能够有效地抗衡在其边界大肆扩张的诸侯国。

五大诸侯国中齐国最先称霸。齐桓公富有才干,他任用德高望重的管仲为相,两个人改革行政(中央直辖),改建军事(重建军队),改组财政(统一税收体系)。王室垄断盐铁贸易,这也是后世历朝政府的主要经济来源。规定度量衡,鼓励民众经商。官吏取代贵族,辅佐国君。在两个人的领导下,齐国面貌焕然一新。公元前 7 世纪上半叶,齐国率先富强,树立威望。

当前朝文化中心分裂后所形成的地方诸侯小国渐趋衰弱时,楚国在南方通过吞并战争威胁弱小国家。受到威胁的诸侯国为了自保,结为抗楚同盟,并寻求齐国保护。公元前 651 年,齐桓公召集诸侯在葵丘会盟,"九合诸侯,一匡天下"。周王室也派人参加,正式承认齐国霸主地位。诸侯会盟不定期举行,有需要时,齐国就会召集各诸侯国进行会盟;有些会盟则是为了发动联合战争而召开,这时齐国和其他诸侯国的军队都要出席。其余出于和平目的的会盟则无须全员出席。

公元前 645 年,管仲去世。桓公不听管仲遗言,任用小人导致齐国内乱,自己大权旁落,不到两年即病故。这威胁到了此后几年诸侯联盟的稳定性。宋国想要坐上联盟头把交椅,但以失败告终。在这之后,不止一个成员国又投靠楚国寻求庇护,而当初正是楚国的威胁让它们走向结盟。

晋文公挽救了岌岌可危的诸侯联盟,并壮大了联盟力量。晋国位于今山西,那里地势特殊,形成天然屏障,当地氏族部落各自独立,不便统一。晋文公名重耳,其母狐姬是狄戎部落首领之女。他自幼喜交士人,结识五位知交,后因父王宠爱骊姬,骊姬想让自己儿子上位,诬陷他造反,他带着知交在外流亡十九年。经过这番历练,他变得心性坚韧,足智多谋。公元前636年,在秦穆公的支持下,他成功上位,重用贤才,通商宽农,明贤良,赏功劳,国力大增,奠定晋国百年霸业。通过巧妙的行政改组,他把联盟变成一个有效的战斗团体。然后,他率领盟军攻打楚国,大败楚军,被周天子封为诸侯之长。

公元前628年,晋文公去世。在这之后,尽管也有短暂复兴,但因统治者软弱无能和内部纷争,晋国国力日渐衰弱。此时,秦国开始崛起,成为西方诸侯之伯。秦人体内流淌着戎夷部族之血,他们通过不断战斗,壮大自身力量;公元前7世纪下半叶,在秦穆公(与晋文公同一时期)的领导下,秦国一度夺取霸权。与此同时,楚国也是一支不容小觑的力量,到公元前6世纪初,楚国打败晋国,看起来霸主之位非它莫属。

然而,就在这时,命运的巨轮骤然转向,楚国眼看就要称霸,但其地位却突然下降(约在公元前6世纪下半叶)。晋吴结盟。吴国在公元前6世纪初便于长江下游崛起,占据今江苏以及安徽、浙江、江西部分地区。这些地区的人可能已是中原人,但其真正习得中华文明却很晚,故被其北面邻国视为"南夷"。公元前6世纪,吴国成为中原最强大的国家之一,并一直持续到公元前5世纪。公元前482年,吴国接替晋国,成为联盟领袖。

然而,不到十年时间(公元前473年),吴国就垮台了。东周末年，越国（今浙江一带）打败吴国。越国一度成为华东地区霸主。不过，尽管它把王都南迁琅琊（公元前 379 年），但它只掌控沿海地区的主导权。

晋国也同吴国一样，没几年便垮台了。晋国处于氏族部落分裂割据、长期交战的境况中。随着晋国国君将"封地"分给爱臣和贵戚，这种分裂趋势日益突出。公元前 5 世纪末，晋国分裂成为韩、魏、赵三国。

诸侯并雄

公元前 5 世纪中叶，中国社会发生巨变，旧制度瓦解，新思想涌现——这是一段充满创造性思想的自由时间。这一时期，诸侯交相混战，社会动荡不安，史称战国时期。周王室衰弱不堪，诸侯国纷纷争夺封地周边土地。在此之前，诸侯之战按照先前联盟内诸侯称霸机制下公认的规则进行，在一定程度上尊重各个小诸侯国的权利，并为它们提供了保护。然而，三家分晋之后，这种相对平衡彻底结束，强国恣意侵吞小国领土。一些旧贵族沦为平民，一些新家族发迹得势。

边疆三国（秦、楚、燕），由晋分出的三个国家（韩、赵、魏），以及复兴的齐国，是燃起战火的主要国家，史称战国"七雄"。过去两个世纪以来，齐国虽非争霸主角，但也并未被吞并；齐国卿族田氏联合鲍氏篡夺政权，齐国再次崛起。另一边，秦楚互为敌手，两国都通过吞并周边小国进行扩张。公元前 4 世纪，秦国征服蜀国。也是在这一世纪，楚国推翻燕国，吞并北部原属吴国领土。秦楚之争如潮水般此消彼长。围绕这两个大国形成的联盟，一次次建立，一次次离析。

秦国国力之强盛，很大程度上归功于商鞅（因系卫国国君后裔，又称卫鞅）。公元前 4 世纪中叶，秦孝公怀揣一统天下之野心，任用商鞅为相。商鞅变法，为秦国最终打败强敌进而一统天下打下根基。

公元前333年，七雄中另外六国联合抗秦，史称"六国合纵"。六国联盟存在时间不长，部分原因是六国互相猜忌。汉代史学巨著《史记》，将六国成功合纵，归功于游历多年的外交家苏秦，而他的同门、秦相张仪，则以"横"破"纵"，致使六国合纵破裂。后来成为中国传统节日端午节主要习俗的划龙舟，就是源于世人对楚国爱国政治家屈原遗体的打捞活动。当时屈原反对张仪的计谋，劝谏楚怀王未果，悲愤之下，抱石投江（公元前278年）。

乱世混战，让人觉得天下统一实在太难，中国将一直处于齐楚秦三方割据的局面。然而，随着时间的推移，秦国逐渐走到舞台中央。这要归功于它的军事建制。在对手使用战车时，秦国组建了一支由马兵和步兵占主导地位的军队。这可能是秦国在与其边界上的少数民族作战时所汲取的经验。再加上弩弓的发明，秦军作战能力大增。早在公元前3世纪初，作为三巨头之一的齐国就已名存实亡。齐国国君在征讨邻国、意图控制中原时，引起各国不安，燕国联合秦、韩、赵、魏共同伐齐，齐国惨败。齐国力量衰弱，秦国实力相对增强。公元前3世纪上半叶，秦国多次战胜楚国，吞并楚国大部分领土。

秦国胜出

在诸侯争霸的过程中，周王室的威望越来越低，权力更是微乎其微。大国诸侯纷纷称"王"（此前只有周天子享有这一尊称），表明了自己一统天下的野心。公元前606年，楚庄王遣使问鼎，欲霸中原。公元前3世纪中叶，强秦从周赧王（周朝最后一个君主）手中，夺走西周仅存领土的西部地区并取走九鼎（九鼎传自大禹时期，代表至高无上的权力）。周赧王于公元前256年去世后，周室亲族短暂维持过"天下共主"之位；公元前249年，秦庄襄王灭东周国。

周室灭亡并非秦国一统天下的最后一步。还有比周室更强劲的对手要去征服。中国历史上最引人关注的人物之一秦始皇，领导秦国取得最后胜利。关于这个大一统国家的诞生，有一段不寻常的故事。公元前3世纪，秦国公子子楚在赵国邯郸作质子，这位庶出的王孙并不聪明，不过，邯郸有位奇才，那就是商人吕不韦。吕不韦从子楚身上看到飞黄腾达的机会，便投靠到他门下。吕不韦深谙经商之道，凭借高超的心计和手腕，为子楚赢得秦国王位的继承权。子楚看上吕不韦一位姿色动人的小妾，吕不韦便把她献给子楚。后来此女生下儿子嬴政（公元前259年出生），即后来的始皇帝。当时有流言说，嬴政的亲生父亲不是子楚，而是足智多谋的吕不韦。在吕不韦的辅佐下，子楚顺利继位，吕不韦出任秦相。公元前247年，嬴政继承父位，那时他尚未成年，吕不韦继续担任要职。吕不韦与他之前那位小妾（此时贵为太后）私通。嬴政长大后不愿受相国摆布，于公元前238年将吕不韦遣出京城；一年后，又以意图叛国的罪名将吕不韦流放蜀地，吕不韦在途中自杀身亡。

吕不韦倒台之前，秦国正在朝着最后的胜利前进。公元前3世纪下半叶，秦国吞并一个又一个诸侯国。公元前221年，楚国不复存在；成功歼灭齐国残余势力之后，强秦终于一统天下。中国进入一个新的时代：封建帝制时代。

周朝思想文化

周朝时期，中国人意识到有一种共同的文化，并坚信：全人类在文化上应该成为一家，且应处于一个君主的统治下。周灭商，但周人的文明程度却没有商人高。事实上，周人沿袭了商人的文明成果，包括文字系统、青铜、陶器等。随着自身不断发展，中华文明也从其他民族文化中汲取营养。在周朝结束之前，中华文化逐渐融合中原周边少数民族文化，成为一个多元文化的综合体。例如，据考证，东周后期一直到秦朝，中国的兵器、农具，以及包括青铜器在内的艺术品，都受到斯基泰（西古提）民族文化的影响。公元前8世纪到公元前3世纪，斯基泰民族的势力横跨亚欧平原，由他们的艺术对中国产生的影响不难看出，当时中国人与其有所接触。

周朝思想文化的一大杰出成就体现在哲学上。哲学思想出现于公元前6世纪，并在此后几个世纪迅速发展。围绕它为何产生、何时产生、如何产生这一系列问题，引发了许多猜测。它产生的时间，大致与古希腊哲学兴起、希伯来文化勃发、佛教和耆那教传入，以及拜火教传播的时间相吻合。不过，地域不同，人们得出的答案也不相同，地中海、南亚和东亚三种文明，各自走上不同的道路。

很明显，当时的社会思潮深受政治和经济组织的影响。周朝实行大分封，各国相争，竞相自强，鼓励多样化和个体差异。有识之士周游列国，增进学识，寻求入仕。思想家们聚在列国都城，进行辩论。一些诸侯鼓励这种做法，更有不止一位诸侯召集不同思想流派的杰出代表汇聚一堂，百家争鸣。这是一个充满智慧和胆识的时代。

百家争鸣局面的形成，深受早期中国宗教的影响。与地中海文明和南亚文明强调个体在彼岸和来世得永生和进天国不同，中国哲学主要关注社会而非个体。讨论的焦点集中在：社会（包括家庭和国家）如何运作才能达臻和谐有序，什么构成人的理想行为。讨论这些问题，不可能不涉及像人的本性、世界的本质、人与人以及人与世界之间的关系等。但是，解决和谐问题的方法，首先是实用的和功利主义的。大多数思想流派关注的核心都是社会利益，即何谓理想社会？如何实现？这也许是因为当时战乱纷扰，生活不堪，人们渴望摆脱这种无政府社会状态。"礼"被视为治理社会的有效手段。大多数哲学家都曾为官作吏。他们是商朝文官的延续，具有很强的社会意识和政治意识。他们思考的主要问题是：怎样才能拯救和改善社会？神灵的本性和人的本性都附属于这个问题。

从对后世的影响来看，最具影响力的思想流派是儒学。孔子、孟子和荀子被称为儒家三哲。孔子（约前551—前479）生于鲁国（今山东），这是一个相对较小的诸侯国；他的父亲是鲁国陬邑大夫，武艺高强，比他的母亲年长很多。孔子很小的时候父亲就去世了，母亲一个人将他养大。由于生活贫贱，他做过会计、仓库保管，放过羊。他"十五志于学"（不为干禄，志在行道），对礼教和史学深感兴趣，并在这方面学有所成，后来居家授徒，成为一位有声望的老师。孔子在鲁国仕途浮沉，51岁才得重用，做到大司寇（为时很短），后因鲁国国君行为有失，政治主张不被采用，选择退隐。接下来的14年，孔子带着弟子周游列国，兜售治国理念，希望能被采纳，但却终归徒劳。在那之后，他又回到鲁国，一边做文化整理工作，一边教书育人，直至去世。孔子勤勉好学，谦逊自信，广泛涉猎诗书礼乐，待人和蔼，不管他人职位高低，都会坦率地指出他们的错误。

孔子关注身边的日常世界，痛感当时乱世纷扰，思考如何维持政治和社会秩序。他认为，采用古圣贤王之礼，就可做到社会和谐和政治稳定。作为一种教育和社会控制方法，他提倡正名复礼，礼乐化民。他思考了什么样的人适合作为统治者。他认为，为政就是在做一种合乎道义的行为，君主为人正直，所为合乎道义，把民众幸福放在心里，民众就会感到快乐满足。君主应用道义而非武力治国。他设法通过他的教导，来训练具有高尚道德的人（士，士的目标是入仕，为善政）。他相信，这种人做出榜样，群起而仿，就可实现一个理想的社会。

孔子教化的核心是忠恕之道，也就是"己所不欲，勿施于人""己欲利而利人，己欲达而达人"。他专注于政治和伦理教育，关心民众福祉，倡导克己复礼。他认为自己是礼教的弘扬者，自己只是在学习中国的优良文化后再将其教授给他人。孔子及其门徒研究和遵守"礼"，着力培养"君子"。君子是他心中的理想人格：君子不仅要有

"德"（内在德行），还要有"文"（教养），有"礼"（言行举止合乎社会习俗）；不仅要增加知识和学问，更要拓宽胸襟，提升境界，追求更有意义和价值的人生。他喜欢"乐"，认为好的音乐可以感化人。他重视古礼，"礼仪"在后世儒家思想中占有重要地位。"文""质"平衡，是孔子中庸学说的特点。"孝、悌、忠、信、礼、义、廉、耻"这人生八德，既是人的理想行为，也是做人的根本。《论语》主要由孔子的语录组成，由孔门弟子收集记录，尽管不一定全是孔子的原话，而且一些内容的真实性也有待考证，但大部分内容还是真实的。

孟子（前372—前289）出生于战国时期的邹国。比起孔子，孟子似乎更要感谢自己有一位聪慧的母亲。关于孟母的故事，如孟母三迁、断机教子等，在中国早已家喻户晓。孟子受业于子思之门人，后世称为思孟学派，宋代被奉为儒学正宗，孟子被尊为亚圣。和孔子一样，学成儒者之道后，他也主要关心政事，也曾带领弟子周游列国，也是始终不得重用，最后也是退而授学著书。他也推崇仁政（王政），在这一点上，他比孔子有过之而无不及。他认为，世间政治有二：王政和霸政，前者追求社会正义，后者追求利益最大化，两者之别在于义和利，义对物质利益的追求是有限度的，利对物质利益的追求则是无限度的。仁政贵民，他认为"民为贵，君为轻"。在对人性的思考上，他提出"性善说"，认为"人人皆可以为尧舜"，人的本性是善的（"人皆有恻隐之心、羞恶之心、辞让之心、是非之心"），国家要善用人身上的善良本性。人要维持本性（"善养浩然之气"），需要接受教育，国家要为教育创造有利条件。孟子还为反抗暴政者正名（"君之视臣如草芥，则臣视君如寇仇"）；他认为，统治者要以德服人，只要"行仁政"（对百姓仁慈，教化百姓并使其过上富裕生活），自会"王天下"。有感于当时乱世纷扰，孟子对诸侯的批评比孔子更加尖刻。他的观点记载在《孟子》一书中，这本书在12世纪成为与《论语》并列的儒家圣典。

荀子（？—前238）出生于战国末期的赵国，早年游学于齐，三任稷下学宫祭酒（学宫之长）；应秦王聘，西游入秦；后受楚国春申君之用，为兰陵县令；晚年专心教学和著述。荀子渴望一个好政府，但其所处时代却比孔孟之时更为动荡。他痛恨战争，希望国君能以其高尚品格赢得民心。他和孟子一样，认为确保社会经济基础稳定很重要。他认为，"人能群能分，明分使群，隆礼尊贤，重法爱民，礼法并举，王霸统一"。在人性问题上，他主张"性本恶"，认为人性有恶，但可通过后天学习和环境影响得到改善。他认为，天道自然，无善无恶；天行有常，不为尧存，不为桀亡；天人相分，治乱吉凶，全都在人；人应认识天道，支配天道，宰制自然。他否认神灵，对算命嗤之以鼻，虽不反对占卜，但却认为这些都靠不住。他的主张促进了不可知论的传播，不可知论在后世中国人的思想中影响颇大。荀子总结先秦哲学（《非十二子》），阐释儒家经典；在诗学传统中，他既传今文，又传古文，后世称"周公作之，孔子述之，荀子传之"。他的思想具有很强的现实性，李斯和韩非是他最有名的弟子，因其学说杂有王霸之术，宋儒视其为孔门异端。

在周代的哲学流派中，论对后世影响，仅次于儒家思想的是道家思想。其创始人是老子，他长于孔子，曾做过周朝史官，知识渊博，熟悉礼制（故有"孔子问礼老子"之说）；后见周室衰落，辞官隐居。他是一位非常神秘的人物，在函谷留下五千文，骑着青牛，飘然西去。《道德经》，也叫《老子》，是道家最受尊崇的经典，开篇"道可道，非常道"，一个"道"字，将天、地、人连为一个整体，超越了其他哲学流派。在道家眼中，"道"就是创造和控制宇宙的伟大现实。顺"道"需要"无为""知止"（这个世界太过纷乱，应该停下来反思前行之路）。《道德经》批判了儒家最珍视的东西：重视礼节、培养道德、复杂的政府和经济结构。它心目中的理想社会是"小国寡民"，反对依法治国，更反对仁义治国，提倡道法自然，无为而治，君主尽可能减少对民众的干涉,让民众自己做主。它反对珍视财富,因为如果不是为了财富,人世间就不会有贪婪和盗窃。

"道"是中国古代哲学中的一个重要范畴,用以说明世界的本原。(它与西方哲学家所说的"绝对真理"有相似之处。)对道的体认,不是通过理性和学习来获得的,而是通过潜修者的沉思和内悟来获得。人法地,地法天,天法道,道法自然,天人合一。道家讲究顺其自然,人的行为应该符合道,这便是"无为"。"木强则折""兵强则灭""祸兮福之所倚,福兮祸之所伏",万事万物,相反相成,回归本初。道家反对铺张的仪式,也反对严谨的道德规范、迂腐的苦行生活,以及儒家思想。他们并非不关心救治社会,而是认为,要解决社会弊端,必须放弃当下文明中精心设计的仪制,回归初心(赤子之童心),并行朴素之道。《道德经》中描述的理想社会是,"民甘其食,美其服,安其居,乐其俗,邻国相望,鸡犬之声相闻,民至老死不相往来"。自然之道,损有余补不足,人类社会,损不足补有余,所以富人享福,穷人受苦。文明背离"本色",人类文化发展就是一个不断"粉饰"的过程:不断"粉饰",欲望膨胀,互相倾轧,战争对抗。战争源于欲望,不争就没有战争。(早期的道家很可能代表了有思想的平民和与自身阶级不合的贵族的抗议,他们反对周代中后期几个世纪城镇的繁华文明,反对以儒家为挡箭牌的官僚贵族统治。)后世许多敏感的和有思想的人,都借助道家思想来找寻一种无为主义的生活方式,摆脱复杂的社会要求。老子的思想影响了中国人的民族特性和审美意味。

庄子(?—前286)出生于战国中期的宋国,是宋国宗室后代;"于学无所不窥",少时学儒,后改学道,曾任漆园吏,后与政权保持距离,多国聘相不受,隐居著述。他和老子关心的问题不同,老子偏重无为治国,他则发挥老子"贵生"思想,思考个人生命问题:如何在一个无道的世界中保存生命,提升生命。他找到的答案就是齐物和逍遥。他认为，人活着的意义就是让自己的心灵摆脱万物，保持虚静和独立。万物之分，系相对而言，以道观之，则烟消云散，故要超越万物，回归本初，齐物逍遥，无物羁绊，独与天地精神相往来。他的作品《庄子》，尤其是《逍遥游》篇，善用寓言，其要旨是用逍遥游的胸襟来处人间世，更是影响深远。

接下来是墨家思想流派，战国时期，墨家和儒家并称"世之显学"。墨子是春秋末战国初宋国人，其生活年代介于孔孟之间，早年习儒，后觉礼乐烦民害事，称道禹夏，对抗孔之周道；他也曾广收门徒，周游列国。他心目中的理想社会，是一种贤者主政、秩序严明、人与人之间充满爱的社会。他主张兼爱非攻，尚同尚贤，节用节葬，非乐非命，以德义服天下，以兼爱弭祸乱。他相信，人们应该彼此相爱，在生活中坚持正义。兼相爱的真正目的是交相利，此"利"非一己私利，而是天下公利。他主张节制，衣食住行能满足最低限度需求即可，并身体力行（自苦为极）。他强烈谴责"命由天定"思想，认为人可以通过自己的努力来完善自己。他的观点受到儒家学者尤其是孟子的严厉谴责，后者认为他的"兼爱"否定了人们对亲情的特殊认同，会使家庭解体，社会毁灭。

形名之学，各派思想都有所关注，如孔子的"正名"，老子的"无名/有名"，法家的"形名参同"等，各家之说与其政治秩序观念相关。名家的特点是，析"名"而论。名家主要代表是惠子和公孙龙。惠子是战国中期宋国人，注重"合"，多根据"名"的相对性来论证其同（对立事物之间的同一性），如"南方无穷而又穷""泛爱万物，天地一体"，后世称其为合同异学派。公孙龙是战国中期赵国人，提出"白马非马论"（马者命形，白者命色，故白马非马），"坚白论"（一块石头，眼见为白，手触为坚，坚不可见，白不可触，坚白分离），后世称其为离坚白学派。惠子与庄子为老乡，两人交游甚密，曾有著名的"濠梁之辩"（惠子曰："子非鱼，安知鱼之乐？"庄子曰："子非我，安知我不知鱼之乐？"）。名家与道家、墨家都有渊源，由于名家喜欢辩论且强调术语，他们又被称为中国的诡辩家和辩证学家，类似于古希腊的诡辩学派。在其推动下，后世思想家重视辨名析理。

杨朱是战国时期思想家，没有留下著作，人们主要是通过他的对手才知道他的主张。杨朱生活在公元前4世纪，他发挥老子的"贵生"思想，主张"贵己"（轻物重生）"人人不损一毫"。他是一位利己主义者，支持悲观主义和宿命论。他认为，人生可悲，人命为贵，故要乐生。他坚持认为，中国古代为国家服务的舜、禹、周公等英雄，一天的安逸都没有享受过，而那些被儒家称为恶棍的人，如夏桀和商纣，因恶行而亡国，却安逸一生。死亡不论好坏，对所有人都是平等的，杨朱据此建议，每个人都应坦然接受死亡的到来，充分利用每一天来谋求自身利益，而不是为他人或国家操心。任何改善人类社会的努力，如儒墨所为，皆属徒劳，因为命运决定一切。在政治上，他主张建立一个"人人不损一毫，人人不利天下"的社会。

阴阳五行家，只有一部分主张流传下来。它以阴阳和五行为核心，试图建构天体学和宇宙学。阴阳本指日光向背，逐渐发展为阴阳二气，成为宇宙间两大基本力量，后来天地万物均容纳其中，如天阳地阴，君阳臣阴，男阳女阴，阴阳成为贯穿自然事物和人类社会的基本法则。与西方善恶两立不同，阴阳互补，相辅相成，它与昼夜交替、冬夏循环、男女两分相合。它认为，永恒之道，显于阴阳（一阴一阳谓之道）。它还提出"五行"思想，认为宇宙世界主要由金、木、水、火、土这五种元素构成，后来发展出五行相生（木生火，火生土，土生金，金生水，水生木）相克（金克木，木克土，土克水，水克火，火克金），用来解释世界。阴阳五行家试图用五行相克关系来说明历史，即五德终始说，历史按照五德终始的次序演变。受其影响，始皇帝自认为得到水德，故秦朝尚黑。这一学派的许多思想都非独创，而是来自广泛传播的道家思想。不过，它们在中国思想史上影响很大，后世的谶纬术、堪舆学（看风水）、古法纪年（天干地支），均由此而来。

法家源起于战国变法运动，它和儒家、道家一样，对中国人的生活，影响颇深。公元前4世纪，社会越发动荡不安，法家不再像儒家那样，试图通过统治者树立道德榜样去拯救社会和改善人性，因为他们认为，不可能找到一位品行高尚的统治者来树立榜样，即使有这样的榜样，人的本性也没有好到群起而效之的地步。因此，需要有一套固定的法律体系，公正而坚定地去执行，不受统治者个人因素影响，这样人就能被法律力量所约束和引导。他们倡导建立一个法制社会，法律应该适应不断变化的环境。

法家中有一派强调农业和经济自给自足，另有一派则鼓励发展商业，促进社会繁荣。后者希望资本社会化，由国家进行贸易，以防私人操纵货物价格和财富不平等。儒家、道家和墨家都对法家产生了影响，不同的法家流派间又相互影响。例如，韩非（约前280—前233）是杰出的法家代表人物，他的许多思想都从道家而来。他曾是荀子的弟子，所以他也受过儒家思想的熏陶。他心目中的社会是一个法律支撑的社会。他认为，人性本恶，百姓愚蠢，官吏自私，均不可信任，想要维护社会秩序，离不开严刑峻法。评价人不能单看其动机而是要看结果，失职者必须严惩不贷。这样人人安分守己，也就不会用到法律。不过，他又认为，百姓可以通过后天教化得到改善，所以社会必须发展教育，这似乎又成了儒家思想。

韩非出身韩国宗室，年轻时曾与日后成为秦相的李斯同学于荀子；他有些口吃，言说不易，善于著书，秦王得观其文，叹道："寡人得见此人与之游，死不恨矣！"李斯告之，此乃韩非所著。秦王欲得其才，发兵攻韩，韩国坚拒。韩非深爱韩国，但不被韩王重视。后二年，韩非出使秦国，上书批评李斯（主张存韩灭赵），李斯上疏辩驳（主张灭六国统天下），秦王认可李斯的看法，将韩非投狱。李斯与韩非政见相左，又妒其才，担心秦王重用韩非，逼其狱中服毒自杀。秦王后悔，下令赦免，只惜为时已晚。

法家早期代表人物有商鞅、申不害、慎到等。《商君书》是法家学派代表作之一，它是商鞅及其后学著作汇编。商鞅废分封，代之以中央集权制，废井田，承认土地私有，严刑峻法，编订户籍，实行连坐。商鞅注重农业和军事，阻止商业贸易和囤积田产。他的重农抑商思想，带有明显的道家色彩。在中央集权的统一领导下，商鞅试图把秦国整合成一个高效的军事强国。申不害是郑国人，重视术。慎到是赵国人，强调势。韩非综合法家及其他学派学说，提出集法、术、势于一体的学说。法乃法家思想核心，它应"编著图籍（不能轻易改动），设之官府（官府掌握），布之百姓（百姓遵守）"。君主一切行为都应以法为基础。"法"主治民，"术"理君臣，君臣以利相合，互相算计，君一臣众，应用赏罚二柄（生杀大权）予以操控，威服群臣。"势"指位置带给人的力量。人无论贤否，占据势位，就可号令众人。势又分自然之势和人设之势，前者与位俱生，后者源于居此位者的不同做法，人君挟此势以法度治国，天下大治，反之则天下大乱。

法家思想最早获得大行其道的机会，秦国依靠一系列变法措施，国力大增，收服六国。正因变法有效，秦朝才将其推行全国。虽然秦朝速亡，这种治国模式也未全盘保存下来，但它依旧对后世的思想文化和政治制度产生了不可磨灭的影响。儒家之"礼"，重在分别。法家之"法"，重在同一，它不分亲疏，不分贵贱，法律面前，一律平等。后来有一种反法家思潮，强调依靠官僚制来进行统治，这种思想影响到秦朝及其之后帝国的行政管理模式。后世帝国统治多系"外儒内法"。

兵书与"人道"有关，"得道多助，失道寡助""小国战利，军国战兵，帝国战德"。古代兵书颇多，唯有先秦兵书，允为经典。战国时期，战事不断，战役持久，杀人盈野，血流成河。在此背景下，出现先秦兵书。当时最有名者：孙子（孙武、孙膑）、吴起和司马穰苴。吴起为魏国兵家，其余三人为齐国兵家。孙武（约前 545—约前 470）是春秋末期齐国人，出身贵族，年轻时饱览兵书，在伍子胥的大力举荐下，南下吴国，助力夫差，大败勾践；伍子胥被杀后，他退隐乡间，著《孙子兵法》传世，被后世誉为"兵圣"。孙武反对战争暴力，视伐谋（"不战而屈人之兵"）为战争理想状态，伐交（外交斡旋）、伐兵（出兵野战）、攻城（攻城夺邑）为下，不得已而用之。全书共分始计、作战、谋攻、军形、兵势、虚实、军争、九变、行军、地形、九地、火攻、用间十三篇，强调战争胜负取决于政治清明、经济发展、外交努力、军事实力、自然条件诸因素，预测战争胜负主要就是细致分析上述条件。《孙子兵法》于 17 世纪传入日本，18 世纪传入欧洲。

先秦诸子各有所见，也各有所蔽，他们既互相批评，也互相融合。融合统一的表现之一就是出现杂家，它试图兼采各家之长（"兼儒墨，合名法"），其中有农学家，他们的主张偏向无政府主义；有纵横家，他们的主要著作已经散失；还有小说家，他们专门叙述奇特的故事和游记。然而，这些流派的地位远不及那些主流哲学思想流派。

百家思潮为后世兴衰治乱搭建起一个个框架，后世则用人性的善与恶和美与丑加以填补。直到 20 世纪上半叶，中国人才再一次在思想上重现此番百舸争流的自由场景，但论其思想的独创性却是远远不敌周朝末年的百家学派。在周朝兴起的各种哲学思想流派中，儒家、道家和法家对中国后世影响最重。

总　结

本章所讲述的历史总是回响着不确定的音符，由于年代太过久远，这几个世纪的面目较为模糊。但可以肯定的是，它奠定了此后几千年中国文明的发展基调，因为中国人的宇宙观（天道变易，天人合一)、天下观(天下一家,共享太平)、生态观(万物一体,各适其天)、自然观(万物化生,厚德载物)、大部分社会准则、伦理思想以及许多世代相传的制度和习俗都是秦国统一中国之前的产物。这种文化源远流长,发源于华北平原和渭河流域,逐渐扩散到边远地区。士是文化传播的主要载体。中国随着人口和文化迁移,不断扩张。虽然国家分裂,社会却是自由无比,人们的思想更是充满活力。中国正要在一个更强大的中央集权下合为一体。

后世发展曲折多变,但前人的文化贡献却是清晰可见。直到20世纪初,人们依然强调尊老敬祖、礼乐制度、家族制度以及"仁义礼智信"等道德准则。周朝灭亡前,中华文明在多个方面都有自己明确的理想追求。只有进入20世纪后,受到西方文化、苏俄文化以及马克思主义思想的冲击,中国这才发生了翻天覆地的变化。即便如此,中国社会的基本价值观依然不曾改变。

第三章

帝国形成：秦汉（前221—公元220）

到公元前3世纪晚期，中国传统的许多根基都已筑牢。接下来四个多世纪，各种哲学思想在各种制度中得到体现，这些制度经过改良，在20世纪初之前一直在中国社会占据主导地位。

秦汉时期，中华帝国正式形成。秦朝采纳法家思想，二世而亡。秦朝之后是汉朝，它经过短暂的中断，持续存在约四百年。汉朝统治主要受儒法思想控制，这两种思想影响了直到20世纪初中央政权对国家的统治。

秦朝：始皇帝

秦国一统天下，不是一个人的功劳，而是集体的胜利。秦穆公、秦孝公、商鞅，以及其他没有提到的人都对此有很大贡献。因此，征服者自然会用在自己国家行之有效的方法来统治新建立的庞大帝国。此外，在把整个中国统一在一个政权下的过程中，征服者也在一定程度上实现了许多梦想家的希望。

直接领导这一革命性发展的人是嬴政，其更广为人知的名字是始皇帝。始皇帝得力的助手兼丞相，也是新帝国的构建者之一，是李斯。李斯是秦国著名外来士大夫之一，他是楚国上蔡（今河南上蔡）人，年轻时做过文书小吏，后不甘寂寞，到齐国拜荀子为师，学习治理国家的"帝王术"；学成入秦，得吕不韦赏识，步步高升，直至为相。他继承了荀子的君主绝对权力理论，在这方面他与嬴政一拍即合。李斯岁数比嬴政大，他所有的儿女都与皇室联姻，一时荣耀无比。冷酷、精于算计的李斯，与浮躁、迷信专横的嬴政形成鲜明对比。攻占中原后，嬴政和李斯致力于将七国统一为一个行政整体和文化整体。

整个制度的统治者有一个新的称谓。为了表明他是一个时代的开始，嬴政废除此前最高统治者"王"的称号，创造出"始皇帝"这一称号（"始"意味着开始，"皇"和"帝"指带有几分神秘色彩的古代统治者"三皇五帝"），希望能给自己增添几分神的意味。皇帝成为封建国家的代表，皇帝制度延续两千多年，一直沿用到20世纪初。

嬴政的皇帝制度可谓天才之举——很难说这是他的谋划，还是李斯的巧思，抑或是早期秦国统治者和大臣留下的思想。可能这三者皆是成因。在李斯的强烈建议下，嬴政否决了将国土重新划分为封地交由王室子弟管理的提议。不再由旧贵族或嬴政家族来统治国家，取而代之的是一个复杂而职能多样、等级森严的官僚机构：三公九卿制。春秋时，诸侯国所有高级官吏统称"卿大夫"（卿就是"亲"的意思，与统治者有一定血缘关系），权力较大，要用自家人；但因能力有高有低，一旦能力不足，就会影响全局，所以战国时开始出现"布衣卿相"。始皇帝继承了"平民中选拔官吏之法"，为了避免卿之手中权力过重，将其职务拆分成为三公九卿，三公包括丞相（管日常事务）、太尉（管军事）和御史大夫（监管百官），具有宰相的性质，九卿是分管不同机构的长官，这一制度成为日后中国官吏划分职权的基础。

地方管理上，采用郡县制：全国分成36郡，郡下设县，郡守和县令由皇帝任命。郡设守、尉、监：郡守掌治其郡，郡尉辅佐郡守并管兵事，郡监负责监察事宜。必须说明的一点是，这项举措并非全是新创：郡、县由周朝而来（周朝时，县比郡大），商鞅创造了按官职划分的等级制度。嬴政和李斯非常明智地汲取了先人的智慧。

为了维护国家安定，始皇帝下令收缴六国兵器，熔铸钟鼎和大型雕像；下令将六国贵族和天下12万户豪富，迁居咸阳。他们居住于此，既便于皇帝监视，也可为首都和君主主权带来威严，更可繁荣国都，削弱地方势力，防止出现反叛。在这一举措下，国都经济迅速发展，地方经济相对落后，开启后世国都政治最为稳定、经济最为繁荣、文化最为繁盛的传统。

为了维护统一和促进经济繁荣，始皇帝统一货币（统一为秦国的半两钱，即圆形方孔钱，后世俗称"孔方兄"）；统一度（收麻布/丝绸的尺子）、量（收粮食的容器）、衡（收钱的秤），国家经济税收得到统一；推行"车同轨、书同文、行同伦"及典章法制。"车同轨"，可以在长途行驶中更换车轴，促进全国联系。"书同文"，小篆在周朝后期就在使用，李斯改进这种字体，使之成为全国通用的文字，进一步促进国家和文化的统一。小篆经过修改，成为之后几个世纪的标准文字。大约在同一时期，帛取代竹简成为文字的载体。"行同伦"，统一法和礼，改革落后习俗。

中国是农业国家，土地问题是国之根本，故在国家政策中，土地制度居于最为重要的地位。井田制时代土地归周天子所有，也就是归国家所有，其他所有人只有土地部分使用权而无所有权。土地私有制无法完成，社会私有制发展受阻，致使中国人一直认为土地归国家所有。夏、商、周之国家源于军事制度下的氏族公社，于是国家又称"公家"。井田归周天子所有，故可称为"公田"（当然，这是一种最大限度的私有），中国人只有一家一户的小私有观念，反而觉得统治者以天下为私有再正常不过。"公田"之外还有大量荒地，它们经过开垦，成为"私田"。时间一久，"私肥于公"，拥有更多财产的人想有更好的生活待遇，遂有"僭礼"之举（破坏原有等级制度）。土地私有制的发展引发社会动荡，出现争论：这些土地应该归公还是归私，这一争论持续上千年，结果就是土地所有权和使用权相分离。始皇帝受法家思想影响，鼓励农业发展，他在商鞅变法的基础上，下令"使黔首自实田"，要求农民自行上报手中土地数量，并据此向国家纳税；从而明确了土地所有权归国家，使用权归私人，农民土地私有制逐渐盛行并扩至全国。

始皇帝建造了伟大的公共工程：修建都江堰，成都平原变成"沃野千里"；开凿灵渠，加强中原和岭南的联系。始皇帝以咸阳为中心，建立驰道（从咸阳通往全国各地）和驿道（从咸阳通往北部边疆），加强中央与地方的联系，便于控制全国，客观上也促进了各地文化交流，实现进一步的统一。始皇帝征发数十万民众，在骊山为自己建造了一座巨大的陵墓，开了后世帝王大兴陵墓之风。后人在那里发现了众多兵马俑。

或许是天生的不安分和想看看这个国家的欲望，或许是为了亲自监督官员，始皇帝花了很多时间巡察各地。公元前219年至公元前215年，他连续到东方沿海、江淮流域，以及北边等地巡游，所到之处，无不勒石纪功。

始皇帝最有名的维护和平与统一的手段之一，是他压制除法家外的一切学派，拒绝接受那些学派的批评。然而，周朝最后几个世纪的特点是思想自由和言论自由，一个学派必然会对另一个学派进行攻评。此外，这些学派主要关注政府和政治理论。因此，始皇帝对这些争论一直持怀疑态度，也就不足为奇。那些学派从理论层面对始皇帝的政府提出尖锐质疑，威胁到了他的统治。批评之声不绝于耳，后因忌惮李斯，也曾短暂消声。李斯下令在全国镇压与法家对立的学派及其典籍。学者们谴责秦朝法律，赞扬旧日制度。儒家强调的是正直统治者的道德影响力，而不是严刑峻法；墨子的追随者信奉兼爱原则，他们尤其反对始皇帝所建立的政府。此外，儒家对旧贵族被消灭感到不平。必须说明的一点是，早先一些法学家就反对广泛传播文学作品，商鞅曾劝秦孝公"燔《诗》《书》而明法令"（并未施行），始皇帝在韩非的著作中也发现了这一思想。另据孟子学派记载，历代诸侯均会焚毁自己不喜欢的书籍，所以"焚书"并非什么新鲜事。

在李斯的建议和法家思想的影响下，始皇帝下令让地方官吏把一切非法家典籍统统焚毁。这件事并不像人们想象的那么难，因为那时大部分书籍都是刻在竹简上，竹简不易藏匿。只有关于占卜、医药、农业和树木栽培的书，以及秦国的官方编年史留了下来。禁书的副本存入国家图书馆，未经许可，不得查阅。同时颁布"挟书令"，敢有讨论《诗》《书》者，直接处死。始皇帝认为，民众的行为必须由官员通过法律来规范，而非由那些摘录"古代帝王语录"的书籍来规范。儒家士子对禁令甚是不满，议论纷纷，不巧被始皇帝派出监视的人听见。由于经不起严刑拷打，儒生互相揭发，最后有四百多人被坑杀。

我们并不清楚这项法令的具体执行情况。事实上，古代典籍损失更多发生于秦国取得胜利之前的战争以及秦末战乱中。当时许多地方毁于战火，藏书损失巨大。此外，从后朝皇家图书馆的目录中可以清楚地看出，秦朝时的这种清洗并不彻底。但毫无疑问，这一焚书之举开启了后世镇压自由思想、毁坏文化的不良做法。

始皇帝并不满足于仅仅统一中国，而是继续开疆拓土：南征百越，北击匈奴，拓展西南，开发北疆。当时从今浙江南部到今越南，大部分沿海地区都被越族占领。他们是越国的后人，有一定的文明，身上有文身，会使用金属，并掌握航海技巧。他们拥有肥沃土地，进行精耕细作。公元前221年，始皇帝派出五支大军，吞并这一地区，并继续南下，攻占今福建和广东。到公元前214年年底，秦朝疆界已经延伸到红河三角洲和今越南。

据史书记载，始皇帝曾将大批民众（无业游民）流放广东。其中也有流放之人是犯罪官员，他们触犯了秦朝严厉的法律。之所以流放边疆，是因为流放者多为社会不稳定分子，比较悍勇，与少数民族对抗时可以充当兵源。秦朝行政机构也扩展到广东、广西以及越南北部。不过，这一地区的同化进程被推迟到了汉代。在中部和中西部，始皇帝的疆域扩展到今湖南、贵州和四川。在西北，始皇帝的军队打败匈奴。匈奴是一个牧马的游牧民族。在始皇帝去世之后，匈奴又逐渐变成一个强大的部族。始皇帝只是暂时压制住了他们，秦朝灭亡后，他们成为汉朝的严重威胁。始皇帝对匈奴的征服，到达今甘肃兰州。他在这里设立九原郡，谪徙刑徒，鼓励民众移居边地，一面屯垦，一面戍边。

为了抵御匈奴和其他好战的半游牧部落的入侵，始皇帝强迫其子民建造了一道屏障：万里长城。他想用这道城墙，将大秦帝国保护起来，好让自己的江山永固。早在战国，匈奴已与燕、赵、秦发生军事冲突，为了防御匈奴，三国相继修筑长城；秦朝一统，东起辽东，西到临洮，征夫戍卒，堑山堙谷，连接旧墙，增筑新墙，墙高近两米，战马难跃。

征服和防御工事的大部分工作，都是在蒙恬将军的监督下进行的，他曾协助始皇帝最终统一中国。蒙恬是将门之后，他的祖父和父亲都是外来者，为秦国出生入死，分别官至上卿和内史。公元前221年，蒙恬破齐有功，获封内史（京城最高行政长官）。始皇帝极其信任蒙氏兄弟：太子扶苏在蒙恬军中作监军，其弟蒙毅官至上卿，御驾同乘，居内随身侍从。蒙毅法治严明，从不偏护权贵。有一次，内侍赵高犯有大罪，蒙毅依法判其死罪，但被始皇帝赦免。自此以后，蒙氏兄弟成为赵高的一块心病。始皇帝病卒，赵高窃权，担心蒙氏兄弟对己不利，矫诏将其杀害。因为经常要写战报上呈始皇帝，当时用竹签写字很不方便，蒙恬改取羊毫制笔，被后人奉为笔祖。

始皇帝既是征服者，也是有能力的组织者和管理者，但就连他也未能躲开当时广为流行的迷信。人都害怕死亡，想得永生，始皇帝也不例外,他迷恋长生不死之术,笃信命数,听闻海上有蓬莱、方丈、瀛洲三座仙岛,上面住着仙人,那里有长生不老药,人服下后就可长生不老。为了找到这种仙药,他批准御医徐福率领三千童男童女前往东海。他们就此杳无音信,据说这些人从山东海边乘船出发,漂洋过海到达日本后就在那里定居下来。

对这种长生不老仙药的寻找纯属徒劳。公元前210年,在第五次东巡途中始皇帝突然驾崩。当时李斯与他同行,李斯担心死讯传开会引发叛乱,因此设法保守了这个秘密,直到车队随从把始皇帝的尸体运回咸阳。正是这一延迟,给了朝中一些别有用心者足够的时间,来寻找能满足他们私欲的接班人。始皇帝最后做的事情之一是,下令给他的长子扶苏送去口信,让其带着送葬队伍回都城安葬。李斯(曾焚书坑儒,不喜欢儒家,扶苏喜欢儒家,一旦上台,后果难测)、赵高(得势宦官)和始皇帝的次子胡亥(他曾跟随赵高学法)三人合谋,写了一封命令扶苏自杀的信代替这一口信。他们还伪造已故皇帝的诏书,任命胡亥为继承人。这场阴谋大获成功。长子扶苏信以为真,拔剑自刎。阴谋者进入首都时,没有遇到任何有力的反抗。

胡亥上位,始皇帝被葬入骊山陵,这座陵墓有点像埋葬埃及帝王的金字塔,只不过一个在地上,一个在地下。一百多年后,著名史学家司马迁在《史记》中讲述了关于这座陵墓的奇妙故事:这座陵墓的顶上有明珠做成的日月星辰,地下有水银做成的江河湖海,里面藏有许多奇器珍怪。陵墓内有多道精心设计的机关守卫,第一道机关是沙海,私闯者会被流沙吞没;第二道机关是暗弩,它们会向胆敢闯入者射出利箭;第三道机关是陷阱,私闯者会死无葬身之地;第四道机关是水银,水银蒸发的气体有毒,会把人毒死。为了防止泄露机关秘密,那些完成最后布置的工人悉数被活埋在墓中。

秦朝速亡

始皇帝去世后不到十五年，秦朝就灭亡了。他带来的变化过剧，法律过严，赋税过重，劳役过多，一旦他这双强有力的大手移走，一场剧变也就不可避免地到来。秦朝并未彻底粉碎六国（这也是武力统治的后遗症之一：武力能压垮人的身，却不能收服人的心，被征服者想要完成复国大业，后世历史上这一现象一再上演，复汉复唐，复宋复明），所以那些国家的效忠者想要复国。只有才能杰出的继任者，才能阻止大规模叛乱爆发，然而，胡亥远不能胜任这项任务，而且宦官赵高很快就控制了他。胡亥实施的法律，比他父亲在位时还要严酷。他继续对民众课以重税，营建宫殿。在赵高的唆使下，他严厉惩罚那些批评他的人，诛杀异己，朝臣惶恐不安。由于赵高的阴谋，昔日谋士皆被赶走。李斯不忍看着秦国百年基业二世就亡，劝谏胡亥防备赵高。谏书被赵高截获，赵高设计使胡亥对李斯不满，然后诬陷李斯有罪，将其下狱。李斯在狱中仍不断上书，但都落入赵高手中。随后赵高借胡亥之手将李斯除掉，李斯一家被满门抄斩。

无偿劳役，外加赋税沉重，最终官逼民反，陈胜吴广揭竿而起，六国民众纷纷起义。胡亥只喜欢听天下太平的好话，不许人说"造反"，敢言者治"非所宜言"罪，后世很多朝代都用这一罪名来维护君主专制。起义军步步紧逼，赵高想要谋杀胡亥，胡亥自杀，赵高将其像平民一样埋葬。赵高提拔扶苏之子子婴（或称嬴子婴）做傀儡皇帝，冠以"秦王"头衔。五天后，子婴诛杀赵高，想要重振秦威。子婴的统治持续不到两个月，就被起义军联盟首领项羽推翻，都城咸阳被洗劫一空，以无尽财富建成的宏伟宫殿和人类为此付出的苦难都被付之一炬，大秦王朝就此结束，让人唏嘘。

秦朝速亡，无法挽救，但始皇帝的创举，却是名垂千古。几年后，刘邦统一中国，建立汉朝。汉朝保留了秦朝的大部分行政机构。

周朝被彻底抛弃,那个古老、独特而多样的中国就此永远消失。一个统一的国家已然形成。始皇帝建立的中国,从此在政治和文明等方面与先秦时期分道扬镳。一个新时代就此开启。

西汉建立

秦朝速亡,乱世相逐,项羽(项籍)和刘邦(刘季)脱颖而出。项羽身材高大,性格豪爽,力能扛鼎。他是楚国名将之孙,他的大本营在江东,其父死于楚国被秦国征服之时。秦末起义爆发,项羽追随他的叔父项梁,想要恢复楚国。楚怀王是楚国皇室一族成员,曾以牧羊人的身份默默无闻地生活着,后被项梁等人拥立为王。在战争的风云变幻中,项梁战败身死,项羽迅速升任楚军最高将领;他既是军队首领,更是国家首领,楚怀王不过是一个傀儡。正是项羽率军火烧咸阳,杀死子婴。随后他自称霸王("西楚霸王"),地位仅次于楚怀王。他将土地分给起义军主要将领和秦军降将,封他们为王(这是分封制的复兴)。新政权的都城建在彭城(今江苏徐州),他在这里得到强有力的支持。项羽很快就和楚怀王闹翻,他把后者流放,暗中则派人在半路上将其处死。

在随后的权力较量中,刘邦逐渐成为项羽的主要对手。刘邦生于沛县(今江苏徐州沛县),秦朝时在家乡当一个小官(亭长,专管捕盗)。他出身低微,性格开朗,嗜美酒,好美色,是个混混。事实证明,他这人也十分精明、残酷(逃难路上,三次扔下自己的儿女)。他奉命带领一群囚徒劳工前去修建皇陵,听闻陈胜起义,他在半道上释放了那些囚徒,并带领其中十几个最大胆的人在华中起义。后来他依附项梁,很快就成为军队将领。

在这两位勇猛将军的对战中,胜利女神先是青睐项羽,后来又朝刘邦露出微笑。有一次,项羽提出要和刘邦单挑,一决雌雄,刘邦十分谨慎地拒绝了。一开始,项羽处于领先地位,在彭城之战中,他击溃汉军,俘虏了刘邦的父亲和妻子。后来,刘邦采用离间计,使项羽赶走范增(他是项羽主要谋士,善出奇计),范增于途中病死。在之后的战争中,楚军败于汉军大将韩信。项羽腹背受敌,又粮草不继,于是送还刘邦家眷。两人签订盟约,以鸿沟为界,中分天下。项羽引兵东归,刘邦却撕毁盟约,追击项羽。韩信率军击败楚军,将项羽逼至垓下。夜中汉军奏起楚歌,楚军闻声,军心涣散。项羽率领八百精锐,突出重围,逃至乌江。乌江亭长劝他回到江东,他日东山再起,项羽以"无颜见江东父老"为由,加之虞姬死、子弟散,无颜独存,最终乌江自刎。后世女词人李清照曾赋诗感慨:"生当作人杰,死亦为鬼雄。至今思项羽,不肯过江东。"项羽出身贵族,刘邦出身平民,楚汉之争实乃贵族与平民之争。

刘邦的部下劝谏刘邦自立为帝,刘邦再三拒绝后,还是于公元前202年接受了。汉朝延续了在秦朝实现的大一统,虽然中间曾有所中断,但还是延续了四百多年——这是中国悠久历史上最辉煌的几个世纪之一。

刘邦的称帝过程证明,他是一位明智的管理者。他下旨大赦,废除秦朝许多严刑峻法。他赞成最低限度的国家监管。他出身布衣,语言粗俗,举止粗鲁。他之所以能够取胜,主要因为他知人善任,善于讨好平民。他吸取秦亡教训,采用儒家思想治国。他在实践中了解到儒家理论,即政府必须为被统治者谋福利,居上位者以身作则与武力同等重要。他身边有一些儒生,大臣陆贾更是一位大儒。陆贾经常在他面前称引《诗》《书》儒家典籍。刘邦虽然采用儒家思想,但骨子里还是讨厌儒生。他轻蔑地说:"我马上得天下,要《诗》《书》何用?"陆贾反驳道:"居马上得之,宁可以马上治之乎?"言外之意,如果秦朝愿以儒治天下,这会儿你是否在位还难说呢。刘邦闻言大惭,之后对待儒家的态度明显有变。高祖请儒家学者为朝廷制定了一套简单的礼仪，以消除他的随臣在他统治早期常有的那些粗鄙行为。公元前196年，刘邦下"求贤诏"，要求各地推荐"贤士大夫"。

汉高祖定都长安，长安位于渭河平原上，在秦朝都城咸阳东南20公里处。他保留了秦朝大部分政府机构。然而，至少在两个重要方面，他与始皇帝的制度不同。首先，他将国家划分为许多诸侯国，分封给他的家族成员和将军，它们的统治者被称为王。皇帝直接统治的地区，只占国土面积的三分之一，大都在离首都不远的地方。（异姓王拥兵自重，自行征税造币，形同独立王国，后来刘邦铲除异姓王，无力直接控制全国，乃分封九个同姓王，中央地方，保持一心。刘邦死后，吕后违背"非刘姓不王"誓约，立诸吕为王，同时严控刘姓诸王，激起后者反对。吕后死后，诸吕聚兵政变，刘姓诸王出兵灭之。文帝即位，因是高祖庶子，血统关系渐远，刘姓诸王多有反叛，文帝力压，稳住局面。景帝即位，中央地方矛盾激化，趁机出兵削藩，荡平诸王，中央集权得到加强。）其次，高祖凡是采取重要措施都会先询谋臣。之后几个世纪的统治者都遵循了这项政策。

尽管高祖善于御人，但他的权威绝非无可争议。他在位期间深受叛乱困扰。他成功地压制住了这些叛乱，公元前195年他临死前传位时，没有像始皇帝死后那样发生大乱。

国家的统一和皇位的延续，既得到吕后（她比刘邦多活15年）的帮助，也受到她的威胁（外戚专权）。从刘邦默默无闻时起她就陪在他的身边。她的父亲看出刘邦非同凡人，押宝把她嫁给他，事实证明，她的父亲赌对了。她是一个有着男子气概的女人，早岁多艰，经此磨炼，意志更坚。她诛戮功臣（她趁刘邦不在，用计除掉大将军韩信。韩信临死前叹道："狡兔死，走狗烹；飞鸟尽，良弓藏；敌国破，谋臣亡。"开了后世诛杀开国功臣的先例），巩固自身。高祖晚年宠爱戚氏，两人见面日稀。刘邦去世后，吕后儿子继位（惠帝），她开始独揽大权。刘邦的另一个儿子由戚夫人所生，被吕后毒死；可能是由于女人之间被情敌轻视而产生的仇恨、被情敌夺爱而产生的嫉恨,她把他的母亲残忍地肢解。都说有权力的人心狠手辣,女人一旦手握大权亦不例外。如何约束权力是个大问题,如何善养人性更是个大问题。惠帝放荡不羁,吕后才是幕后真主。吕后让惠帝娶了自己的一个外孙女,虽然人们认为这段婚姻没有孩子,但在惠帝死后,她(吕后)宣布皇位由他们的孩子继承。不过,这个孩子也是个傀儡。她任命自己的亲戚担任要职,想要永久取代刘氏。然而,在她死后,刘氏家族东山再起,根除吕氏,并把高祖的一个儿子推上王位,史称文帝。

文帝和他的儿子景帝大名鼎鼎,他们一起开创了"文景之治"。文帝是一位非常能干的统治者。他性格沉静,行事谨慎,宽厚仁慈,简朴一生。他在位时奉行黄老"无为而治"政策,与民休息,以德化民。秦时禁令被进一步放宽,禁止批评政府的禁令被彻底废除。他偃武行文,悉心纳谏。死刑减少,田租全免,税赋减轻。国家从汉初的百废待兴中逐渐恢复过来。

西汉巅峰:武帝

汉朝在汉武帝的统治下达臻鼎盛。公元前140年,16岁的他就登上皇位,一直统治到公元前87年。他统治的时期是中国历史上最著名的帝王朝代之一。他继承的这个王国,经过休养生息,逐步繁荣昌盛,随时可以进行扩张。他统治的半个多世纪,以大范围的国外征服和显著的内部组织重建及文化发展而闻名。

汉武帝统治时期,帝国疆域向西北、东北、南方均有扩张。在西北,中国的主要敌人是匈奴。正如我们此前所见,这个半游牧民族因为始皇帝在位而不敢入侵中原。后来,他们利用秦末内乱卷土重来。在冒顿单于的领导下,他们结成联盟,成为汉朝强大的敌人。汉朝初期,他们多次侵入中国领土。汉高祖在"白登之围"后,被迫"和亲、输币"来维持和平。汉武帝把征服他们作为自己的主要目标之一。在这一过程中他与中亚建立了联系,使中国人接触到西方文明,这一点对后世产生了非常重要的影响。

汉武帝试图通过直接作战、在匈奴人生活之地建立军事据点,或者借助外交手段,征服匈奴。他的将领们与匈奴交战多年,取得很大成功。汉朝西部边境扩张至甘肃大部分地区,屯民屯军和向西延伸的长城(西起大宛贰师城、东至鸭绿江北岸),帮助中国取得永久胜利。汉武帝并没有完全击溃匈奴,但他极大地削弱了匈奴的实力。

在其自身力量强大之时,匈奴人打败其周边部族,月氏(或吐火罗)当时位于甘肃西部。他们的王被匈奴人杀掉后,月氏人向西迁移到伊犁河流域,后来再向西扩张至中亚,统治奥克苏斯河北岸领土几个世纪,在巴克特里亚推翻亚历山大大帝建立的王国。后来,他们中的一些人侵入印度西北部。公元初,在贵霜王朝统治下,印度经历了重要的文化发展。汉武帝认为,他和月氏人有共同的敌人,可以结为盟友,一起打败匈奴,决定派人前去联络。武帝公开张榜招募出使人选,因为路途遥远,任务艰巨,穿越匈奴占领区,不仅可能被俘,还有可能死在他乡,无人敢应。最后,当时正在朝中当侍应官的陕西人张骞,急于立功扬名,揭榜应聘。

公元前138年,张骞率领百余人,以胡人奴隶堂邑父为向导,踏上西行之路。他们刚走到河西走廊,就被匈奴人俘虏,并被送至单于帐下。单于将他们扣留下来,这一留就是十多年。在此期间,张骞娶匈奴女子为妻,但他并未忘记自己的使命。后来他终于等到机会,率领部属逃出匈奴区,沿着塔克拉玛干沙漠边缘冒险西行,克服艰险,越过葱岭,到达大宛(今乌兹别克斯坦境内)。大宛国王热情接待,并派人送张骞去月氏国都城(今哈萨克斯坦东南)。月氏人因为生活安宁,无意复仇。张骞在那里逗留了一年多,最终月氏人还是拒绝与大汉结盟。张骞只好返行,半路上又被匈奴人扣留。一年后,单于病死，发生内乱，张骞等人借机逃走。公元前126年，这位勇敢的使者，带着他的妻子和堂邑父成功地回到汉都长安。

在巴克特里亚，张骞见过中国南方的竹子和布匹（"臣在大夏时，见邛竹杖、蜀布"），他认为这些物品来自四川和云南。他了解到，这些物品取道滇缅边境进入印度，再由印度进入大夏。这使他梦想着通过这条路来打开中国和西方之间的交流，而不是通过匈奴占领区向外沟通，因为后者困难重重。在武帝的支持下，张骞率人由西南出使大夏，从宜宾沿澜沧江南下，到达昆明，经过一年多十多次探寻，由于无法穿越原始丛林（毒虫瘴气，难以抵御），最终无功而返。公元前119年，汉军大败匈奴，张骞率领300人的使团再次出使西域。使团成员分往各国。张骞去了乌孙。公元前115年，张骞回到长安，同行者还有乌孙王派遣的数十名使者以及数十匹好马。武帝见到这些马甚是欢喜，命名"天马"。公元前105年，乌孙王求娶汉朝公主，聘礼包括一千匹良马，武帝大喜过望。从此以后，西汉政府与西域各国使节往来不断，东西商贸随之发展。

丝绸之路分为北、中、南三道，北道为主道，从西安出发，穿河西走廊，出玉门关，沿天山北麓，经吐鲁番、喀什，越帕米尔高原西行，抵地中海东岸至罗马各地。中道沿天山南麓和塔克拉玛干沙漠北缘，越帕米尔高原至地中海。南道沿塔克拉玛干沙漠南缘和昆仑山北麓西行，西出阳关，经楼兰、莎车，越帕米尔高原去阿富汗或印度。丝绸之路不仅是一条商道，更是一座文化桥梁，多种文明一路相通，中国文化亦受益其中。

汉武帝支持张骞远征，汉朝势力渗入新疆。生活在塔里木盆地和伊犁河流域的一些民族选择归顺。后来听闻大宛国有宝马，武帝遣使持千金前去买马，大宛国趁机抬价，拒不出售，并杀害汉朝使节。汉武帝得信大怒，派遣李广利将军前去报仇。一开始，由于缺兵少粮，军心涣散，他屡战屡败，尝尽屈辱，请求退兵入关。武帝震怒："一个小国都拿不下,大国威严何在!"下令敢入玉门关者杀无赦。李广利只能率军留驻敦煌休整。数月后援兵赶到,粮草齐备,李将军展开反攻,战胜大宛,拥立新王,威震西域,各国纷纷臣服。

汉武帝不仅在西北扩大了势力,在东北他也大获全胜。古书记载,武王封箕子于朝鲜,史称箕子朝鲜。战国时,燕国进入朝鲜。西汉初,燕王叛汉,亡命匈奴,燕将卫满率千余人进入朝鲜,公元前194年定都王俭城(平壤),史称卫满朝鲜;西汉政府援以物资兵力,朝鲜成为藩属国。公元前109年,汉武帝遣使前往朝鲜,出现摩擦,借机出兵,灭掉卫满朝鲜,设立"汉四郡"。在那之后,中国文化渗入朝鲜半岛。在东北地区,甚至包括朝鲜,中国人也迁居这里,帮助汉朝控制领土。考古学家在王俭城的墓葬中,发现了大量的中华文明遗迹。中国文化还通过朝鲜渗入日本。

汉武帝也向南扩张领土。长江以南沿海省份和安南地区的人民,曾在始皇帝时被纳入秦朝的行政体系,他们利用秦末战乱和汉初无暇南顾之机重获独立。由于他们在几位地方统治者的统治下自行分裂,汉军没费吹灰之力就将它们一一并吞。在武帝统治早期,位于浙江南部的东越先被吞并,成千上万的人被迁移到淮河流域。下一个投降的是闽越,那里有很多人被迁移到了长江以北。南方最大的国家是南越,它由赵佗建立。赵佗曾是秦朝官员(南海龙川令)。西汉初年,南越臣服汉朝,成为藩属国。高祖病逝,吕后主政,封锁南越,出兵讨伐;赵佗称帝,分庭抗礼,定都番禺(今广州),地域包括两广大部,以及今越南中部和北部。汉文帝继位后,力行怀柔(撤出军队,提供物资发展经济,封其兄弟为官,派人守其祖坟,岁时祭祀),赵佗向汉朝称臣,每年春秋派人去长安朝见;但在南越国内,仍沿用皇帝名号。赵佗死后,其后代连任四代南越王。直到公元前112年,武帝出兵征服南越,其领土并入汉朝版图。

汉武帝精力充沛,南征北伐,中国内部有了显著的发展。他延续先皇政策，进一步削弱地方诸侯权力。像高祖一样，他派谋士去监视每一个王，按时向他报告。和始皇帝一样，汉武帝也在努力提升皇权。为此，他确立了一种制度（举贤良，举孝廉），用于发现和选择可用之人。他命令地方官员推荐辖区内最好的人。虽然汉武帝没有像后来朝代那样采用考试制度，但考试选官制度已具雏形。汉武帝在首都设立太学，培养官员，并鼓励地方设立学校。

邹衍在其所著《黄老帛书》中提出"五德终始"，汉初信奉黄老，主张无为而治。景帝时，围绕武王伐纣是弑君还是革命、汉代秦立是水德还是土德，道家黄生（有景帝母亲窦太后支持）与儒家辕固生（有景帝支持）展开辩论，最后辕固生获胜（窦太后对此不满，让他去猪圈与野猪搏斗。景帝急中生智，塞给他一把刀子。他进入猪圈，野猪直扑而来，他瞄准野猪心脏，一刀击毙。窦太后听闻消息，哑口无言，将其释放），儒学自此登上政治舞台。汉武帝上位后，还曾请辕固生进宫议事。汉武帝对儒家学者青睐有加，鼓励学习儒家经典，选拔精通儒家经典的人为官。他进一步推动了国家采纳儒家思想，这是后来中国政府的突出特点之一。

儒学兴起，公孙弘和董仲舒功不可没。公孙弘出身乡野，家境贫寒，曾当过猪倌，年轻时为狱吏，因犯罪被免职；从中得出教训"非学无以广才，非志无以成学"，发奋苦读，渐有所成，在武帝重用的学者中地位很高。他善于辩论，通晓文书、法律，糅合儒法，以天德、和合、礼义等概念来调和、包装法术刑名，得到武帝赏识。朝中议事，他常提出要点，陈明情况，由武帝自行取舍，从不违逆圣意，武帝非常喜欢他这种驯良守礼之德。他在朝中供职多年，生活简朴（"夜寝为布被，食不重肉"）。他为"五经博士"设弟子，为在职官员制定以儒家经学、礼义为标准的升官办法和补官条件。

董仲舒是一位大儒，他认为，只有思想统一，才能维护政治统一，政治统一，国家就可长治久安，故提出"罢黜百家，独尊儒术"。

他认为"道之大原出于天",自然、人事都受制于天命。他提倡"天人感应说",借天之至高无上来树立皇帝的至高权威,维护和加强人间君主的统治。据他所说,天、地、人三位一体,皇帝必须保持它们的和谐。要取得和谐,皇帝就必须树立良好的道德榜样。这种哲学思想教导人们,当皇帝举止不当时,上天会以饥荒、地震、火灾和洪水来表示不满,如果皇帝不对这些异象加以注意,上天会设法以月食和彗星之类的征兆使皇帝悔改。如果皇帝仍然不知悔改,最后的毁灭就会到来。他声称这一理论来自儒家学说(实则来自阴阳家),该理论在古代历史上很有影响。他试图在孟子的性善论与荀子的性恶论之间找到折中之处。

在某种意义上,汉武帝时期的儒学可以说是一种思想大杂烩。秦朝的法家思想被儒家伦理道德所取代,法家思想创造了一个稳定的外部环境,儒家思想得到施展的舞台,政治制度上法外儒内,法儒互补;这与周朝的儒学有很大不同。汉武帝时期的儒学比孔子和孟子更积极地宣扬有神论,强调天人合一,并且比这两位圣人更相信神灵,从而给了当时的迷信一些发展空间。董仲舒是汉朝儒学的主要塑造者,正是在他的建议下汉武帝在首都设立太学,后世对他的研究持续了一千多年。

从经济角度来看,汉武帝统治时期商业逐步繁荣,国内日益和平,地方王公权力不断削弱,国家行政统一进一步加强,这些都促进了国内贸易发展。汉朝对外贸易也有增加,尽管外贸引人注目并产生了重要的文化影响,但与国内贸易相比,只占很小一部分。汉武帝试图规范商业(推行"均平制"),并设置了一位官员,负责在大宗商品价格较低时买入,在价格上涨时投放市场,以减轻大宗商品的极端波动,并为国家谋利。汉武帝开凿运河,促进南北沟通。他还派人在干旱地区修建许多灌溉工程,遏制了黄河灾害,开垦了大片土地。其结果,国库充足,帝室富有,然而,皇帝的家产越来越大也埋下了祸根——外戚和宦官的力量不断加强。

汉武帝的多次战争和宏大的公共事业，给他造成了严重的财政问题，好几次使他一筹莫展。因此，他提高税收，开征新税。政府垄断盐铁贸易。允许出钱减刑。对贵族征税，表面上是为了支持官方祭祀，实则用于军事目的。对酒类征收消费税。武帝将铸币变成国家垄断。在牺牲各地王公的利益来增加皇权方面，他取得了成功。农民被给予特殊的税收减免，商人则被额外征税。这些措施都是为了增强皇权和进一步中央集权。

汉武帝举行封禅仪式：封（祭天），即皇帝在圣山泰山，以圣山之灵为使者，向天祈祷；禅（祭地），即向至尊大地祈祷。这两种仪式只有在太平盛世或天降祥瑞时方可举行，据说都是对始皇帝时仪式的复兴。也许这两件事表面上都是为了祈求神灵保佑皇帝，祈求他长命百岁。然而，通过祭告天地强调天的地位，封禅仪式有助于创造一种天界和君主合一的理念。通过这两种祭祀强调"君权神授"，汉武帝也凸显了自己的伟大。也许出于同样的目的，汉武帝承认现有的天神等级制度，并在其上叠加"太一"至尊神。宇宙神灵组织与世俗政权组织相对应，这种观念并不新鲜。事实上，这可能是从商朝流传下来的。通过此举，皇室尊严得到提升。

尽管汉武帝治国有方，但就像始皇帝一样，他在晚年时也迷上了求仙。他让术士用黄金和丹砂炼丹，寻找长生不老药，努力与据说已经达到这种境界的神仙取得联系，那些方士中所谓的高人对他产生了很大的影响。当时的能工巧匠用青铜打造出了博山炉（博山乃三座仙山之一）。一眼望去，一座海上神山浮现眼前，就见山形重叠相掩，奇禽怪兽相伴；点燃香料，仙气缭绕，异香芬芳，引人生出无限遐想。

西汉的衰落

有人说,中国历史就像走马灯般不断改朝换代,新陈代谢,周行不殆:创业者武力打天下,后继者文法守天下,间有起伏,达至顶峰,便一代不如一代,渐趋衰败,最后崩坏,重新码牌,从头再来。这种看法有一定道理,受儒家"以德治人"思想影响,解释这一循环,多强调个人因素,有德得天命,失德失天命;但是,全面来看,主因还是赋税轻重、兵力强弱、管控松紧、收支失衡使然。

关于汉武帝的直接继承者,这里无需赘述。在将近一百年的时间里,西汉没有发生任何值得我们深究的重大事件。和其他国家一样,中国的宫廷里,同样有美人心计,宫廷内斗,钩心斗角,尔虞我诈,从而为汉朝史册着色不少。叛乱也时有发生。中国人在西方继续扩大势力。就是在印度西北边境,他们的影响力也很强大。匈奴一次又一次被打败,他们的首领最终承认了中国的宗主权。然而,皇位世袭制使得一位身体虚弱、喜好挥霍的皇子登上皇位,并在公元初年引发了一场危机。

王莽改制

西汉面临的新威胁来自王姓家族。公元前48年,汉元帝登基,王氏家族的一个女儿(王政君,王莽的姑姑)成为妃子。幸运的是,她既赢得皇上欢心,又给他生了一个儿子。她被册封为后(孝元皇后),她的儿子成为皇太子。丈夫驾崩,她的儿子当上皇帝(汉成帝),她成了皇太后。一人掌权,家族升天,她的亲人纷纷出任高官,整个国家都由王氏家族掌管。

在王太后家族的男性亲属中,要数其外甥王莽行事最为谨慎。与家族中其他有影响力的男人相比,他以学识渊博、乐于求学、孝顺和生活节制著称。他人挥金如土，他却节俭度日，并把几乎所有收入都分给他的门客、朋友和平民。三十八岁时，他成了国家最有权势的人物（大司马）。

汉成帝在位约25年，这足以让王氏家族在朝中站稳脚跟。然而，他没有继承人。公元前6年，他的侄子（汉哀帝）继位。汉哀帝着重提拔自己母亲的家族，王氏家族暂时失势。事实证明，汉哀帝是一个放荡不羁之人，在其短暂的统治结束后，王氏家族重新掌权，王莽被任命为八岁新皇（汉平帝）的摄政王。

此时王莽声望极高，权势极盛，但他依然过着简朴的生活，捐出巨款分给穷人，建立一所官立大学，召集来自全国各地的学者。这位少皇帝死于公元5年，据说是因为表现得太过独立而被毒死。一个婴儿登上皇位，王莽被封为摄皇帝。三年后，王莽故作不情愿地废黜这个傀儡，自己称帝，改立新朝。

一个多世纪以来，不时有人抗议当时社会上的一些不公正现象。汉立宗国，听任地方自制，豪强地主（豪族）大量兼并土地，这些土地都是免税的，这种特权减少了中央政府（贵族）的收入。奴婢受到残酷对待，主人拥有决定他们生死的权力。对于这些和其他不平等现象，儒家士人深表关注。至少从周朝中期开始，他们就一直致力于为人民谋福利。长期以来，王莽身边有许多学者，其中无疑有一些理想主义者，他们努力推行改革。

王莽执政第一年，在全国进行了彻底的土地改革。他下令废止土地私有制，私人土地转归国有（王田代替私田），分给农民耕种。他缩小了地主群体的规模，废除地主群体免税政策。他还废除奴婢制度，禁止买卖土地和宅基地，没收的土地分给耕种的人。除了土地改革，他还重新确立国家对盐、铁、酒、铸币的掌控权，山林川泽收归国有。他重新制定货币制度，用多种面值的货币，代替只有一种价值的货币。他还让国家以公平的价格来定价，保护农民免受商人侵害。他延续了西汉时期的政策，即国家干预市场，在市场充裕时买进过剩的商品，在市场缺乏时卖出，进而均衡价格。他向那些需要贷款的人提供无息国家贷款。他试图复兴周朝时的一些政治机构和官职。

王莽新政推动了对儒家经典的研究，他的文官故意伪造重要典籍，以此来为他的改制正名。他为太学生建造宿舍，大力推行教育。他修缮孔庙，追谥孔子为"褒成宣尼公"（孔子后人均为"褒成侯"），从国家太学到地方学校都要尊孔；通过这一国家控制手段，孔子成为"文圣"。他之所以这样做，旨在获得强大的儒生阶层的支持。

王莽的改革遭到豪族和贵族的强烈反对。禁止买卖土地和奴婢的法律在三年后被废除。黄河决口改道更是加剧了动乱，许多灾民落草为寇。刘氏宗族相继起兵反抗。下层百姓也发动起义。当时两支最大的队伍是南方的绿林军和北方的赤眉军。赤眉军利用宗教信仰，把起义者聚到一起；为了区分敌我，他们把自己的眉毛染成红色。边疆臣民利用汉室衰弱机会，趁机摆脱汉朝统治。在西北，匈奴人坚定地反抗王莽，因为他把他们的统治者从皇帝降为贵族。在南方，安南拒绝承认他的统治，许多汉朝的拥护者在那里避难。公元23年，王莽死于长安，他的王朝和创新之举随之消散。

东　汉

经过一番混战，刘秀登上皇位，史称光武帝。因为迁都洛阳，这个王朝被历史学家称为东汉或后汉。刘秀在位的大部分时间都用来恢复国家内部秩序，重新确立中国对周边朝贡国家的权威。起义军，尤其是赤眉军，给他带来了一些麻烦。然而，他用事实证明自己胜任这项任务。在他三十多年的统治中，他带来了一定程度的国内和平。由于内战，贵族和豪强地主大都消失，免税地产大为减少，中央财政状况得到改善。他使中国人的称号再次在国外引起恐慌。在安南，昔日秦汉属地被马援将军重新征服，这一地区已被汉化。中国东南地区的很大一部分都被中国文化同化。在西北和新疆，光武帝重新确立宗主国地位。光武帝不仅是一名战士，还是一位儒家文化的保护者。作为一个受过教育的人，他喜欢和学者们在一起，并在都城修建太学，设立五经博士；他还经常巡视太学，与学生交谈。这是一个不断复兴的国家。

接下来一个半世纪的政治史无须详述。光武帝死后，延续汉朝统治的皇帝，没有特别值得注意的。除了第二任皇帝汉明帝和第三任皇帝汉章帝（他们开创了"明章之治"），很多皇帝登基时不过是个稚子，有的甚至只是个婴儿。皇帝年幼，后宫干政，宦官得势。领导力如此软弱，刘氏家族显然命不久矣。太学儒生不断抗议宦官滥用职权。他们的努力有时也会收到一定成效，但却无法长久延缓东汉的衰亡。2世纪末期，宦官权势熏天，严酷对待反对他们的人。大片土地再次收归个人，却只支付中央政府一小部分成本。事实证明，对不占有土地资源的农民征税是不可行的，农民不堪重负，一些人逃往南方，一些人托籍豪门大族，一些人则落草为寇。都城里挤满了难民。起义正式爆发，黄巾军尤为厉害。它是道教的一支。它积极宣扬"太平道"，追求永恒幸福的"太平世界"，吸引了大量受苦受难的民众。某种意义上，汉朝的灭亡，是由于道家对官方儒家思想的反抗。

赋税连带徭役制的失败，导致军役制崩坏，职业军队成为将军的私人武装。农民起义爆发后，这些将军摇身变为军阀，他们打着"除宦官"的旗号自立为王。2世纪末，将军董卓成功地控制了皇帝。190年，他烧毁洛阳，迁都长安，拥立无能的君主（汉献帝）。接下来两年，他"挟天子以令诸侯"，无情地镇压所有的反对派。但是，别人并未承认他的合法性。他的政敌们联手反制，192年，他被自己的一个副手（也是他的养子）刺杀。

权力之争一直持续到曹操登场。曹操出生在宦官世家，是前大太监曹腾养子曹嵩的儿子，他机智警敏，不择手段，权倾朝野。汉献帝的特权被剥夺得越来越多，但他一直保留皇帝头衔。220年3月曹操死后，他在被威逼利诱的情况下让位给曹操的儿子曹丕。曹丕建立了一个新的王朝：魏朝。刘氏家族的一名成员（刘备），声称要在四川继续汉朝的统治。然而，汉朝气数已尽。这些历史的参与者当时并不知情：中华民族发展的一个伟大时期已经结束，整个国家正在进入向另一个伟大时代过渡的时期。

由于汉朝文化影响较大，对东汉的描述必须比上面的概述更为详细。东汉的将军们在新疆西部边境线上维护甚至加强了中国的力量，确保丝绸之路畅通。虽然匈奴仍是一个无法忽视的威胁，但是他们内部不和，所以没有以前那么强大。虽有摩擦，东汉与月氏之间一直保持联系，后来，以喀什噶尔、莎车、和田、吐鲁番等绿洲为中心的一些西域小国，成为中国的附属国（西域三十六国），以抵御它们共同的敌人：匈奴。汉明帝在位时，派窦固征伐北匈奴，中国人占领了甘肃以西的哈密。这有助于恢复中国在西方的威望，该地区的一些国家也恢复了与汉朝的朝贡关系。很快，汉朝重又设立西域都护府，委派官员进行监督。

在遥远的西方，中国最著名的使者是班超（32—102）。他出身文学世家，是历史学家班固和杰出女作家班昭的兄弟，但与其说他是个学者，不如说他是个实干家。他厌倦了文字工作，也厌倦了在都城当个小官日日混吃等死，毅然投笔从戎，决定到西部边疆去寻求冒险和功名。在那里，他表现出了不俗的胆识和能力，成为中国在中亚边缘地带的主要官员。他把中国的势力扩展到新疆西部地区。事实证明，这里的小国都很顽固，而班超的生活就是与它们进行持续不断的斗争。他让中国的威慑力越过了山脉，直到今俄罗斯领土，以及更远的西方世界：他派手下人员出使大秦，他的手下抵达波斯湾后返回。60多岁时，班超思乡心切，请求皇帝准允退休，但在回到都城后不久就去世了。班超的职位（西域都护）离京太远，不易传承。他的大儿子承袭了他的爵位（定远侯），并在仕途上取得成功，官至京兆尹。但是，我们获悉，西方有关国家一再发生叛乱。后来在班超另一个儿子班勇的带领下，汉朝的士兵们又一次出现在新疆绿洲，而至少到2世纪下半叶，中国在那里的影响力一直都很强大。

所有这些代价高昂的军事行动，似乎只为保持丝绸之路畅通。汉人为之奋斗的城市和绿洲的现有名称——哈密、阿克苏、喀什噶尔、吐鲁番、和田——向所有熟悉商队路线的人表明：中国人会竭尽全力保护他们，在丝路上与亚洲其他地区文化中心进行商业往来。

汉代的对外贸易

在汉朝统治下，中国人和外国人都在克服将中国与世界其他国家隔绝开来的天然障碍。那是一个崇尚商业的时代。不仅是汉朝自身带来了繁荣和领土扩张，其他强国也对汉朝的贸易起到助推作用。月氏人在印度西北部和阿富汗一带建立贵霜帝国。帕提亚帝国占领伊朗大部分地区，在其城市里发现了希腊商人的踪迹，同时还发现了希腊文化向东传播的证据。再往西，罗马人统一地中海地区。在今俄罗斯欧洲部分的南部地区居住着萨尔马特人，同时在黑海沿岸也坐落着希腊城邦，属于贸易中心。在亚洲的大部分地区，商业活动比以往任何时候都要广泛。商人们穿过中亚，沿着塔里木盆地南北两边的路线进入中国。他们也从南边沿海路到达大汉帝国的南部海岸。有一段时间，南方主要港口是（越南）东京。几个世纪后，它被广州取代。

中国与西方之间的商业往来，从距离上来看是相当广泛的。汉人不仅通过贸易，还通过派出官方使节认识了月氏人和萨尔马特人。印度和锡兰商人取道南方进入中国。此外，中国人至少知道罗马帝国的东部地区，称其为大齐。不过，中国与地中海国家并无直接接触。西方商人经常到达印度，大约在公元前1世纪或公元1世纪，他们学会了利用季风，从红海穿越印度洋。罗马人和希腊人对中国有所耳闻，但似乎没有地中海商人到达过比印度和锡兰更远的地方。120年，中国南部边境一个国家派来大使和120名杂耍演员（"永昌徼外掸国王雍曲调遣使者献乐及幻人"），他们来到洛阳，自称来自西方一个和大齐一样的地方。166年，大齐商人到达洛阳，自称（海西人）是他们皇帝派来的使节（"大秦王安敦派使臣访问洛阳"），那位皇帝应该是奥勒留。除了这些记载，我们没有明确听说任何地中海国家的代表使节来到中国的事例，尽管这些事例可能真实发生过。另外，我们也不确定中国人是否曾向西远行至罗马帝国，尽管中国的史料记载中有对大齐的描述，而这些描述很有可能来自亲身经历者。当时，中国与大齐的交流依赖帕提亚人作为中间人，而帕提亚人作为罗马人的敌人，并不乐意促进中国与罗马之间的直接贸易关系；为了打破这一局面，班超派遣使者出使西域，然而，那些使者到达波斯湾后就踏上了归程。

丝绸之路开通，中西文化交流得到推动。两汉时期，对外贸易规模逐步扩大。受到路途和交通工具限制，通过这种贸易交换的商品，体积小、重量轻、价值高。中国的主要出口产品是丝绸、铁器、漆器等。作为交换，中国得到了良马、香料、宝石等。外来物品中，首先引入的是马匹，因为武帝想要打造骑兵，对抗匈奴。引入良马后，养马业快速发展，西域马好在于以苜蓿为先导，西域瓜果蔬菜等农作物也纷纷引入内地。瓜果中最有名者是石榴，因来自安、石二国，又称安石榴。与石榴齐名者还有葡萄。（"宛左右以蒲陶为酒，富人藏酒至万余石，久者数十岁不败。俗嗜酒，马嗜苜蓿。汉使取其实来，于是天子始种苜蓿、蒲陶肥饶地。"）汉代输入商品，香料尤为突出。史书记载，当时进贡西域奇香，香闻长安四面数十里，经月始歇。波斯湾的乳香，北非的迷迭香，伊朗的安息香，印度的胡椒和生姜，均进入中国。于阗美玉打造出来的印玺饰品，成为汉代皇室贵族的标配。另外还有各种奇珍异兽，如安息的狮子，大秦的夜明珠和琥珀等。

商贸往来不可避免地促进文化相互影响。从黑海北部到中国，艺术和商业相互交流。西汉丝织图案中有狮子形象。西汉铜镜上有葡萄纹。西域之乐舞杂技，如琵琶、箜篌、羌笛等乐器，吞刀吐火等幻术，让汉代中国人耳目一新。我们可能永远无从知晓当时这种交流的广度。在外蒙古出土的古墓中发现的物品，印证了在这片广袤的土地上一定发生过什么。这些古墓的年代可以追溯到公元初期，里面有陶器、布料、宝石和金属制品。那些物品上的艺术设计，出自希腊人、中国人、萨尔马特人、月氏人、波斯人、古巴比伦人和亚述人之手。在塔里木盆地发现的文物，揭示了汉朝时期存在各种文化影响。在朝鲜半岛南部挖掘的后汉墓葬中，发现了罗马酒杯的碎片。

中国对其他民族的文化产生了一些影响。一些中国人加入匈奴之列，那是汉朝皇帝对那些御敌不力将士的残酷处罚。这些人和商人一起向"蛮夷"传播中国思想和礼仪。中国也开始对越南和朝鲜半岛产生重要影响。日本在那时和中国也有来往。

佛教的传入

佛教诞生于公元前6世纪。释迦牟尼出身贵族家庭，长大后，有感于人世生老病死各种苦恼，外加灭族战争威胁，对当时盛行的婆罗门教产生不满，毅然舍弃王族生活，出家修道，希望找到脱离苦海的办法。他看到痛苦与意识相伴，肉身之灭并未终结苦难。他认真修行当时印度哲学家和宗教智者推荐的几种方法，想要打破无尽的轮回，但都无济于事。最后，他绝望地在菩提树下打坐冥想时，答案闪过他的脑海，他成了"开悟"佛陀。这是一个改变历史进程的时刻。佛陀为自己找到了解脱放下、内心平和、摆脱痛苦的秘诀。

佛陀将其戒律概括为"四谛"：苦谛（人生皆苦），集谛（苦的原因)、灭谛（苦的消除）、道谛（没苦的方法）；他认为，生命与痛苦不可分割，痛苦源自欲望，只有灭欲才能摆脱，灭欲之法是遵循"八正道"（包括正见、正志、正念、正定等）。他极力主张忘我精神和奉献精神，不过，他对任何人或事都没有过多的依恋之情。当然，这样做旨在去除欲望，消灭痛苦，最终涅槃。人们常将涅槃理解为"空"／"灭"，其实它指的是一种融入天地之圆满境界。

佛陀的教导与中国人的思想相异，他的精神世界也与中国人不同。他主张逃离现实，因为他认为现实生活充满了恶。中国也有悲观主义者，但大部分中国人还是认为人生值得一过。可以肯定的是，佛教与儒家和道家也有共同之处。道家的"万物有道"，儒家的"善有善报恶有恶报"，与佛教思想"业力"不谋而合。道家中那些思想更为深邃的人，他们同情众生，打坐冥想，怀疑包括自我在内的物质世界终究是一场虚幻，这些与佛教思想很是相似。也许正是这些相似之处，使得佛教在中国大受欢迎；后来它在其诞生地近乎消失，却在中国得到了延续。

佛陀圆寂，他的教诲继续向外传播。一开始，这一进展相当缓慢。公元前2世纪，希腊人米南德为自己圈出一个公国，疆域就在印度西北部的巴克特里亚，佛教在巴克特里亚和印度快速传播。公元2世纪，统治印度西北部和阿富汗的贵霜帝国，佛教盛行。汉朝通过向西扩张和对外贸易与这些国家建立联系，所以佛教传入中国也就不足为奇。

佛教在其传播过程中，形成多种思想流派。主要分为大乘和小乘：小乘之小，在于它恪守原始教义；大乘之大，在于它兼容并蓄。大乘佛教又称北传佛教，它赞颂菩萨，菩萨能掌控自己的涅槃时间，在经历一次次轮回，将众生都解救出苦海后，才最终涅槃。佛陀的教导中没有祷告和敬拜，因为佛陀相信，每个人必须自我救赎。菩萨以解救众生为己任，它的出现，使得大乘佛教的重心从"自度"变为

"度人"。小乘佛教又称南传佛教，它认为大乘佛教的理想不可能实现，也不符合佛陀教义。小乘佛教重视罗汉，罗汉是自己开悟的人。大乘佛教和小乘佛教在这几个世纪一直活跃于印度的西北部，只是前者慢慢地在北方盛行，后者渐渐地在南方盛行。

目前仍不清楚佛教最初于何时以何种途径传入中国。据史书记载，始皇帝时就有西域僧人来传佛经。后来，汉明帝夜梦金人，遣使求法，白马驮经，归建白马寺（那里是明帝做太子时读书之地），表明佛教开始进入宫廷。汉桓帝并祭老氏和佛氏。2世纪上半叶到3世纪初，洛阳设有佛教区。其中一位传教士是帕提亚太子，中文名叫安世高，他在即将即位时出家修道，让位与其叔。他博学多识，遍游西域，147年到达洛阳。当时的佛教信奉者多把佛教视为一种神仙方术，焚香拜佛，祈求长生。安世高决心让人们了解真正的佛教，遂弘法译经，传经僧人；中原动乱，他离开洛阳，游历南方，后来北归，走到会稽，被斗殴者误中而死。东汉末期，北方和长江下游的几个地方都有佛教活动中心，如支谦在建业译经，康僧会在江南弘法。早期的佛教传教士受到一些道教徒的欢迎，人们一度将其视为道家中人。汉传佛教是佛道融合的产物。但是，直到汉朝灭亡，在乱世之间，佛教才开始有了惊人的发展。

汉朝时期的其他文化发展

汉朝的卓越之处，不仅在于外来文明的传入，还在于本土文化的发展。最值得注意的是在思想文化领域。诸子百家学派的许多作品被保存下来并被仔细研究。在众多流派中，道家和儒家在两汉时代一直保持重要地位。

道家在朝中很受欢迎。道家最大的鼓吹者，是汉高祖的孙子刘安（淮南子），他像许多同时代人一样，追求长生不老和炼金术。也许他不应该被归为道家，因为他试图构建一种融合所有主要思想流派元素的哲学。由于卷入一桩谋反案，他选择了自杀，但普遍的说法是，他找到了长生药，喝下后升天成仙。163年，汉桓帝在老子的出生地举行祭祀，第二年又在都城为老子建了一座道观，并在那里举行了一场皇家祭天仪式，以此来纪念老子。

儒学经过改良，越来越得到国家的支持。西汉早期统治者对它有些冷淡，但迫于巩固统治地位之需又不得不对它表示支持。随着时间的推移，继任君主们对儒教越来越推崇。儒家典籍成为主要学习科目，并成为考试科目，只有通过考试的人才能为官。王莽时期和东汉时期，儒学地位日益突出。公元1世纪，朝廷下令，确定儒家经典的官方文本。175年，官方在洛阳太学开刻熹平石经，包括《易》《礼》《春秋》等七种，作为经书的标准版本，成为中国第一部官定石刻经本。此时儒生在朝中权力很大。他们结为一种政治团体，评议朝政，攻击宦官。166—179年，先后发生多起党锢之祸，宦官杀死许多儒生，刑狱株连，士人噤口。尽管在汉朝余下的时间中儒学没有恢复其先前势力，但是儒家传统在朝中已经根深蒂固。

汉代官方儒学，在许多方面都与孔子倡导的儒学有所不同。汉代讲究谶纬，纬书开始把孔子塑造成为汉代政权的保护神。儒教成为国家宗教，孔庙被视作一个神圣空间。为什么儒学能从众多竞争对手中脱颖而出获得皇帝青睐，是一个值得推演的问题。墨家治国之道过于理想化，在现实中行不通。法家治国之道过于严苛。道家治国之道与不断扩张的大汉帝国格格不入。相比之下，儒家倡导以礼治国，社会稳定有序，儒生歌功颂德，君主威望四下远播。

汉朝皇帝将儒学立为国家主导思想，并将儒学经典作为学校的学习科目和官员选拔考试的基础，促进了文化统一。不同于周朝的百家争鸣，汉朝的一个显著特征是思想较为统一。汉朝不仅使中国成为一个政治帝国，还为一种永久的文明生活理论打下基石，使中国人永远团结一心，使中国永远不会在外来威胁面前完全屈服，哪怕在政治上分崩离析，也能在精神上保持统一。

然而，一家独大的思想是行不远的。公元 1 世纪，出现了哲学家王充，他兼容并蓄，对事物持怀疑态度，既受道家思想影响，又不盲从于道家和儒学。他否认人的重要性（"人，物也；物，亦物也"），认为自然现象和灾难并非人的行为的结果（"人不能以行感天，天亦不能随行而应人"），像人的出生这样的事件是偶然的，不是宇宙有目的的行为。他批判孔孟，怀疑许多古代文献的真实性，反对长生不老和灵魂存在，将"阴阳"发展成为"天地合气，万物自生"的思想。他还是一位决定论者，认为人命天定。但是，王充并不像诸子百家时代的许多思想家那样具有创新性，他的大部分核心思想都是借自前人。王莽的大臣扬雄认为，人的本性是善恶同体（人的本性问题，是中国哲学争论的焦点之一），每个人的本性都由他所接受的教育和实践所造就。

汉朝思想界缺少独创性的一些原因似乎相当清楚。其一是始皇帝严厉的镇压思想措施。其二可能是汉朝（一个统一的帝国）对儒家和道家的推崇。随着时间的推移，信奉儒家和道家其中之一就能加官升爵，社会地位也越来越高。在儒学被定为官方正统学说之后，受教育阶层成员学习的内容主要限于儒家经典。读书的范围，连同思考的范围都在缩小。周朝那个群雄并起、鼓励文化多样性的时代一去不返。汉代皇帝为了确保政治统一，促进了文化的单一性。那个贤人在各国游说的时代已随风而去。追求正统哲学，保持思想一统，是中国为政治统一所付出的代价。

前述内容大都与上层社会有权力有学识者的成就有关。如今我们可能更想知道，那时的普通民众在做些什么、想些什么。遗憾的是，资料所限，难以勾绘，只能是随着后世考古学发展，由后来者为后人呈现。

总　结

　　汉朝是一个富裕的时代。当时中国和罗马是地球上最强大的国家。在这片土地上曾经盛行分封制，它原本也有可能发展成欧洲特有的分裂民族主义，但事实上统一已经实现。这是中华民族历史上最杰出的政治成就之一，由秦人和汉人共同创造。前者肇始，后者延续。所用手段，一部分是行政，一部分是文化。中国的血缘氏族制度历史悠长，三代以来，一村一姓，聚族而居，互助互爱，孝悌为本。先秦儒家在此基础上讲求"修身齐家治国平天下"（德行兼备方能服一族之人），志在"复三代之治"。汉代儒家融合阴阳五行的相生相克思想，自成系统：天道循环，天地人和古与今，相互牵制，混为一体，奠定中国人的心理根基（汉族，汉民，汉姓，汉人，汉语，汉字）。古代中国社会也由此达到超稳定状态。此外，中国领土统一，国力强大。中国人表现出同化和塑造其他民族的能力（他们常爱讲"求同存异，顾全大局"），这是他们的突出特点之一。中国文化正在渗透长江流域和南岸。中华文明也在不断发展，并在一定程度上受到外来文化的影响。与人类所有的发明一样，秦汉制度也有缺陷。当时有一种压制独创性的倾向：政治统一经由文化统一来实现，文化统一只能通过压制个人主义来实现，因为正是注重发挥个人的创造性才导致周朝后期思想动荡。为了实现国内和平的理想，需要适当牺牲个人的自由和社会的进步。鱼与熊掌无法兼得，这也是中国历史循环中的一种两难。

　　当时的政治体制也有赖世袭制。皇帝是体制的中心，如果他能力很强，国家必然稳定。然而，任何家族都难免会出现弱者，此时国家就会出现动荡。汉朝灭亡并未毁掉这个朝代及其前身的工作。这一时期的制度架构和思想理念，在后世反复出现。自此延续两千年的中华帝国出现了，直到20世纪初，才有人尝试一种与此完全不同的政治制度。

第四章

帝国分裂：三国两晋南北朝（220—589）

引 言

从东汉末年起，中国迎来了持续近四个世纪的内部战争、国家分裂和文化变革时期。北方和西方边境的游牧民族趁机侵入中原，甚至成功建立政权。秦汉时期建立的行政机构受到破坏。秦汉时期实现的文化统一也受到威胁。都说乱世出英豪，乱世也出宗教，道教兴起，佛教流传，中国人的生活发生改变。

中国这些年的变化，在很多方面都与西方世界，尤其是地中海地区的经历相类似。这两个地区都遭遇政治分裂和外敌入侵，也都有重要的文化发展。有人提出，这是因为亚欧大陆上共同的气候变化使然，当时，中亚大草原和半干旱地区长时间降雨稀少，为了生存，游牧民族只得不断迁徙，寻找食物。然而，中国的混乱状况并不像西方那么显著，其变化也不像西方那样具有革命性，其恢复速度也要快于西方。当时，中国和西方都出现了新的宗教，中国是佛教，西方是基督教。但是，佛教对中国文明的改变，不像基督教塑造西方文明那样全面和彻底。在地中海地区，东方的拜占庭帝国延续了希腊-罗马文明，而在中国的南方，则是继续传承昔日传统和制度。中国任何一个地区，都没有像西欧那样倒退回野蛮状态。在西方，混乱造成的冲击深刻而久远，罗马时期实现的伟大统一再未实现。而在 6 世纪和 7 世纪，隋唐却是再次将中国凝聚在一起，当时的隋唐文化虽与汉朝文化有很大不同，却也没有欧洲中世纪或文艺复兴时期的文化与罗马帝国文化之间的差别大。中国顺利度过持续多年的分裂，给异族入侵者留下深刻印象。在汹涌澎湃的文化大潮中，唐朝展现出比同时期西欧更为丰富和多样化的文明。

三国时期（220—280）

东汉瓦解之后的几十年，中国分裂形成三股主要势力，从而进入三国时期。在北方，曹丕建立魏国。他控制了东汉都城，以及繁荣的国家中心地区。在南方，孙权称帝，建立吴国。孙权及其继任者控制了长江流域中下游地区。在西南方的四川，西汉中山靖王之后刘备则建立了"蜀汉"政权。

三国鼎立的半个多世纪，是中国历史上英雄故事最为丰富的时期之一。这一时期涌现出许多英雄故事，成为后世许多戏剧、通俗文学，以及历史小说如《三国演义》的创作源头。这一时期最著名的英雄有刘备、张飞和关羽，还有蜀汉丞相诸葛亮。刘关张"桃园三结义"，诸葛亮大唱空城计，这些事迹早已刻入中国人的记忆。在东汉末帝退位前，关羽和张飞分别于 219 年和 220 年去世，他们一个被暗杀，一个被孙权处死。刘备卒于 223 年。几个世纪后，关羽被封为武神，作为士兵的保护神而受到崇拜。比这三个人活得更久的军师诸葛亮，则以他出众的谋略（如火烧赤壁，就此三国鼎立）和发明的军事器械（如木牛流马）而闻名。

尽管蜀汉有张飞和关羽的英勇无畏和诸葛亮的聪明才智，但它却是三国中第一个消失的国家。诸葛亮在世时，蜀汉还能凭借他的智谋与魏国勉力抗衡，而在他去世后约三十年的263年，由于刘备继任者软弱无能，将臣内斗，蜀被魏灭国。

魏国曹氏后代被大将军司马懿及其家族控制，并最终被其取代。265年，司马炎（其父是曹魏丞相）废黜曹操最后一位后代，自立为帝，国号"晋"（史称西晋）。280年，司马炎打败吴国，三国时期宣告结束，中国名义上再一次实现了统一。

西晋（265—316）

在司马炎（史称晋武帝）的一生里，他成功地统一了大部分疆土；据史书记载，当时许多国家都派来使者，如大秦和中亚国家。司马炎死于290年，不久，他的子孙就走上末路。他的继任者（晋惠帝）身体虚弱，智力低下（有年发生灾荒，民饥饿而死，惠帝苦思对策，曰："百姓无粟米充饥，何不食肉糜？"），受制于他那位精力充沛而又肆无忌惮的妻子（贾氏）。贾后专权，内乱旋至，主要发生在皇室之间。

汉朝征服胡人，归降匈奴部落定居边境。西汉时，边民严禁内迁，光武帝废除这一禁令，大量游牧民族以各种方式迁入内地。魏晋时期，统治者为了加强对少数民族的控制和补充内地劳力不足，经常招引和强制他们入居内地。外族内迁，在汉族的长期影响下，逐步转向农业生活。魏晋时，西北外族内迁更频，主要有匈奴、羯、氐、羌和鲜卑五族，史称"五胡"。胡兵作战技术高超，不断加入汉族军队。在帝国内乱之际，游牧民族借机占领边境地区，进而扩大了其在中原占据的领土。司马氏家族无法平息内部分歧，一致对外；316年，晋武帝的孙子（晋愍帝），向一位匈奴酋长（刘聪）投降并退位，不久被处死。司马氏家族的一个分支迁都南京，勉强又维持了一个世纪（317—420），史称东晋。

东晋十六国之东晋（317—420）

随之而来的是持续上百年的分裂时期。北方游牧民族纷纷建立国家。他们通常很快就会接受汉族文化。这是一个民族和文化大融合的时代。下面将首先概述南方发生的主要政治事件，然后再讲北方。南北之分并非随意而定，因为在几个世纪的时间里，南北文化，分殊不同。但是，这两者相互影响，最终融合。

在南方，东晋的多数时间都为叛乱和阴谋所纷扰（这是中国所有统治家族的共同命运）；与此同时，北方各国也是战事不断。4世纪中叶，东晋皇室由一位异常能干的将军桓温掌控。桓温一度将东晋疆域扩展到华北平原大部。他日渐得势，最终废黜当朝皇帝，并找了一个司马氏家族的子嗣当傀儡。大家都认为，这个傀儡会在他一声令下马上退位，然而，皇帝过早地去世了；不久，野心勃勃的桓温也过世了。司马氏家族的危险暂时解除，又统治了近半个世纪。

420年，东晋亡于一位野心勃勃的将军刘裕之手。刘裕自称是汉高祖刘邦之弟的后代。他出身贫寒，直到中年方才声名鹊起。后来，他应征入伍，很快就崭露头角，迅速升为高级将领，率军镇压许多起义，并在与北方各国的战斗中，成功地把东晋疆界扩展到黄河流域。借助这些胜利，他先是杀死皇帝，接着又扶持司马氏家族的另一个人为帝，但很快就要求其退位，最后将其杀害。刘裕曾被称为宋亲王，所以他给自己的新王朝取名"宋"。为了区别于后来更著名的宋朝，它常被称为"刘宋"。

东晋灭亡，南北朝开始，一直持续到589年。南北朝又称六朝，指从汉朝灭亡到589年中国统一之间的六个国家：吴、东晋、刘宋、南齐、梁、陈，它们的都城都在南京。事实上，东晋灭亡并不代表有什么重大事情发生。中国是分裂了，但其分裂程度并不比过去几十年严重多少，混乱程度也没有增加多少。

"刘宋"很快就走向灭亡。刘裕并未长久得享其谋杀皇帝夺来的权力，而是于423年就去世了。他的七个家族成员相继上位，但他们都很短命。有四个人在20岁之前就死于暴力。这七个人中最年长的那位被后人称为文帝。文帝在位近三十年，在他的统治下，国家渐有繁荣迹象，但最后他被自己的儿子处死。层出不穷的家族内斗和各种各样的阴谋诡计，使得这个王朝的历史记载中，充满了肮脏和血腥的味道。

历史的命运残酷而又公正，"刘宋"始于一位英勇的将军，也亡于一位精力充沛的将军之手。大将军萧道成杀死刘宋最后两个皇帝，于479年登上王位，建立南齐。但这个王朝甚至比刘宋更快地走向灭亡。萧道成登基不到三年就去世了，他的六位后裔中，只有一人在位超过两年，四人死于暴力。内乱和与北方之间的战事使得南齐一直不得安宁。502年，大将军萧衍灭掉南齐，建立梁朝，史称梁武帝。

梁武帝是前一个王朝统治者的远亲。他在位近五十年，549年去世。他勤俭节约，反对奢侈浪费，颇有学者气质。他减少税收，开设学校，追求和平；但对门阀贵族，他则放任发展。起初，他是一位热情的儒家学者，中年后期，他成为一名虔诚的佛教徒。到了晚年（他活到86岁），他疏于政事，沉迷佛教，开始遭遇不幸。"侯景之乱"结束后，梁武帝无权无势，就连日常饮食都无法满足，最后在南京穷困潦倒而死。

接下来的几年充满混乱。反叛首领想立新朝，但很快被杀。在为继承王位而进行的激烈斗争中，萧衍家族的几名成员曾登上王位，但这些人一个接一个被害。557年，大将军陈霸先（他是东汉著名政治家陈寔的后裔）胁迫梁朝末帝退位。陈霸先在南京建立"陈朝"，但他两年后便去世。他的后裔在位约三十年，其统治最后被杨坚终结。

东晋十六国之十六国（420—589）

在这几个世纪的分裂中，北方的情势比南方要更为混乱和复杂多变。许多国家都由异族建立，它们同时并存，边界互吞。北方各国之间，以及它们与南方王朝之间的战争，频繁发生。下面简要提及几个主要国家和一些比较突出的事件。

西晋主要是由于受到匈奴的攻击而走向灭亡。匈奴人的权力虽曾受到汉人的制约，但仍在各自首领的统治下保持相对独立，而且在北方地区人数众多。他们中的许多人原先都是效忠皇帝的，眼见西晋出现衰亡迹象，他们选择了独立。匈奴首领刘渊宣称自己是汉朝后裔，因为汉朝一位和亲公主嫁给他们的一位祖先。308年，他把他建立的国家命名为"汉"（史称"北汉"），后来也正是他的次子刘聪武力终结了西晋。

刘渊病卒，刘聪篡位，夺取洛阳，俘杀晋怀帝。刘聪病死，太子继位，宫中发生政变，镇守长安的中山王刘曜发兵平乱，登基称帝，次年改国号为赵。刘曜被其麾下匈奴将军石勒所杀。石勒夺位，创立后赵。333年，石勒病卒，次子石虎篡位。349年，石虎卒，其诸子争位残杀，内战爆发。350年，苻健进入长安，据有关陇，（次年）建立秦国（定都长安）。在其短暂发展过程中，又分前秦和后秦。

前秦最强大的统治者是苻坚，他"性至孝，多才艺，有大志，结英豪"。357年上位后，他任用汉人参掌机要，加强集权，打击豪强，整顿吏治，结果风化大行，关陇清晏。370—382年，他率领军队先后灭掉前燕、前凉、代，控制西域，把疆域扩展到新疆和四川。他的军队将骑兵和步兵融为一体，所向披靡。383年，他率军南下，意图消灭东晋，统一全国，结果在淝水之战中因为轻敌败于晋军，他的手下骁骑将军姚苌趁机反叛。姚苌杀害苻坚，建立后秦。

在遥远的西北，苻坚派往中亚征战的西藏将领吕光，在386年9

月胜利归来时，听闻他的君主在一年前被杀，悲痛欲绝，命令手下为苻坚披麻戴孝。10月，他在甘肃立国，史称后凉（区别于稍早的前凉）。不久，吕光的两个部将发动兵变，夺取一部分领土，建立了北凉和南凉。

当这些事件在西北地区上演时，东北部的鲜卑族也在建立自己的国家。他们广泛分布在华北、东北和蒙古（高原），并占领了匈奴以前占据的大部分地区。在4世纪和5世纪的大部分时间里，鲜卑族的一个部落，在慕容氏家族不同分支的领导下，建立燕国，以河北为中心。由于战争的变迁，燕又分为前燕、后燕、北燕和南燕。慕容氏家族的几位成员都曾称帝，这既显示了他们的政治野心，也显示了他们希望被视为中国文化潮流的一部分。在这些混乱的分裂岁月里，我们也听说过5世纪上半叶的夏王朝，它的中心在鄂尔多斯。它的名字来源于中国第一个王朝——夏，因为它的统治者声称自己是夏王的后代。

延续时间最长且最强大的北方国家由拓跋氏家族建立。他们创立的北魏（或元魏），从386年一直存在到534年。随后两个较短的朝代（西魏和东魏）也由拓跋氏建立，分别存在到557年和550年。拓跋部是鲜卑的一个分部。他们的语言似乎起源于突厥一族。4世纪下半叶和5世纪上半叶，突厥人占领北方大部分地区。5世纪中叶，他们把部队带入新疆。在那里，包括吐鲁番和喀什在内的几个主要绿洲和贸易中心，成为它们的附属国。

拓跋部的君主最初定都平城（今山西大同），但在5世纪最后十年又迁都河南洛阳。他们很早就接纳中原制度和文化，实行均田制和户调制，稳定社会秩序，改善国家财政；推行六镇兵制，增强自身军事力量；迁都后，他们更是移风易俗，学习汉族文化，讲汉语，穿汉服，改汉姓，改采汉族官制朝仪，并与汉族人通婚。拓跋部成为中华文明的捍卫者。北魏中国一度是东亚最强大的国家。

北方最强大的敌人之一，也就是北魏竭力保卫自己领土以对抗的，是一个混杂着蒙古族和突厥族的民族，中国人称其为"蠕蠕"，他们给北方部族带来诸多麻烦。约在 6 世纪中叶，蠕蠕被他们先前属臣部落突厥打败。6 世纪下半叶，突厥在蒙古和中亚建立起一个幅员辽阔的帝国，他们参与推翻嚈哒即白匈奴（嚈哒是 5 世纪中叶的一个强国）。突厥人文明程度不是很高，他们与萨珊波斯建立临时联盟，获得布哈拉汗国和撒马尔罕的领土。在一定程度上，他们控制了从中国向拜占庭帝国运送丝绸的商队路线。然而，突厥人很快就开始反抗其盟友，他们要求自由通行波斯属地，以便进行东西方贸易。他们从萨珊王朝手中夺取了奥克苏斯河以南领土，联合拜占庭东西夹击波斯人，从而成为中亚最强大的国家。

再说回北魏。6 世纪中叶，拓跋部逐渐衰弱。534 年，北魏分裂为西魏和东魏。东魏由将军高欢建立，他操控着傀儡国王。550 年，高欢的儿子高洋灭掉东魏，建立北齐。西魏由将军宇文泰建立，操控着傀儡国王。557 年，宇文泰的儿子宇文觉灭掉北魏，建立北周。557 年，北周侵吞北齐，之后中国大部分地区都处在南陈和北周这两个国家的统治下。

现在，统一中国的时机已经成熟。无论是陈国还是北周，其力量都不是特别强大，对一个精明强干的领导人来说，要推翻这两个国家并不会遇到什么不可克服的困难。这个人就是北周官员杨坚，他是东汉著名学者杨震的后代。他的女儿嫁给皇帝成为王妃，而在他的外孙继承王位后不久，杨坚便劝其退位，自己做了隋朝开国皇帝。589 年，杨坚派兵攻占陈国，中国再次获得统一。

文化变迁：概况

初读中国历史的人，一定会对上述历史时期中一堆人名和战争名一头雾水。如果详述这段历史，只会让人更加困惑。细读这一时期的历史，我们看到的几乎只是连续不断的冲突、一波又一波的野蛮入侵、一系列不间断的叛乱，以及普遍的无政府状态。大部分所谓的皇帝最终都死于暴力，宫廷中肮脏的阴谋和自私的背叛成为当时的常态。长期战乱，都城被毁，许多典籍都遭破坏。幸运的是，这只是故事的一部分。这个时期虽然混乱无序，但是，战争也是不同民族相互交流的一种方式，它使中国人及其文化在地理上得到扩展。在这一时期之后很长一段时间内，民众生活相对和平与繁荣。尤其是在中原地区，民众囤聚堡坞，对外"置民兵以自保"，对内谋互助求团结，重道德求和谐，安居乐业，自成乱世桃源。伴随政府部分崩溃而来的自由空间，涌现出鲜活的思想和文化，这是诸子百家时代以来不曾有过的。对外贸易仍在继续。同少数民族及其文明的交流日益增多。与以往任何时期相比，中国受到更多外来影响。由于中国具有极强的可塑性，它发生了深刻的变化。

北方战乱，迫使人们向南迁徙。这场运动在某种程度上是官员和富人的运动，但也有数百万平民参与其中。此前，长江流域一直处于中华文明的边缘。现在，它开始逐渐成为中国文化的中心。在4世纪和5世纪的大部分时间里，该地区的人口增长一直都很迅速。而且在新的环境下，中国文化展现出一些新的形式，尤其是在文学和艺术方面。在北方，中国文明并未消失。后来南渡受阻，大批流民涌入河西，汉族文化与外族文化相互交融。敦煌晋墓砖画上刻画了许多内地农耕生活场景。许多外族征服者都接受了中华文明。佛教被广泛接受，带来诸多创新。异族通婚，种族血统变化。与此同时，也有一些人想要远离外族和平民的不纯正血统。门阀士族兴起，尤其是在南方，他们垄断大部分官职，拥有大量土地，实施家族联姻。

文化发展：魏晋玄学

南北朝时，一些统治者偏爱道教，一些统治者偏爱佛教，相较而言，儒学成就不大。这也许是因为，三国乱世，朝不保夕，田地荒弃，白骨千里，儒家名教，威信扫地，人们逐渐开始思考个体存在的意义，儒家士人也不得不考虑自己的生存问题。他们逐渐转向道家"贵生"思想，这一儒道合流，促成魏晋玄学形成。

魏晋玄学，既是当时士人摆脱政治压力的一种精神寄托，也是他们对理想人格的一种追求。它起于清谈，清谈又源于清议。清议起于品鉴人物，与汉代取士制度相关。西汉取士，察举征辟，人物品鉴之风逐渐兴起。东汉后期，人物品鉴之风大盛，激扬名声，裁量执政。这种清议实则是以太学生郭泰为首的士人清流对抗宦官势力的重要方式。汉魏之际，曹操知人善察，曹丕即位立九品官人之法，州郡皆置中正，区别人物，第其高下。品评人物，从重德行转为重才学。曹魏之后，清议变为清谈。正始年间，何晏和王弼开启三玄（《老》《庄》《易》）清谈，儒家独尊地位被打破。清议多论国事，清谈多义理之辩，故造语玄妙，别有意趣。魏晋玄学以三玄为本，解经求义，阐明社会、人生之道，意在调和名教与自然的对立。它摆脱先秦及汉代天人感应观念，承认自然世界独立存在的价值，考察自然事物本身的生成、发展及消亡的法则，探究自然之理。

王弼（226—249）是玄学初期代表，著有《易注》和《老子注》。他将事物的现象和本体一分为二，本体是"无"，现象是"有"。他认为，"无"是一切事物的根本，无是自然，有是名教，所以"名教出于自然"。王弼的思辨玄学，引发出"言意之辩"。时人用"得意忘言"解释经典，证明玄理，并用于文学艺术。（陶渊明有诗云："此中有真意，欲辩已忘言。"当时人物画的"传神写照"理论亦来自"得意忘言"之说。）

中期代表是"竹林七贤"中的嵇康和阮籍，他们看不惯司马氏政权铲除异己的做法，但又不敢正面反抗，只能抨击名教，蔑视礼法，以示抗议。嵇康（223/224—262/263）家世儒学，少有俊才，风姿不群，及长喜好老庄，恬静无欲。后迎娶曹操之子的女儿为妻，司马昭掌权后，隐于竹林，避不出仕。他为人狂放，鄙视权贵，讥讽时事，后被人诬陷，投狱问斩。三千太学生集体请愿，要求释放，未得允许。嵇康通晓音律，尤爱弹琴，临刑前还弹奏了一曲《广陵散》。后人评论："孔融死而士气灰，嵇康死而清议绝。"嵇康在《声无哀乐论》中划分出主体与客观世界之间的界限，自然世界独立存在于主体之外；心物为二，人自身开始觉醒。

晚期代表是郭象（252—312），他对自然事物的独立存在及其意义进行了本源性的探讨，视宇宙万物和大千世界为一个物质性的世界，人是这个物质世界的一部分和产物。宇宙间万事万物都是自己生成。人对万事万物的认识及态度应该合乎"理"。他认为，人的自然性中就包含着社会性；"有"乃自然存在，非生于"无"，礼教名法，"天理自然"，应任其发展。所谓名教，就是社会政治、伦理的秩序和道德规范，多代表儒家思想。

王弼提出"圣人有情，不为情累"。向秀提出"有生则有情，称情则自然"。这是一种感性与理性相结合的人性论，暗含着反传统的潮流。后来魏晋名士蔑视礼教率真任性的言行，追根究源，即来自这里。郭象认为人是一个小宇宙。他重新阐释庄子的"逍遥"。这个世界上不存在什么超现实的人，"逍遥"就是顺应自然。一个人能否逍遥，关键看其能否顺应自然，各安其性。能顺性，就能逍遥，故在他眼中，小鸟和鲲鹏一样可以逍遥。换言之，凡夫俗子也可以和圣人一样逍遥。不能逍遥者，在于不能适性，所以人不应该有非分之想。世俗之人想入非非，违反本性，徒增烦恼和痛苦。郭象的"适性逍遥"和"率性自然"，是一种人人都可以达到的审美境界。这种艺术化审美主体的出现及与自然世界的融合，促进了当时艺术的发展。

六朝时期中国文化中新出的南方环境，以及与佛教的碰撞，使诗歌重获新生。道教对中国人有很深的影响，尤其是在战乱年代，许多厌世者都会远离政治，归田隐居。这些隐士中，有些人喜欢用诗来表达自我，其中最有名者是陶渊明（365—427），他是后世田园诗派的开创者。陶渊明有一张琴，没有琴弦，每逢饮酒聚会，就会抚弄一番。

文化发展：书法与绘画

秦汉时期，讲统一，重群体；魏晋南北朝时期，南北分立，佛教突起，这种统一受到破坏，人们的心灵得到解放，精神极为自由，个体有了自我表现的机会，开始出现有名有姓的艺术家。

书法是中国特有的艺术形式。秦篆细腻，汉隶工整，东汉末年，杜度为相，以"章草"奏事，得到汉章帝欣赏，一些士人群起而仿，草书产生，进而产生了"草贤"崔瑗、"草圣"张芝。当时士人研习草书入迷，锋不休息，十日一笔。写字从一种生活需要变为一种艺术追求，魏晋以降更是成为士人日常生活（诗文书画）的一部分。草书飘然，便于士人寄托情感，书法艺术即由此发端。

钟繇（151—230），河南许昌人，相貌不凡，聪慧过人，被察举为孝廉，助汉献帝东归有功被封侯，后为曹操镇守关中，立下军功，魏国建立，升为相国。钟繇擅篆、隶、真、行、草多种书体，推动汉字从隶书变为楷书（小楷）。少时随刘胜学习书法，后来又学习刘德升等人书法。他与曹操、韦诞讨论书法，发现韦诞手中有蔡邕真迹，苦求不得，捶胸吐血，曹操用五灵丹将其救活。韦诞死后，他找人盗墓，拿到蔡邕手迹。钟繇博采众长，勤学苦练，终成大家。其书法，点画之间，多有异趣，王羲之曾潜研其书法，后世并称"钟王"。

王羲之（321—379）是中国最杰出的书法家之一，自小拜女书法家卫夫人（师承钟繇）为师，长大后抄经写符，游名山，观石经，遍采他长，悟出书道，自成一家：行书飘逸潇洒，楷书刚健有力，草书神采飞扬，被后世誉为"书圣"。在《晋书》中唐太宗亲自为他作传。

他生在东晋，出身魏晋名门琅琊王氏，其父参与永嘉南渡有功于朝，后随父南迁，得到吴姓士族认可，书法更受推崇，被赞为"飘若浮云，矫若惊龙"。士族首领王导、王敦称其为"吾家佳子弟"，16岁时被太尉郗鉴选为东床快婿，在那个讲究家庭出身和社会关系的时代，自然是官运亨通，曾任秘书郎、宁远将军、江州刺史等职。但因与骠骑将军王述关系不洽，耻居其下，称病辞职，隐身道教（其家族中有好几代人都是天师道重要成员），与道友游山玩水，采药服石。晚年喜欢养鹅（长期服用丹药会让人中毒失明，当时人认为吃鹅肉可以缓解毒症），山阴一位道士想要他的字，特意养了一群好鹅，王羲之见了，很是喜欢，道士说"为写《道德经》，当举群相赠"。王羲之写好后，笼鹅而归，甚以为乐。他身上最有名的故事，莫过于兰亭集会：353年农历三月三，王羲之和谢安、孙绰等41人在绍兴兰亭雅集。是日天朗气清，惠风和畅，曲水流觞，吟咏诗篇，王羲之即兴挥毫，写下序言，即《兰亭集序》。这篇诗序是其书法代表，参差错落，飘逸不凡，醉翁之意，最为神妙（后来再写，终有不及）。里面有二十多个"之"字，写法各有不同。宋代米芾称之为"天下第一行书"。唐太宗酷爱书法，见到《兰亭集序》真迹，视若珍宝，爱不释手，最后带入昭陵随葬。武则天时，僧人怀仁，一字一金，搜求王羲之的字，最后集成《大唐三藏圣教序碑》，唐人多习此碑，宋元时学此碑字体者遍布天下。

顾恺之（约348—409）是东晋最有名的画家。他是江苏无锡人，字长康，其父曾任尚书左丞，他以士族子弟入仕，曾为权臣桓温参军。他工诗赋，精绘画，绘画师从卫协，兼习外来画法，多作人物肖像及佛像（此乃当时最为流行的题材）、山水等。他善画人物，画人尤重点睛,自云"传神写照,尽在阿堵(眼珠)中"。关于这一点,有一个故事。365年,南京瓦棺寺落成,僧众设会,请朝贤鸣刹注疏,是时士大夫莫有过十万者,既至长康,直打刹注百万。长康素贫,众以为大言。后寺众请勾疏,长康曰:"宜备一壁。"遂闭户往来一月余日,所画维摩诘一躯。工毕,将欲点眸子,乃谓寺僧曰:"第一日观者,请施十万,第二日五万,第三日可任例责施。"及开户,光照一寺。施者填咽,俄而得百万钱,可知其技术之神妙。关于他还有一个故事:他每食甘蔗,恒自尾至本。人或怪之,云:"渐入佳境。"很有几分人生智慧在内。他著有《论画》,认为画人最难,山水次之;人物之美,美在其独特的"风姿神貌";他提出"以形写神",他所说的"神"意在体现魏晋士人所追求的超脱自由的人生境界。他也画山水画,就像当时士人一样,有意在自然山水中安顿自己的生命,追寻内心的宁静。

文化发展:道教

道教源自道家思想,东汉时,于吉创造出《太平清领书》(《太平经》),道教开始产生。后来张角等人创立"太平道",发动黄巾起义。三国时,张陵在四川创立五斗米道(因每个入道者要出五斗米而得名)。他的孙子张鲁在陕西汉中建立了一个以"五斗米道"为国教的政权。道教信徒尊张陵、张鲁为护法神,称为大、小"张天师",五斗米道也因此又称天师道。曹操消灭张鲁政权,将道教徒逐出汉中,后来天师道在江西建立自己的基地,一直存在到清朝。延续到20世纪上半叶的道家教宗制度("天师"制度),一直掌控在张氏家族手中。魏晋南北朝时,南北两方都有许多天师道信徒,门阀士族中更是父子相继,如书法大家王羲之和王献之父子。东晋时,南方的陶弘景和北方的寇谦之都对道教进行改革,使道教适应统治者的需要,得到统治者的认可并快速发展。唐初李世民和李建成兄弟争夺帝位时,道教支持李世民，佛教支持李建成。随着李世民胜出，道教一度被定为国教。但因缺少教义，而且炼丹耗费大量钱财，道教并未在社会上层真正占据主导地位。

道教分为丹鼎派和符箓派，前者以炼丹为主，自从秦皇汉武服用仙丹，古代许多皇帝都想长生不老，结果却因服用道家所谓仙丹，反而过早丧命；后者主要是画符捉鬼，带有很强的迷信色彩，也兼给人看病、看风水、算命等。道教与世界上其他宗教最大的不同是，其他宗教都讲人死后的事情，只有它讲人怎样长生不死，要求人们炼丹，服药，练功，从而对医药、化学、气功做出了贡献。与佛教不同，道教鼓励婚姻。在哲学上，一些道家知识分子（如陶弘景）信奉新的教义（上清派）。在绘画上，道家崇尚自然，促成了人们对山水画的重视。

文化发展：佛教

东汉时佛教传入宫中，与神仙方术、黄老之学杂合，当时人称学佛为"行道"。魏晋玄学盛行，佛教般若类经典讲"性空"，与玄学相近，佛教在南方快速传播。尤其是在贵族阶层，三国时，吴国地方豪强笮融"大起浮屠祠，以铜为人，黄金涂身，衣以锦彩"，祭浮屠时，隔道可容三千余人。

佛教迅速发展是中国人对外交往最明显的证据之一。佛教在中国被广泛接受，这一点很是令人惊叹。通常，一种宗教会通过以下五种途径中的一种或多种传至他处：信徒征服，商贸往来，低等文明群体主动接纳，传教士传教，深刻的宗教需求感（本土信仰不能满足）。在佛教的东传中，这五种途径中的前三种都不成立。

佛教起源于一种与中国截然不同的文明。印度文化超脱世俗，主要关注人的来世命运，坚信灵魂轮回。中国儒家文化主要关注如何建立一个统一的社会，如何成功地治理社会和提升人的德性。它恪守祖先崇拜，相信人死不会转世。佛教提倡独身主义，破坏了家庭制度；儒家文化则将家庭置于十分重要的地位。佛教社会常会建立国中国，中国则不允许其存在。佛教的禁欲主义，也与儒家的中庸思想和人文主义背道而驰。中印商业联系有限，但依然存在。佛教满足了人类精神的一些基本需求，而当时的中国宗教并不能满足这些需求。大乘佛法最终在中国占据主导地位。佛教也可以是一种令人快慰的解脱。它的因果报应学说是一种宿命论。佛教极大地开阔了中国人的精神视野，产生了强大的智性吸引力。此外，对一些人来说，这种独身主义、禁欲主义和集体生活一定很有吸引力。

佛教强调普度众生，个人修行。儒教和道教主要属于上层人士，佛教则是属于所有人的，人人皆可成佛。佛教有很强的适应性，它对自身做出很大调整，以适应中国本土观念，包括祖先崇拜。魏晋南北朝时，中国的社会结构因为战乱而被削弱，国家无力抵抗佛教，而这种抵抗，在伟大的汉朝君主统治下原本是可以实现的。儒家思想一直汲汲进取，是一种沉重的负担，它的衰弱，让人松了一口气。一些道教徒苦恼于他们的信仰已经堕落，转而信奉佛教，认为它类似于他们正在寻求的改革。当时的民众对社会混乱感到沮丧，他们欣然接受佛教寺院提供的避难所。最后，北方游牧民族与中亚联系密切，而佛教在中亚十分盛行。北方国家的一些统治者信奉佛教，也促进了佛教的流行。

佛教由许多传教士传入中国。其中一些人来自柬埔寨、锡兰和印度，更多的人则是来自印度西北部和阿富汗地区，还有一些人来自中亚地区。他们有的走海路来到南方，有的走陆路来到北方。在众多传教士中，有一个叫竺法护，他是敦煌人。敦煌靠近甘肃最西端边境，是丝绸之路上的中心地段。据说他知晓36种语言或方言。他在半个世纪的时间里，翻译了170多部佛教作品。鸠摩罗什（344—413）的父亲是印度人，母亲是龟兹国公主，他在克什米尔接受过一段时间的教育。4世纪末,吕光率军西征时,他作为俘虏被从龟兹带到中原,他在长安辛勤工作,成就突出。有人称他为最伟大的佛教文献翻译家,在长安的九年时间里,他组织了一个由数百名僧人组成的翻译机构,在他的监督下,将94部佛教著作译为中文。他引入大乘中观学,帮助佛教摆脱道教影响,逐步走上独立之路。

传教士的工作主要就是翻译佛教典籍。佛教在中国的成功传播也多亏这些译作。中华民族敬重文字,这些译作赢得了它的尊重。那些充满求道热忱的中国僧人的印度之旅,更是促进了佛教在中国的发展。当时西天取经的僧人有不少,其中最有名者是法显。399年,已经65岁的法显法师从长安出发前往印度,想要获得更完美的佛教圣书。他循着一条穿越塔里木盆地的商队路线前行,徒步数万里,到达印度,广参圣迹,学习梵文,抄录经典。返回时,他坐船到达狮子国(锡兰),走水路经耶婆提(今印度尼西亚),在游历15年后终于回到本土,其后一直从事佛经翻译,著有《佛国记》。

佛教的发展也并非总是一帆风顺。有几次,信奉儒道的君主对它进行迫害,他们摧毁寺庙,下令佛僧返俗。不过,佛教经常得到统治者的拥护,民间的佛教追随者也随之壮大。佛教的信徒既有南方的君主,也有北方的外族首领。南方皈依佛门的皇帝中,最有名的是梁武帝,他早年信儒,中年依佛,公开宣讲佛经,曾三次隐居寺院。北魏拓跋氏家族的几位君主,都是佛教的拥护者。那时有成千上万的寺庙和僧侣。唐人杜牧有诗云"南朝四百八十寺",据后人考证,单是梁朝就有寺庙2746座。另有报告称,381年,在中国西北部,十分之九的居民都是佛教徒。当然,这些数字可能有些夸大,但在汉隋之间的几百年里,佛教无疑变得越来越盛行。

佛教强化了中国的一些传统道德,包括善良、仁慈和敬生。随着时间的推移,佛教的许多概念逐渐渗入民间传说和节日,因此,所有人,无论是否信佛,或多或少都会受到它的影响。在文学和语言上,佛教不仅引入许多新术语，而且佛教传教士在研究汉语时，从外国人的视角，开创了运用声韵进行语音分析的方法，这种方法被后来的文献学和文学所采用。在艺术上，佛教也有贡献，尤其是佛像雕刻上。新疆留存至今的佛教艺术，混合多种文化：希腊罗马文化、波斯文化、拜占庭文化、印度文化、犍陀罗文化，以及其他一些来历不明的文化。这种艺术对中国的影响，主要体现于大同云冈石窟和洛阳龙门石窟。这两座石窟以及敦煌石窟可谓中国雕塑艺术的典范，后来更是成为西方文艺复兴的启蒙者。

佛教给中华文明留下浓墨重彩的一笔。中国人也给佛教带来了改变。佛教引入大量道家术语，佛教徒不仅研究道家文学，甚至为《道德经》作注。而中国人对佛教的理解也与他们最初接触的完全不同。最终共有十个佛教教派得到认可，其中三个是小乘佛教，其他都是大乘佛教。它们的区别主要在修行方式上：一方支持渐悟，即长期学习，终得开悟，这与儒学慢慢积累知识相类似；一方支持顿悟，它认为对现实的理解是由顿悟引起的，这与道教有相似之处。另外一个分歧在于有和无：一方坚信生命和自我真实存在，另一方则坚决否认它们存在。

禅宗是著名佛教宗派之一。禅宗认为，自我救赎由内在觉悟来实现。觉悟可能来于刹那一瞬，佛祖就是这样开悟成佛。善行、禁欲、仪式、读书和冥想，在禅宗看来，不说无用，至少也是次要的。要接触现实、理解现实，就必须审视内心。据称，禅宗由菩提达摩传入中国。他在5世纪到达中国，在中国生活了约五十年。他在洛阳待了九年，静静地凝视着一堵墙沉思（面壁思空）。事实上，禅宗的形成是长期演变的结果。直到7、8世纪，它才达到全盛。它最早可以追溯到5世纪的竺道生（355—434），他是鸠摩罗什和慧远的弟子。他抨击印度人的功德观念，主张通过顿悟来成佛。

天台宗的创始人是智𫖮大师（538—597）和慧思大师（515—577）。

慧思是智𫖮的学生，他曾是一名禅宗僧人，后来他发现了禅宗的缺陷。他认为，救赎不是单靠禅修，同时还需要冥想、研读书籍，以及道德纪律和洞察力。他尤为强调《妙法莲华经》的重要性，更喜欢用有神论来阐释佛性。

净土宗在俗众中最受欢迎。它由山西的慧远（334—416）创立。慧远24岁开始讲经说法，他善用比喻引人顿悟。后来他派弟子西行取经，在江西庐山翻译佛经，建立佛教中心。净土宗的传法方式颇为独特：想得救赎，只需口诵阿弥陀佛。阿弥陀佛是大乘佛教的众佛之一。有趣的是，在慧远皈依之前，他是一名虔诚的道教徒，而且至少还有一位早期的净土宗领袖也是道教徒。这些人渴望长生不老并想通过道教来达到目的，正是这种渴望使他们接受并宣传净土宗。净土宗为其教徒勾勒了幸福的来世生活，无须像道教那样进行长期修行。这种方式比禅宗或天台宗提出的途径更简单，更适合外行人。

文化宝藏：敦煌石窟

敦煌，古称"沙洲"，汉武帝时敦煌设郡，起亭燧，筑外城，扼玉门关、阳关，为丝绸之路入内地之咽喉。丝绸之路在这里分为南出阳关、北出玉门关两条路，绕过塔克拉玛干沙漠，直抵葱岭。东汉时，这里设屯戍，御匈奴。三国魏时，仓慈出任太守，他打击豪强，救济百姓，抚慰各方商旅，为其提供方便，保护他们的利益，丝路再次畅通，深得百姓及西域各国的爱戴。西晋时，在此设立学校，化行河右，形势安定。永嘉之乱后，大量内地流民西迁，汉胡相融，敦煌成为中外文化交汇之地。

敦煌宝藏是莫高窟。佛教东传，敦煌最早有染。十六国时期，河西民族纷争不断，当地民众苦不堪言，只好从佛教中寻求慰藉；统治者找不到让征服者与被征服者一心的办法，只好求助佛教圣光；在此背景下，佛教石窟莫高窟应运而生。莫高窟始建于前秦，此后一直到元代都有扩建。敦煌壁画是中国文化与古代西方文化融合的产物，壁画内容有经变、佛本生谭、尊像、历史故事等，丝路风情一览无遗。隋唐时，莫高窟艺术达到其发展高峰，雕塑造型生动，色彩绚丽，气势夺人；壁画则描绘了人们心中的"极乐世界"。安史之乱后，河西包括敦煌为吐蕃所有，莫高窟艺术逐渐变得细腻。晚唐五代，敦煌为归义军节度使控制，莫高窟艺术变得粗犷。西夏占领敦煌后，吸收不同民族文化优点，对石窟加以改造。蒙古人占领河西和西域后，莫高窟中又增加了藏传佛教的密宗内容，马可·波罗说沙洲人多崇拜偶像，就是密宗风行一时的例证。正是历代不同民族文化的冲击和替代，莫高窟艺术才充满活力，在承革中不断发展。

莫高窟第17窟有著名的藏经洞，藏有从晋到宋六百多年间（包括西域各国文字在内的）各代写经、文书、帛画近六万件。说起它的发现，还有一个让人心痛的故事。明代宗时敦煌被外族占领，明世宗时下令关闭嘉峪关，关西平民迁入关内，敦煌就此被废弃。两百年后，雍正时在敦煌古城东设沙洲卫，迁内地民户屯田；莫高窟窟内流沙，开始得到清理。王圆箓是陕西人，因老家连年灾荒，流落酒泉，入道修行。1892年，他来到莫高窟，感慨此处圣境为西方极乐世界，遂留下看护。他四处募捐钱财，清理洞窟。光清理第16窟淤沙，就花了近两年时间。1900年6月22日，王道士在清理积沙时，意外发现藏经洞（即第17窟）："沙出壁裂一孔，仿佛有光，破壁，则有小洞，豁然开朗，内藏唐经万卷，古物多名，见者多为奇观，闻者传为神物。"此后七年，他多次上报，却都无人过问，加之他急着筹款清扫洞窟，完成造楼宏愿，所以在1907年3月，他将写经200捆、文书24箱和绢画丝织物五大箱，折价白银200两，卖给英国人斯坦因。1908年，法国人伯希和将藏经洞翻了个遍，以白银500两，换得6000余卷汉文写本和不少古藏文写本、200多幅纸绢画、20余件木雕及大批绢幡和丝织品。由于他通晓汉文，所取之物价值最高。他还将雕像和壁画拍照并为洞窟编号。当斯坦因将敦煌文物告知全世界，清朝官员认识到其重要价值后，他们非但不严加保护，反而借机窃为己有。1910年，清政府下令将剩余文物送京保存，但在运送途中，文物不断被盗，最终仅有8000多件抵京，且多为残页断篇。而王道士在交出古本前，自己悄悄藏下大批文物。1911年，日本人用350两白银从他手中骗走写本数百卷，还卷走两身精美塑像。1914年，斯坦因再次来到莫高窟，用500两白银买走600余卷佛经。1914年至1915年，俄国人买走1.8万余卷写本和百余幅绢画，还剥离十余幅壁画和窃取十余尊塑像。1924年，美国人华尔纳花费70两银子粘剥12幅壁画，并带走一尊唐代菩萨彩塑和一尊北魏彩塑。第二年，他再次潜入敦煌，想要偷走更多壁画和塑像，被当地民众包围，仓皇逃走。莫高窟劫难给中国文化造成无可估量的损失，是中国人的心伤之事。

对外贸易

通过陆路运输和南方港口的水路运输，中国对外贸易蓬勃发展。陆路贸易经常被战争打断或阻碍。中国商人似乎没有去过很远的地方探险，但是外国人认为中国是一个有着巨大商业潜力的国家。

226年，一位大秦商人取道越南东京来到吴国朝廷。有不少西亚商人到达越南，甚至广州。吴国皇帝孙权至少两次尝试与外界取得联系，最初是通过一名官员，他与大秦商人一起返回，但在路上去世了；后来，孙权通过向南方国家派遣代表来与外界联系。从3世纪后期开始，占城（今越南中南部）国王开始派遣使节。许多佛教传教士都是坐船来到中国，这可能是当时海运相当发达的证据之一。

总　结

汉朝灭亡后历时三个多世纪的朝廷疲弱、内乱频仍和外族入侵，终于宣告结束。这三个多世纪充满了无休止的战争。那些雄心勃勃的统治者都一心想要消灭对手。人民遭受巨大苦难，在很长一段时间里，全国广大地区都陷入混乱。然而，文明并没有瓦解（外族不断被同化），并在某些方面取得进步。五胡都信仰佛教，佛教的"三世轮回说"，为他们的反叛称帝（皇帝轮流做）提供了合法性，佛教的"法无定法说"，则为他们扬弃儒术提供了思想理由。佛教为自己赢得重要地位，并有重要贡献——想要进入一个新的文化发展时期，打破汉人的刻板思维，就必须引入新思想。

隋唐中国在很多方面都呈现出新风貌，但与汉朝相比并无根本变化。中国的革命从来都不像西方那样彻底。也许正因如此，13—16世纪之欧洲与罗马欧洲的差别，要比7—20世纪初之中国与秦汉中国的差别大得多。然而，从多年苦难中崛起的中国，在某种程度上已经发生了改变。

第五章

帝国繁荣：隋唐（589—907）

序　言

国家长期分裂、饱受内忧外患的时代终于结束了。究其因，部分可以归功于君主自身的才能，他带领军队，实现南北统一。朝廷重臣进谏献策，同样有功。中国人数百年来深信不疑的信念：国家必须由一人统治，可谓根本原因。无论原因几何，接下来要讲的朝代，继承中原文化遗产，融合周边民族文化，吸纳外来文明成果，成为中国历史上最辉煌的时期之一。在政治上实现统一后，这个中世纪王国再度繁荣，并扩张边界，甚于汉代。

在几个世纪的分裂过程中，南北文化形成差异。北方生活苦于南方，实行一夫一妻制，衣食礼仪也更为简单。北方人认为南方人软弱无力，缺乏尚武精神。南方生活更为安逸，纳妾现象较为普遍。南方知识分子认为，北方文风粗浅，缺少情调。隋唐政治统一，南北差异逐渐融合。中国人口不断增长，商业日益兴旺，文化随之绽放。周边各国为之吸引，纷纷前来学习。与隋唐中国相比，当时欧洲各国只能算是半开化的小州。

隋唐中国在文明方面取得新的进展。政治思想方面火花不断，政治人才层出不穷。在政治理论和政府组织方面，隋唐都乐于站在前人的肩膀上。他们展现出了利用并修改前朝设定的原则和框架的技巧。隋唐之后，中国再未出现像隋唐之前那样长的分裂期和近乎无政府状态。这很可能与隋唐政治家们的高效工作有关。在艺术领域，尤其是诗歌和绘画，隋唐达到前所未有的水平。在隋唐最繁荣的时期，佛教势力大张，并与其他势力一起激发了新一轮的中国精神。

对中国传统历史学家而言，朝代周期是中国历史的决定性框架。延续超过三个世纪的隋唐构成一个断代，但在该时期中还可细分。安史之乱显然是一个分界点。在那之后，古文运动兴起，成为10世纪和11世纪思想运动的前奏。

隋　朝

正如秦居汉前，二世而亡，隋居唐前，同样二世而亡。不过，隋朝虽对后世许多重要发展有功，但在国家永久遗产方面做出的贡献，不如秦朝显著。

隋文帝杨坚是一位能力强大的统治者。他出身豪族，他的父亲杨忠跟随北周文帝起义，官至大司空，封随国公。他的妻子独孤伽罗是鲜卑族，两人的结合可谓汉胡民族大融合的产物。独孤氏出身名门，她的父亲是北周卫国公独孤信，她的母亲是清河崔氏；她自身为人低调谦恭，14岁时父亲将她许配给17岁的杨坚。后来周宣帝暴毙，她劝勉杨坚"开基立隋"。她虔诚信佛，坚持认为丈夫不能像此前皇帝那样一夫多妻，而且她也做到了这点。鲜卑族有"妇持门户"习俗，她不仅在后宫辅政，还亲自参与朝政，夫妻在朝堂上共进退，开创了"开皇之治"。杨坚心性多疑，暴躁易怒，但在交予真心后也会忠于朋友。他与丞相高颎之间，就像始皇帝与丞相李斯一样，彼此非常信任。高颎主张实施严格的中央集权统治。隋文帝力推汉化，下诏求书，隋代藏书为历朝之最，可惜隋末战火中大都被毁。

隋文帝的治国思想，是混合了儒家思想的法家思想，与以佛教为基础的道家思想。他生活简朴，勤勉为政，是一位卓越的管理者。他对自己的能力和弱点了如指掌，行动果决。589年全国统一后，为了发展北方，他调取南方民众，迁往北地。他对国家行政机构进行重组，废除九品中正制，改为三省六部制；587年正式实行分科考试制度，自此选官不问门第；地方官制精简为州、县两级；整顿吏治；颁布《开皇律》；推行均田制，在全国各地修建粮仓（包括官仓和民间义仓）。与汉朝相比，隋朝选官制度更加系统化；皇帝直接任命地方官员，中央集权得以增强。他用一系列运河将黄河与长江连接起来，有利于统一北方和南方。设计这些运河，也是为了便于南粮北运，因为陆上运粮征税极高。同时，隋文帝还创设中央粮仓，囤积国家余粮。在他统治期间，中国人重新征服安南，再次参与中亚政治。6世纪下半叶，突厥人建立帝国，东到辽河，西到中亚；隋文帝上位之初，突厥进犯。文帝将其逐出并派人离间突厥首领之间的关系，突厥很快就分裂成东突厥与西突厥。东突厥首领上表称臣，愿意"永为藩属"。

隋文帝的一大功绩是建立新都长安（隋称大兴）。旧长安为咸水问题困扰，而且人们认为早前居民阴魂不散，笼罩河水，所以文帝决定营建新都。新都与旧都相去不远，但规模更大。隋文帝的长安城呈矩形，东西长近10公里，南北宽逾8公里。它是历史上首个规划得当的城市。隋唐长安以宫城、皇城和长达5020米的朱雀大街为中轴线，万年和长安两县治所、寺观、邸第、编户错居其间，坊、市如棋盘式分布。白居易有诗曰："百千家似围棋局，十二街如种菜畦。"坊为官民生活区，南北十四街和东西十一街之间共108坊。各坊四周，坊墙阻隔。各坊管理严格，每晚关闭坊门，次日凌晨开启。南北13排坊，象征一年有12个月再加上闰月。皇城以南安排4坊，象征一年有春夏秋冬四季。皇城以北排列9坊，效法《周礼》"王城九逵"之制，其中皇城以南各坊不开南北门，以免走漏"王气"。城中商业区为东西二市，后世所说"买东西"即源于此。两市各设220个行业，店铺林立，外商云集，四方珍奇，皆所积聚，市井繁华，喧闹不已。唐朝鼎盛时期，长安城内居民超过100万，城外也有100万。显然，长安城是当时世界上人口最多的城市。

隋文帝在604年突然驾崩，很可能是死于他的儿子杨广之手。他本想将皇位传给为人宽厚的长子杨勇，最后却被二子杨广抢走。杨广更为后人熟知的名字是隋炀帝，他在正统史家笔下是一个非常糟糕的君王，因为史家在他身上看见了邪恶统治者的影子。正是他的邪恶行径，使隋朝失去天命。不过，史家放大了他的缺点与罪恶。事实上，炀帝精力充沛，雄心勃勃，思维敏捷，喜好诗文。他保留长安城作为行政中心，营建东都洛阳，又将扬州设为陪都。依靠庞大的劳工，炀帝完成了他父亲开启的运河工程，让长安、黄河与长江得由水路相连。他两次派征夫修长城。他大兴土木，在各地营造离宫别苑。他设立谒者台及司隶台，监管报告其他官员的行为，以防叛乱。炀帝多倚重南方人，而文帝则多倚重非中原血统的北方人。还有一点，炀帝虽然允许佛教发展，但更看重儒教。他兴办学校，606年增设进士科，形成完整的国家分科选才制度：秀才试方略，进士试时务，明经试经术；这一制度，一直沿袭至20世纪初。

炀帝沿袭了他父亲积极的对外政策。605年，他出兵攻占占城；同年，征讨契丹。609年，他出兵西北，攻灭吐谷浑。同年，他率军西巡，安定西疆。然而，突厥人依旧屹立不倒。炀帝三伐高句丽，代价高昂。612年，第一次征伐，隋军攻至平壤城外，中敌埋伏，惨败而归；613年，双方在辽东僵持不下，杨玄感突然起兵叛隋，后方失火，炀帝仓皇撤退；614年，第三次征伐，高句丽终于屈服，但炀帝的威望已严重受损。615年，此前一直归顺的东突厥打败隋军，炀帝被围困在山西北部一座堡垒，多亏一位叫李世民的年轻军官，他才得以逃归。战事多次受挫，大量士兵、民夫死于战场和劳役，土地荒芜，民不聊生，叛乱相继在几个地区爆发。炀帝躲入扬州一处宫殿，每日酒色取乐，常引镜自照，对身边人说："好头颈，谁当斫之！"618年，眼见无力回天，炀帝打算南迁南京，从驾者皆为关中卫士，他们思念家乡，发动兵变。炀帝想要饮鸩自尽，叛军不许，最后被缢弑。

唐朝的建立：唐高祖及唐太宗

几位反隋将领自立为王。最终，李渊打败所有对手，部分原因是得到突厥的支持，但主要原因还是他的次子李世民能力超卓。李渊出身贵族世家，身上有鲜卑血统，与隋朝皇室有亲缘关系：他的母亲是独孤氏，隋文帝独孤皇后是他的姨母。618年，李渊建立唐朝，定都长安。他在位时主要忙于镇压敌手，巩固自身地位。627年，"玄武门兵变"之后，他让位于李世民。

李世民（"济世安民"），史称唐太宗，是中国历史上最有才干和统治生涯最为辉煌的君王之一。他自小接受儒家教育，擅长骑射，为人大度，不拘小节。隋末动荡，他鼓动父亲起兵反隋，之后四处征战，在他父亲的登基大业中立下大功。尽管后来为了继位，在"玄武门兵变"中，李世民残杀了他的两个兄弟，但作为一位专制君主，他宽宏大量，从谏如流，知人善任，下属对其忠心耿耿。在他当权的22年里，他统一了全国，促进了文化繁荣，增加了国家及民众的收入，并将中央集权政治推向一个新的高度。

唐太宗兢兢业业地管理着自己的疆土，对内，文治天下，开创"贞观之治"；对外，恩威并举，不断开疆拓土。他和他的父亲延续了隋朝大部分统治机制。官员主要通过科举考试来进行选拔。据说有一年科考，他站在城楼上，看着天下考生鱼贯而入，开心地说道："天下英雄，入吾彀中矣。"他还开设弘文馆，广招天下贤才。那些得到举荐的士子，只要皇帝认为其有才，也会受到重用。科举制在一定程度上瓦解了旧门阀贵族的权力。不过，据史书记载，考中者十之八九都为上层家庭出身。

虽然唐朝崇尚道教，李氏家族自称是老子的后代，但是唐太宗仍然下令尊孔，要求每个州、县都要建造孔庙。当时的科举考试内容并不局限于儒家经典，而是也涉及其他科目，如历史、法律、数学、诗歌、书法和道家哲学。

唐太宗推行府兵制，将军队整治得更加正规有效，并改进武器装备。他重视骑兵作战，极大地提升了中国军队的作战能力。在他的统治下，帝国再次走上征服之路。他将中国的版图拓展到中亚地区，这比汉朝以来的任何时候都要辽阔。在他登基伊始，东突厥人突袭长安，唐太宗依靠自己的勇气和精力拯救了这座城市，不久便扭转局势。他拒绝修缮长城，坚决主张直接打入敌人领土，征服那些可能发动侵略的边陲国家。与隋文帝一样，唐太宗也在突厥人之间播下不和的种子。630年，他的军队征服了东突厥人，太宗自称天可汗。不久，西突厥人也被打得落花流水。回纥人摆脱西突厥人，成为西部地区唐朝坚定的拥护者。契丹人和蒙古人也都投向唐朝。喀什噶尔和叶尔羌接受了中国的驻军，撒马尔罕和布哈拉也承认了中国的宗主权。太宗驾崩时，中国疆域囊括了新疆、俄属突厥斯坦和阿富汗的大部分，不过，中国对这些地区的治理较为宽松。此时，伟大的丝绸之路牢牢地处于中国的管辖之下。

641年，唐太宗派文成公主与藏族王子松赞干布和亲。文成公主将中原的技术、文化、风俗带入西藏，促进西藏发展，并将佛教引入藏域，形成后世的藏传佛教。唐人有诗云："自从贵主和亲后，一半胡风似汉家。"唐蕃古道成为唐初与南亚交往的主要通道。唐太宗接见印度使节，并派使节回访。643年，拂菻（中国古代对东罗马帝国、拜占庭帝国的旧称）统治者派来使节。

唐太宗用武力和外交手段对付外族，并急于同化他们。和隋炀帝一样,唐太宗也多次出征高句丽,但因远距离作战,粮草供应短缺,气候寒冷,辽东多大山深谷易守难攻,加之通往辽东道路不畅,最终也以失败告终。不过,和隋炀帝相反的是,唐太宗将皇位顺利地传给了自己的儿子唐高宗。

唐高宗

在唐高宗的管理下,中国的版图和声望继续得到拓展和远扬。朝鲜半岛上的新罗、百济和高句丽被征服,中国成为其宗主国,设立安东都护府。多年来,唐朝在西部地区一直保持着强有力的控制权。在维吾尔族人的帮助下,唐朝歼灭西突厥,分置昆陵、蒙池二都护府,徙安西都护府于龟兹(今库车),中国领土扩张到奥克苏斯河山谷和印度边界。唐朝版图在高宗时达到最大,东起朝鲜半岛,西临咸海,北包贝加尔湖,南至今越南横山。

唐太宗时,阿拉伯人开始了他们征服四方的大业,他们打败波斯。638年,波斯国王派使团向唐太宗求援,率领使团的国王之子卑路斯王子在长安定居;高宗上位后,帮助他在长安建造了一座祆教寺庙。677年,唐高宗派中国军队护送卑路斯到龟兹。卑路斯复位失败,回到长安,死在那里,大批波斯人滞留京城。唐高宗时,中国第一次与阿拉伯人建立了联系。651年,第四位哈里发奥斯曼派出使团向唐朝贡献方物。

除此之外,唐高宗还做了他父皇一直期望的事情,即像汉武帝一样封禅泰山。高宗是一位虔诚的佛教徒,他兴建了许多寺庙。他还将他父亲停建的大明宫修建完毕。这座宫殿是后世宫殿建筑的范本,它矗立在长安城北部城墙的外部,成为大唐帝国新的行政中心,被称为"东内"。它设有九座城门,中轴线上正南门为丹凤门,是隋唐城门之最。大明宫有三大殿。含元殿是正殿,称为"前朝",它居高临下,威严壮观,可俯瞰整个长安。大诗人王维有诗赞曰:"九天阊阖开宫殿,万国衣冠拜冕旒。"这里主要举行礼仪大典,如皇帝登基、大赦和改元等。宣政殿为"中朝",皇帝在此临朝听政。紫宸殿为"内朝",日常议事在此进行。因为认老子为祖先,大明宫内还有三清殿等道教建筑。

武后

在很大程度上,高宗受到一个有才能且有野心的女人控制,这个女人就是武则天。她曾是太宗的妃子,太宗驾崩后入感应寺修行。为了挤掉一位得宠善妒的妃子,皇后将武则天从佛寺召回。武则天不仅成功地取代了那位善妒妃子,还排挤掉皇后并将其杀害,得到高宗独宠。高宗患有风疾,武后帮着理政,朝中实权逐渐握在武后手中。高宗晚年,她成为真正的统治者。高宗驾崩后,她的儿子李显(唐中宗)继位。李显表现出独立之举,武后很快将其废黜,并将她的另一个儿子李旦(唐睿宗)推上皇位。不久,她又将其废黜,自立周朝。对于那些胆敢反对她的皇室成员及其支持者,她不是将其流放边地就是直接处死。武后也有自己喜欢的人,先是一个和尚,后来又有两个长相俊朗的兄弟。关于她和他们之间的暧昧故事传得沸沸扬扬。不考虑她的私生活,她算得上是一位才能出众的君王。

在外,她重建了帝国的威望(例如,692年派兵收复塔里木盆地);在内,她以铁腕手段治国。她借力来自平民的士大夫阶级,对抗并瓦解了唐代开国基石(关陇军事贵族集团)。她开创殿试制度,增加科举制每年录取人数,让更多寒士有机会参政,平衡地方集团与官僚机构的关系,进而巩固其自身统治。她颇信佛教。在中国历史上,只有两位女性可与她相提并论,一是汉朝的吕后,一是清朝的慈禧太后。她们三个人最大的共同点就是嗜权专断。705年正月,武后病重,当朝宰相联合两位大将发动政变，废周复唐，并推举被她废黜的李显登基。这个懦弱的人仍旧只是一个名义上的皇帝。他被他的妻子韦氏控制，虽然韦氏能力远不及武后，但其心肠之狠毒，却是有过之而无不及。几年之后，李显中毒身亡。韦氏想要学武后上位，李旦和太平公主成为两大障碍，韦氏一党决意除掉二人。李旦的第三子李隆基抢先发动政变，诛杀韦氏一党，扶持父亲上位。两年后，李旦把皇位让与李隆基，史称唐玄宗或唐明皇。

唐朝鼎盛：唐玄宗

唐朝二十余帝，玄宗在位时间最长。上位前期，他满怀希冀，任用贤相能臣，励精图治，开创"开元盛世"。唐朝进入鼎盛，国家富庶，人口众多。中国再一次在西方扩张。突厥人倒台后，回纥与中国结盟，控制了蒙古和新疆大部。松赞干布去世后，唐蕃失和，但双方使团依然往来不绝，主要是和亲与会盟。710年，金城公主嫁与赤德祖赞，731年，玄宗赐予儒家典籍；两年后，唐蕃在青海日月山立碑分界。金城公主之子赤松德赞时，吐蕃势力最盛，823年，唐蕃结盟，自此和平共处。西南地区，皮逻阁统一六诏，738年，玄宗赐名蒙归义，封为云南王，而后中国对该地区实行了行之有效的控制。唐玄宗给予帕米尔高原和克什米尔地区上的小国家更多帮助。高仙芝是一位有着朝鲜血统的将军，幼时随父入唐，747年率军征服小勃律，出任四镇节度使。他率领一支军队，成功地从喀什噶尔穿越崇高险峻的帕米尔高原和兴都库什山，最终到达奥克苏斯河上游印度河北岸，切断了小勃律与吐蕃人和阿拉伯人之间的联系。高仙芝的这一远征，使得唐军声威大振，诸胡七十二国纷纷归附。

在国内，玄宗的统治以文化成就大爆发为标志。玄宗在长安设立翰林院，开创梨园。玄宗个人非常重视道家学说，鼓励研究道家文学,并赋予《道德经》"经学"地位,使其与儒家地位平等,但他给予儒家格外的殊荣。宫廷中有许多大名鼎鼎的诗人和画家:三大诗人李白、杜甫和王维,三大画家吴道子、韩幹和王维。

玄宗在位前期一片繁华,但在某种程度上,那却不过是一种假象。节度使逐渐分解了皇权:节度使负责管理辖区内一应事务,彼时这一创新看起来是监管地方的明智之举,但它也是瓦解皇权的一步,因为其中包含重建地方政权的倾向。

"开元盛世"之后,玄宗认为大功告成,想放轻松,遂疏于朝政。他宠信奸臣李林甫(也是皇室宗族一员,虽有才干,却影响恶劣),重用外臣安禄山,帝国威望不断滑落。他拜倒在中国四大美人之一杨贵妃的石榴裙下。杨贵妃曾是玄宗一个儿子的妻室,738年她被皇帝纳为妃子,尽获宠爱。她凭借姿色和才艺("善歌舞,通音律")成功地迷住了皇帝,让他在50岁后沉浸于奢靡生活。杨氏家族成员都被授予高位,但不管是她还是她的家人都无多少政治才能。玄宗晚年已经无法摆脱她的影响,权力从他手中不断流失。历史上极少有像他一样前后反差如此之大的皇帝,登上山顶,又跌落谷底。

由于高仙芝犯下的一系列错误,唐朝在西域的声望快速下降,诸胡部落暗中联合大食,计划攻打安西四镇。高仙芝获知消息,主动出兵。751年,在怛逻斯战役中,两军相持五天,不分胜负;第六天,高军部众叛变,最终被阿拉伯人打败。中国西部大部分地区都相继脱离唐朝控制。在东北地区,契丹人从东北南部迁徙到华北平原。在中国本土疆域,有人起兵反对玄宗。他的一系列对外战争和骄奢淫逸的生活,榨干了民脂民膏,惹得怨声载道。

安禄山的反叛导致玄宗最终的毁灭。安禄山是突厥人,大腹便便。他极具才干,作战骁勇,因为镇压契丹人有功,在皇帝和杨贵妃的抬举下官运亨通。755年,安禄山在西北公开反对朝廷,很快占领黄河北部大片领土,并自称皇帝。玄宗从长安逃亡四川。途经马嵬驿时，禁军将士发生兵变，要求玄宗处死杨国忠和杨贵妃兄妹两人，玄宗无奈下令处死杨贵妃及其家人。第二年，早已颜面无存的玄宗，退位给他的儿子李亨（肃宗）。玄宗一直活到762年，只是晚景凄凉，思念贵妃，郁郁寡欢，最终"此恨绵绵无绝期"，抑郁而终。757年，安禄山被他的儿子杀死，而此时又出现一名杀人如麻的叛乱者史思明，他也是突厥人。757年，在包括阿拉伯人在内的中亚军队的襄助下，唐朝收复长安。史思明自己称帝，但没过两年，便被他的长子和部将谋杀，在那之后不久，他的长子被唐朝军队处死。

唐朝衰败

安史之乱标志着唐朝开始走向衰亡。李氏家族掌权近一个半世纪，在此之后，唐朝不复盛世。

安史之乱和随之而来的混乱，促使其他力量加入角逐。北部和西部外族突袭南方富庶地区。唐朝招募非中原人帮助他们抵御外族入侵，镇压内部叛乱。这与汉朝截然不同，那时的首领和军队皆是或主要是汉人。这是否意味着汉族的活力下降了呢？这个问题的答案我们无法得知。汉族确实因为农民和商人的数量增加而占据更多地域，但在历史上有超过一半时间中国人居住的部分领土都处于外族的控制之下，而在三分之一或四分之一的时间里所有中国人都臣服于外族。中国从来就不是一个单一的民族。中国人乐于团结和吸纳不同民族的人，这是他们的长处之一。他们融合的文化意义远高于种族意义。在唐人的统治下，许多杰出人物部分或全是外国血统，这在一定程度上意味着同化。

唐朝并非一朝倾覆，表面上仍是威风凛凛。9世纪中叶，南诏国一位王子篡夺皇位并侵略安南，高骈将军成功地将他驱回其领地，后又将他逐出四川。中国的权威也在敦煌地区得到维持，朝鲜的北部也处于中国的控制下。尽管在内乱和外侵中承受诸多困苦，长安城却是始终繁华无比，而李氏家族则确确实实地衰败了。宫中谋事多年的太监，用他们的阴谋诡计取得巨大影响。一些求变者不断尝试改革，但却并未带来持久变化。朝代早期的税收政策开始失效，这让中央政府局促不堪。到9世纪末期，皇帝的无能和奢侈以及治国无方引起普遍不满和反叛。一场大规模起义摧毁大片地区，包括一些港口城市，起义军首领名叫黄巢。他是曹州人，盐商出身，家境富裕，数次应进士试，皆不第，愤而赋菊花诗（"待到秋来九月八，我花开后百花杀。冲天香阵透长安，满城尽带黄金甲"），后来继承祖业成为盐帮首领。874年，全国各地发生水旱灾害，河南灾情尤为严重，濮阳盐商王仙芝发动起义。875年，黄巢聚众起义，与王仙芝相呼应。王仙芝战死后，他被推举为王；他率军四渡长江，二渡黄河，转战全国。880年，他率军攻占长安（"天街踏尽公卿骨"），自立为帝。唐人派出李克用应战，这是一位有着土耳其血统的将军，他曾随一支土耳其军队到中国服役。882年，黄巢手下大将朱温叛变投唐。884年，李克用一路追击，击溃黄巢。在逃亡路上，黄巢被他的外甥杀害。也有一种说法是，黄巢逃脱追捕，出家为僧，多年后赋诗"天津桥上无人识，独倚栏干看落晖"。李克用因剿灭黄巢有功，被封为"陇西郡王"。

　　唐朝的覆灭随之而来。朱温是黄巢的副官，他向唐朝投诚后，被封为汴州刺史。904年，他谋杀唐昭宗，而后扶持一位少年上位。朱温认为朝臣中有不少人忠于李唐皇室，是自己建立新王朝的障碍，必须彻底铲除。在其得力谋士（这位谋士早年屡试进士不中，极为痛恨这些科举朝臣）的建议下，他一举屠杀朝臣三十多人，唐朝的统治根基荡然无存。907年，他迫使傀儡皇帝退位，建立后梁。唐人最终失去了他们的天命。

唐朝商业

我们常说,除却后来数十年的衰败和动乱,在中国历史上,唐朝将近三个世纪都处于商业最繁荣、文化最昌盛的时期。隋唐之前的分裂(兼融合)时期,实际上为新的文明繁盛奠定了基础。隋朝鼓励文化复兴。唐朝前 125 年的内部秩序便是为繁荣而生。人口普查尽管不够准确,但人口数量似乎相当庞大。有一个关于 618 年人口数量的推测,说是人口总数接近 1.3 亿,这一数字可能有点夸大,但却足以表明,彼时唐朝一定是当时世界上两个人口数量最多的国家之一(另一个是阿拉伯帝国)。如此庞大的人口数量,不可能不吸引其他国家的商贾。

外国人经由陆路或水路来到中国。丝绸之路畅通无阻,尤其是在唐朝的前 125 年中,帝国威望在中亚一直很高。从 8 世纪中叶起,中国的主权在那片地区受到挑战,骚乱四起,那些路线上的贸易规模有所缩减。长安作为皇权的所在地,是一个重要的贸易终点站,它的街道和客栈呈现出一种充满活力的国际化面貌,其中有许多从遥远西方而来的商贾。据日本僧人圆仁法师的《入唐求法巡礼行记》中记载,843 年 6 月 27 日夜,东市失火,烧毁曹门以西十二行四千余家。长安之繁华,由此可见一斑。乐游原和曲江池是长安城内的主要游览区,每逢春秋佳日,居民争游于此,纵情欢乐。当时人有诗云"斜阳怪得长安动,陌上分飞万马蹄"。长安城内有大量寺院,仅城内名寺就超过百座。僧人以寺院为基础,与达官贵人、儒生墨客为友,进可言天下,退可诵经文;宗教信仰与世俗生活并行,城市生活奔放。唐代城市生活,最大特点就是开放:各国文化在城市中交汇,人们吃胡食、穿胡服、戴胡帽、喝胡酒、奏胡乐、玩胡球(打马球),妇女扮胡妆,店员用胡姬。当时有诗云"自从胡骑起风尘,毛毳腥膻满咸洛。女为胡妇学胡妆,伎进胡音务胡乐。胡音胡骑与胡妆,五十年来竞纷泊"，表明当时中国人拥有开放的心态，敢于接纳外来文化。古时候，"城""市"有别："城"是由城墙和沟壑组成的防御工事，代表政治统治；"市"是商品交换之地，代表城内外居民生存所需的经济活动。出于政治目的考虑，对城中之"市"有严格限制。唐代明文规定"五品以上官员不得入市"。都城中之"市"，管理制度极严，但在中唐之后，商业活动越出两市，渗入居民区。务本坊率先出现"鬼市"（夜市），崇仁坊"昼夜喧呼，灯火不绝"，虽有政府禁令，但却无济于事。这种较量表明，商品经济在社会中有了新的发展。

唐朝通过海洋与外部世界建立了更广泛的联系。早在7世纪，就有人在经营南部海上航线。广州占据主导地位。到8世纪，广州港已是中外商船云集，政府在广州设立岭南市舶司，专门管理海外贸易。随着阿拉伯人崛起，他们开始在海运中扮演重要角色。758年，一些阿拉伯人和波斯人驱逐广州都督，抢劫商店，焚烧房屋。这或许是对当地苛捐杂税的一种报复。9世纪，中国南方通商口岸的其他城市，尤其是与厦门相邻的泉州，加入到与广州的角逐之中。扬州地处南北大运河与长江交汇处，763年以后成为漕运中转站，商贾云集，也参与了海上贸易。

唐朝商人是否去过外国做生意还有待考证。唐朝欢迎外国人来中土定居，但至少在唐太宗在位时期，国家法令禁止中国人私下出国（"偃武修文，中国既安，四夷自服"），因此中国商人可能养成了专注国内市场的习惯。

唐朝文化：佛教朝圣者与传播者

唐朝最有名的佛教朝圣者是玄奘。602年，玄奘出生于河南洛阳。他是一位官员之子，从小接受儒学教育，后受哥哥影响13岁在净土寺出家。618年，他前往长安投奔李渊，李渊父子忙于军事，"京师未有讲席",转投成都空慧寺。622年,他私与商人结伴,游历各地,参访名师,最后回到长安,在大觉寺钻研佛教经典。当时佛学各派对成佛的根据、步骤等问题争论不休,为了澄清疑惑,他决定前往佛教发源地求得真谛。

当时国家初立,疆场未远,"禁约百姓不许出蕃",他上表申请西行,未被允准。629年,西北地区发生饥荒,朝廷允许民众自行求生,他趁机偷越出关。他西行过武威,昼伏夜行,行至戈壁,不小心打翻携带的水囊,经历生死考验。用他自己的话来说就是:"是时四顾茫然,人鸟俱绝。夜则妖魑举火,烂若繁星,昼则惊风拥沙,散如时雨。虽遇如是,心无所惧,但苦水尽,渴不能前。是时四夜五日无一渧沾喉,口腹干燋,几将殒绝,不复能进,遂卧沙中默念观音,虽困不舍。"所幸老马识途,找到水源;他越过流沙河,来到高昌。他谢绝高昌王的热情挽留,来到撒马尔罕,翻越兴都库什山,路过梵衍那国,见到53米高的大佛。之后,他又辗转到达印度佛教中心那烂陀寺。他师从戒贤,刻苦钻研,"为众僧讲法",声名大起。五年后,他游历印度数十国,收集佛教典籍。回到那烂陀寺后,他担任主讲,声誉日隆。

645年,他沿着二百多年前法显前往印度的路线,返回大唐。抵达长安时,太宗派人为其举行了盛大的欢迎仪式,并为其专设译场,诏令任慈恩寺主持。余下近二十年时间,他一直在大慈恩寺传教译经,许多印度失传的佛经,均可在中国找到译本。他认为,人们对事物的认识本是一种幻想,唯有事物的本质才是绝对真实,所以"万法唯识""心外无法"。他极大地推动了佛教在中国的普及和传播。他的行记(《大唐西域记》)追述其天国之旅(一如班扬之《天路历程》),内容准确而全面,对后人了解印度和新疆有很大帮助。佛教有利于中亚、东亚和南亚文化的融合。

唐朝文化：外来宗教

中国人与外国人的交往，也给中国带来了一定的影响。基督教（景教）在唐朝通过波斯人传入中国，唐太宗下诏，准许建寺传教。长安城建有大秦寺，781年镌刻的《大秦景教流行中国碑》记载了景教传入中国的过程。据碑文记述，景教传播源于传教士阿罗本。阿罗本于635年太宗在位时来到长安，受到太宗礼遇。太宗下令翻译景教的圣书，并鼓励景教传播。9世纪中叶，会昌禁佛，景教遭到毁灭性打击。摩尼教于3世纪为摩尼创立，对波斯人和基督徒都有影响。到唐朝时，它已向西传播到地中海地区，向东传播到中亚河中地区。7世纪最后十年间，摩尼教首次出现在中国（由伊朗人传播而来），星期制（一周七天）随之传入。8世纪下半叶，摩尼教传播到回纥并拥有许多信徒。由于回纥人帮助平定安史之乱有功，摩尼教在中国的传播较为顺利。不过，摩尼教从未流行，而且在9世纪回纥失权后一蹶不振。唐朝以前，拜火教就已传入中国。长安城有一些拜火教的教士和寺庙。唐朝时，犹太教也已传入中国，但其教徒人数很少，而且都是商人。河南开封的犹太人群体，在明朝时进入鼎盛期，但在19世纪初最后一位拉比去世后逐渐被汉人同化。

在长安，不同宗教和睦相处，互不冲突；多元文化并行，给以儒教治国的传统社会输入了新的思想。

唐朝文化：佛教鼎盛

唐朝政治统一，经济富庶，社会清宁，佛教进入黄金时代，由外来宗教演变为中国本土宗教。佛寺成为城中风景。佛教仪式成为日常生活的一部分。这一时期，先后出现法华宗、华严宗、净土宗、禅宗等宗派。不同宗派之别在于，它们认为什么最能代表佛教。法华宗认为《法华经》思想最为圆满，华严宗认为《华严经》思想最为根本，净土宗认为念佛法门最为契机，禅宗认为自己的禅法属于"教外别传"。不同宗派都有选择地阐发其心中佛法。

法华宗（因起于浙江天台山又称天台宗）成立最早，其佛学体系以止观双修为中心。"三谛圆融""一念三千"是其最高深的止观境界。当时人认为，天台的"止观"就是儒家的"穷理尽性"，佛教的"实际"也就是儒家的"性之本"。

华严宗主张"无尽缘起"，认为世间万物互为条件，就像一滴海水涵纳百川之味，彼此互相依赖和包容。它用"六相圆融""十玄无尽"解释无尽缘起。华严宗创始人为法藏，年轻时他曾参与玄奘主持的译经活动，后因证义、见识不同而退出。他不赞成玄奘的做法（将现实世界与极乐世界相隔离）。此时恰逢武后授意伪造《大云经》，为自己上位造势，法藏进入宫中为武后讲授新经，打动武后，得到信任。其弟子后来主持全国佛教法事，华严宗随之盛行。武则天曾赐法藏号"贤首"，故华严宗又称"贤首宗"。

华严宗投靠统治者变佛教为国教，净土宗则简化仪式变佛教为大众信仰，佛教中国化有了长足进展。净土宗主张念佛往生，其创始人为唐代的道绰和善导。净土宗尊崇《阿弥陀经》，认为念佛往生是众生去往西方极乐世界的唯一法门。只要口念阿弥陀佛就可往生净土，这种简便易行的修佛之法深受民间欢迎。早在中唐此风已盛，宋元之后此风更盛，乡野村夫见面皆称"阿弥陀佛"。最后各宗都采纳了念佛这一方便法门。

禅宗主张"教外别传"，以心传心（心中有佛，自入佛境）。它淡化佛经解脱之义，反对盲目坐禅。它的创始人传为菩提达摩，实为六祖慧能。达摩下传至五祖，下分南宗慧能、北宗神秀。慧能反对静坐入定，认为重在"但行直心"，主张顿修顿悟，行住坐卧，道法流通。慧能的《坛经》是禅宗的纲领。神秀慧能斗法，禅学裂变。不过，慧能在世时并未产生太大影响；神秀被立为北祖，得到帝王支持。后来神会楷定南宗宗旨，慧能的思想才在北方逐渐成为主流。中唐以后，禅宗分出许多支脉。8世纪，禅宗的马祖道一提倡农禅结合，他的弟子百丈怀海重整佛戒清规，创立了延续至今的"丛林制度"。晚唐五代，禅门兴旺，在引人开悟时总能因材施教，或当头棒喝，或语含机锋，甚至呵佛骂祖，留下许多禅门公案。宋代禅师借助这些公案去参悟古人的禅心禅法，形成"文字禅""看话禅"。

"禅"之本意为"静虑"，与儒家之"格物致知""诚意正心"有相通处。禅宗认为世间一切均在心上，心自无念，用心去观，悟到一切皆空（看破红尘），这就是"禅"。这与士大夫儒道互补的思考方式有相似处。"心生，种种法生；心灭，种种法灭"，成了古代士人自我解脱之心法，由此形成"以儒治国，以道治身，以佛治心"之局。禅宗是对中国人影响最大的佛教宗派，它的流行最终完成佛教中国化，并远播海外。在一般人看来，"禅"就是"佛"，"佛"就是"禅"。它对中国艺术影响深远。禅僧常以诗偈问答，禅趣诗情交融一体。"诗佛"王维的山水诗，变化从心，无迹可寻。唐诗繁荣与禅宗兴盛也有一定关联。大量禅门公案、各种语录偈颂，原本就是中国文学史的重要组成部分，甚至有人认为它们开启了现代白话文之先河。

佛教兴盛，并不意味着就没有反对者。儒家学者就时常反对它。他们认为佛教是一种迷信，对家庭有害，对皇权不敬，与儒教支持的社会和政治结构相敌对。随着唐朝重视从经学者中招收文官并授予孔子新的荣誉，儒学在一定程度上重获其先前地位，它的拥护者不时在皇帝面前抨击佛教。佛教最大的反对者就是大文豪韩愈，他是唐朝儒家思想代表，他认为佛教危害超过孟子当年的杨朱，他想恢复儒学在社会上的核心地位，接续此前千年道统。819年，唐宪宗大张旗鼓地迎接佛骨，韩愈撰《论佛骨表》，斥责佛教不合"先王之道"，要求禁绝佛教。宪宗大怒，将其贬为（广东）潮州刺史。唐高宗、唐太宗和唐玄宗皆限制和尚和尼姑的数量。845年，唐武宗颁布"灭佛令"，毁灭四万多座佛寺，征用佛寺土地，并逼迫超过25万名和尚尼姑还俗。佛教遭受严重打击。政府出台灭佛令的动机，部分原因在于佛教自身（佛教不看重家庭和婚姻），但更多是对佛教僧侣所享权利（僧侣在东西方中古社会都是一大贵族集团，享有多种特权，比如免除赋税和劳役）的恐惧、对国家财富流入佛寺和民众投入佛教而导致劳动力短缺与经济产出不高的不满，以及对外国宗教信仰导致国家腐败、削弱政府控制的不安。另一方面，这些打击并未持续很久，"灭佛令"很快就形同虚设。

佛教超脱尘世，不服务于政治，在唐朝之后发展趋缓，但是佛教思想与文化已经渗入中国人的日常生活，最终成为中华文明不可或缺的一部分。它与儒、道相融，形成儒、释、道三足鼎立的传统文化。

唐朝文化：儒教和道教

与学者们崇信儒教不同，唐朝大多数皇帝都更倾向于道教。事实上，道教得到皇帝的崇奉和大力扶持。在政治和宗教双重因素的推动下，道教逐渐走向全盛。

隋朝以崇佛为主、佛道并重。高祖在位时，下诏排定三教座次："老先、孔次、末后释。"太宗上位，在诏书中明确指出，道教为中华之教，定道教为国教。武后称帝，转奉佛教。玄宗继位，立即改为崇道抑佛，在诏书中称"朕之本系，起自柱下"。这一认宗更是唐室尊奉道教的基石，主要是借道教来辅助皇权、彰显皇权之神圣。道教在北魏时曾为国教，比佛教更适合担当这种角色。魏晋南北朝以来政治上最重士族门阀，李唐先世出于汉胡混居之地却自称其祖先是陇西人，抬高本族门第。太宗将世系追溯到老子，不只是出于门第考虑，而是还想通过强调自己与道教的关系，笼络道教各派，以及那些信奉道教的士大夫和隐逸之士。这对唐初笼络人心至关重要。唐高宗追号老子为"太上玄元皇帝"。唐玄宗一方面不断神化老子，多次加封，下令全国各地都要修建玄元皇帝庙，另一方面则神化老子之书，规定《道德经》为诸经之首，并亲自注释《道德经》颁行天下。他还设立崇玄馆和道举制度，道教被纳入国家教育和考试（体系）。高官也热衷宣扬道教。道教八仙之一吕洞宾生活在8世纪，是一位著名的道教伦理家。

隋唐道教大发展的一个突出表现是道教开始南北融合：南方的茅山宗北上和北方的楼观道结合，道教的上清派和天师道汇合。茅山上清派成为唐代道教的主流。与唐朝尊奉老子相应，道教中慢慢出现以道教、老子、《道德经》为三位一体的信仰体系。在唐初佛道论争中，道教学者将老子神化，将其从古代圣贤，变为像佛陀一样供人膜拜的神灵。老子被尊为道教教主。

北宋初，统治者也曾仿效李唐，把赵氏皇室与道教神祇联系在一起，道教也曾兴盛一时，但因宋徽宗笃信道教导致亡国，南宋时道教失去原有地位。此时，道士王重阳在陕西户县重阳宫改革道教，以吕洞宾为始祖，创立全真教。金元时期，南北割据，道教分为北派（丹鼎清修）和南派（符箓斋醮）。新道教诸派主要在北方兴起，王重阳开创的全真道，受到金元二朝的礼遇，成为北方的代表教派。他的弟子丘处机投靠忽必烈，全真教成为统治汉人的宗教武器。忽必烈把丘处机请到北京，建造白云观。全真道以成仙证真为信仰，以修习内丹为法门，要求道士出家，严守戒律，道教面目一新。与此同时，南方的符箓各派逐渐融入天师道，汇成正一道，与全真道南北并峙。新道派的兴起，改变了道教的发展方向，它重新以民众为基础，给民众提供宗教庇护，逐步聚成教团，招收信众。其中最有名者为白莲教，其后世发展一直都很活跃。

明代统治者在夺取和巩固政权的过程中，也曾利用道教：朱元璋和朱棣都宣称，玄武真人率领天兵天将帮其获取政权，所以特别尊奉玄武神,并下令各地营建宫观供奉。武当山营建规模最大,由此成为中国著名道教圣地之一。故在明代中叶以前,道教仍很兴盛,嘉靖年间达到发展高峰,此后内部争斗不断,开始走向衰落。

然而,为了维护政治统治,君王更需要推行儒教,因为儒教可以"安国家,定社稷,序人民"。相比佛道二教,儒教有一套官府和社会可以依赖的更加高效的系统。唐高祖下令在太学中立周公、孔子庙。唐太宗听取魏徵建议,实行王道,儒风大行;他说:"朕今所好者,惟在尧舜之道、周孔之教,如鸟有翼,如鱼依水,失之必死,不可暂无耳。"他极力抬高孔子的社会地位,尊孔子为"先圣""宣父",立孔子庙堂于国学,并大征名儒为学官。唐玄宗时则追谥孔子为"文宣王",被王者服,南向坐。唐代尊崇儒学的一大举措就是兴办学校。学校有一套完整的制度,所选老师多为"名儒",所用教材均为儒家经典,培养出的学生通晓儒学,符合儒家用人标准。唐太宗数幸国学,鼓励学子读经。"四方儒士,多抱负典籍,云会京师",儒学之胜,古昔鲜见。

安史之乱后,藩镇割据,宦官专权,朋党激争,土地兼并,农民流亡,边疆多事,财政拮据,局势混乱,朝廷内外交困,急需整顿秩序,强化纲纪,集权中央。在这一背景下出现了儒学复兴(古文运动)。韩愈(768—824)是古文运动的倡导者,晚年被尊称为韩文公。作为一个土生土长的北方人,他从小就热爱学习,后来一度官至礼部尚书。他的仕途十分坎坷,尤其是至少有两回他因直言进谏触怒圣颜而被贬谪边远之地。韩愈排斥佛道,提出儒家"道统",抬高《大学》的地位,用儒家"道统"对抗佛教"法统"。韩愈建议在政治、经济、文化上对佛道进行打击,但未被当权者采纳。韩愈的理论并未击中佛学要害,但其"道济天下之溺"的尝试为后来的"道学"开启先河,成为宋代理学学说的一部分。李翱是韩愈的朋友,他明确指出儒学的修养纲领:复性。但他提出的复性方法却是涵纳了禅学和佛教心性论。韩愈提出的道统为后世理学家普遍接受,理学代表人物皆以接续道统为己任。

值得一提的是，韩愈是中国保守主义（今之民族主义）的拥护者。与其他儒家学者一样，他强烈反对与回纥人结盟，反对承认摩尼教，反对容忍佛教和外邦贡使（他斥佛教为"夷狄之教"）。最后，正如我们将在中国历史上反复看到的那样，恰恰是这种民族主义倾向取得了最终的胜利。韩愈生活在安史之乱之后，这一点非常重要。他是唐代之后几个世纪新时代的思想先驱。

唐朝文化：诗歌

唐朝时期，中国的诗歌水平达到顶峰，也不乏一些优秀的中国画。这种思想潮流总是难以解释。诗歌和绘画的发展与道教和佛教关联甚密，因为这两种信仰都鼓励有洞察力的人去看透虚幻表象下的现实。不过，诗歌繁荣与科举制度得到完善有更重要的关系。唐代科举主要有明经和进士两科，前者考儒家经典，分帖文、口试、时务三场；后者也考三场：帖经、杂文、策文。从中唐起，杂文放在第一场。所谓杂文，就是诗赋。科举考诗歌，考中进士可以留在中央，自然有助于诗歌流行。

中国诗歌史上最负盛名的三位诗人是："诗仙"李白，"诗圣"杜甫，"诗佛"王维。李白（701—762）出生在遥远西部的碎叶城，后来随父迁居四川。他早岁好读奇书，任侠学道，豪放不羁；在江陵，司马承祯说他有仙风道骨；在长安，贺知章呼其为"谪仙人"。他虽有"诗仙"之名，但并未超然世外，在道家思想之外，他还有纵横家思想和侠客思想。他有四方之志，想要仗剑报国，直取卿相，像鲁仲连、谢安一样。中年早期居于长安时，他曾是玄宗最喜爱的诗人，但却只得到一个供奉翰林的虚职。他闲居长安三年，作为一个御用文人，只有写新词赞贵妃时才被人想起，内心之苦难与人语。三年后，他在朝中失宠，据说是得罪了皇帝身边的红人（高力士），被玄宗疏远。他带着悲愤傲然而去，再次游荡人间，在东都洛阳与杜甫相会。同年秋，两人在梁宋再次相会，一起观山赏水，寻道访仙，之后一别成永远。安史之乱中，他南下避难，四处漂泊。后从永王讨伐逆贼，因永王造反，牵连入狱；大赦放归，又欲追随李光弼讨伐史朝义，因病中途返回。他的一生都想得到一个施展自己才能的机会，实现自己的抱负，但却到死也没能得到。

李白不甘于平庸，更不能忍受束缚，个性自由是他一生的追求。他的诗歌，想象超凡，"言出天地外，思出鬼神表"。他常用翱翔天地的大鹏来比喻自己，"大鹏一日同风起，扶摇直上九千里"。他的诗带有浓厚的主观幻想色彩，自由多变，代表作如《蜀道难》。他的诗反映了盛唐气象，盛唐文化是南北文化和中外文化交流的结果，而他则恰好处在这两者的中心，从而成为盛唐帝国多元与开放的代表。李白在后世已成为一种文化符号，代表自由与解放。

一种广为接受的说法是，有一次，李白喝醉酒后，月夜泛舟，想要捕捉月亮在水中的倒影，不慎失足落水而亡。这是一种与"诗仙"称谓相吻合的浪漫说法。然而，实情是，761年，为生活所迫，他前往宣城投奔他的族叔（时任县令），第二年以一种平淡无奇的方式去世。他不仅喜欢这座城市，还喜欢这里的高山流水（"众鸟高飞尽，孤云独去闲。相看两不厌，唯有敬亭山。"这首诗很能代表他晚年的心境）。他的一生饱受焦虑和失望之苦，但他不仅想自己逃离现实，还想帮助他的读者一起逃离，进入一个如梦似幻的世界，在让人陶醉的诗歌节奏中步步沉沦。

杜甫（712—770）有"诗圣"之称，他的诗歌体现了儒家思想，他本人的思想境界也如同圣人。其家世代奉儒守官，他年轻时恪守儒家道德，培养圣人人格：推己及人，忧国忧民。因家境较为优越，二十岁起漫游吴越，其间赴洛阳应举不第。其父任兖州司马时，他前去省亲，借机漫游齐赵。后来其父调任陕西乾县县令，他随父来到长安，但不久其父过世，他也失去生活依靠。玄宗诏选天下"通一艺者"，他报名应试，但在权相李林甫的操纵下，应试者全部落选。科举之路不通，转走权贵之门，投赠干谒，均不得志。后给朝廷上赋，获得玄宗赏识，但却始终处于待用状态。直到四年后（755年）才得一小官，迫于生计，不得不接受。他在走马上任之前，先回了一趟家，途经骊山华清宫，听到歌舞丝竹，回到家"入门闻号啕，幼子饥已卒"，悲愤之下，写出"朱门酒肉臭，路有冻死骨"这一千古名句。当时正是"盛世"，可是一个小官都无法养活自己儿子，老百姓的生活也就可想而知。这样的"盛世"又能盛开多久？是月，安史之乱爆发。第二年六月，潼关失守，玄宗西逃，七月李亨即位。他安顿好家人，只身北上，途中被叛军抓获，押到长安。两年后他逃出长安，投奔肃宗，当时他的好友房琯任宰相。在房琯的推荐下，他当上了左拾遗。但在任上，他因抗言进谏惹怒肃宗而被贬。之后，他拖家带口迁居蜀中，过上了一段难得的平静生活。晚年他思乡心切，辗转北上，中途因生活困窘又被迫南行投亲，最后病逝舟中。

　　杜甫是一个有担当的人，愿集天下人的苦难于己身。他一生耿直，历乱遭难（"国破山河在，城春草木深"），出生入死，熟知生命的美与悲。与李白相反，他的诗作，一字一句，呕血而成；他生活在唐朝由盛转衰的现实中，他的作品饱含坚忍刚毅，他以令人动容的方式描绘人世苦难，后人可以从中看到一个摇摇晃晃的人间。他用诗歌反映安史之乱前后重大的社会政治事件，如"三吏""三别"，被誉为"诗史"。他的诗歌，意象密集，沉郁顿挫，《秋兴》八首是其代表。

　　如果说李白身上体现的是道家影响，杜甫身上体现的是儒家影响，那么最能体现佛家影响的诗人就是王维（701—761），他被后世称为"诗佛"。他是一位虔诚的佛教徒，佛学造诣颇深。他有很高的文化修养，擅长诗文，精通音乐，工于绘画和书法。文学、艺术、宗教，无论哪个方面，他都是顶尖人物。这样全面发展的人代表了盛唐时代文化的发展水平，就像达·芬奇这样的全才代表意大利文艺复兴的发展水平。他长期居住在长安，当时被称为"一代文宗"，他的名声和影响都在李杜之上。

王维出身名门望族，年少中举，也曾有志成就一番事业，后经安史乱局，灭却仕念，退隐辋川，参禅悟理，学庄信道。他的诗作，如"大漠孤烟直，长河落日圆""江流天地外，山色有无中""日落江湖白，潮来天地青"，被誉为"诗中有画，画中有诗"。他的画作，意境悠长，富有神韵，被后人推为南宗山水画之祖。他以山水诗著称，但边塞、赠答、政治感遇等各种题材的诗歌都写得很好。他的诗有一种空灵之美，对他来说，永恒就在当下，花开花落的一瞬，是解脱，更是自由。他的诗中充满天地之静气，可以听到自然的呼吸。

在这三位大家之后，便是白居易（772—846）。他是河南人，字乐天，贞元中擢进士。元和元年作新乐府诗百余篇，规讽时事，流闻禁中，上悦之，召拜翰林学士。后因盗杀宰相上疏追捕，为权贵所忌，贬谪江州司马（写下名篇《琵琶行》）。后转中书舍人。又因言事，除为杭州刺史（修建西湖白堤）。文宗继位，改任刑部侍郎。屡以忠鲠被贬，乃放纵诗酒。受儒家经典影响，他把诗歌的内容看得比形式更重要，并试图让自己的诗歌成为道德教育的范本。在这一点上，他做得并不总是成功，因为他身上的诗人气质常会打破儒家思想对他的束缚。他采用新的诗歌形式（新乐府），努力让自己的诗变得通俗易懂——据说，每写成一篇，必请家中一位老妇人试听，直到她全都听懂，才算定稿。多年来，他的许多诗篇都被民众广泛传颂。随着城市的繁荣和城市经济的发展，文化向市民阶层下移，中唐文化出现了新趋势——"俗"。白居易用此前被视为经国之大业、不朽之盛事的诗歌来写日常生活琐事，化雅为俗，为宋代诗人开辟了一条新路。

唐代人人能诗，后世编纂的《全唐诗》收录当时近五万首诗歌。

唐朝文化：绘画与书法

唐代中外文化相融，商品经济发达，绘画由此前的个人情趣转变为一种技艺，后经商人之手又演变为一种商品，宫廷官府和寺院道观皆有需求。绘画到达顶峰时期——至少在一些人的评价中，唐朝是中国绘画史上的巅峰——佛教与道教对此贡献颇大。

唐朝最出色的画家是吴道子，史称"百代画圣"。他少时孤穷，先学书法，后攻绘画，年未弱冠已穷丹青之妙。曾任县尉，后辞官浪游，纵情笔墨，画名渐起。玄宗将其召入长安，入内供奉，"非有诏不得画"。他擅画佛道、神鬼、人物、山水、鸟兽、草木、楼阁等，尤精于佛道、人物，长于壁画创作。天宝初年，玄宗想念嘉陵山水，命他图画。他云游而归，玄宗问他粉本，他说："好山好水，尽在心中。"然后凝神挥笔，一日画毕。当时山水名家李思训花费数月之功，也在宫壁上画了一幅嘉陵山水。玄宗对比之后，叹曰："皆得其妙。"还有一次，他为玄宗装饰一堵墙。画家和皇上站在它前面，画家一拍手，一扇门应声而开，画家便走了进去。皇上惊讶不已，刚想跟着进去，门却关上了，再也看不见画家了。

吴道子有一位朋友，他便是大诗人兼大画家王维。王维的纯色风景画非常有名，后世评论家认为他属于南方山水画派。所谓南北两派，仅仅是从地理意义上进行的划分。南方山水画派较为梦幻、色调柔和，北方山水画派则色彩强烈，以力量和精度为特点。他笔下的山水景物别有神韵，略事渲染，意境悠远。代表作为《辋川图》。

韩幹作为王维的友人与门徒，擅画肖像人物，尤以画马出名，其画作重在神似。他是陕西人，出身贫贱，少时在酒肆做工。有一次给王维府上送酒，正好王维有事外出，韩幹在等其回来的时候，随便画了些马的动态。王维回来后，发现了他的绘画才能，便资助他去曹家学画，经过十多年学习（同时坚持以真马为师），他终成一代名家。

与绘画息息相关的书法在唐代也多有建树。初唐名家有欧阳询和褚遂良。欧阳询是唐太宗的文书，善楷书，有"楷书极则"之誉。褚遂良出身名门，博学多才，精通文史，深得太宗赏识（临终托孤，助立高宗），后因坚决反对立武则天为后，他被一连三贬（潭州、桂州、爱州），最终客死爱州（今越南清化）。在书法艺术上，褚遂良汲取众家之长并加以创新，自成一体，其字被誉为"铁画银钩"，天下竞相学仿，成为一时风尚。宋代有三大刻书局：杭州书局（浙本）、建阳书局（建本）、眉山书局（蜀本），浙本和建本采用欧阳询的字体，而后世留存的宋版书多为浙本和建本，所以后来的仿宋体也就是仿照欧阳询的字体。

中国对周边国家的影响

一个如此广博、如此繁盛、如此辉煌的帝国，不可能不对其邻国人民产生影响。他们即便可以击退唐朝军队，也难以抵挡中国文化的浸染。早在隋朝，佛教及中国文明就已涌入日本。大量日本人（主要是留学生和留学僧）来到中国，其中有些人客居长安多年。另有各国使者来访，中国也派使者回访。日本人仿照长安城建造了奈良和京都，他们在艺术、文学、宗教和行政管理机构上都模仿他们伟大的邻居。结果，日本中国化——尽管事实证明，岛上居民是灵巧的改造者，而非盲目的模仿者（他们没有采用文官政治，而是武家统治；而且从未确立科举制度）。朝鲜也受到中国文化影响。越南也处于唐朝文化圈的影响下。藏传佛教也（部分）源于中国。中国造纸术，通过751年高仙芝战败后被阿拉伯人俘虏的中国人传到撒马尔罕，并传到西亚，而后又传到欧洲。唐代出现雕版印刷术，元代中西往来畅通，雕版印刷在欧洲引起很大反响。15世纪中叶，德国人谷腾堡用铅锡锑合金制造西文字母活字，开创了欧洲文明史的新纪元。

总　结

　　隋唐中国是一个统一、富饶、拥有高度文明的帝国。隋唐文化与前朝有显著差异。与汉朝形成鲜明对比的是，隋唐时期的科举制和官僚制进一步发展，成为中国最具特色的政治成就，为儒家道统的最终确立打下基础。隋唐艺术在很多方面与汉朝都不相同，甚至与南北朝分裂时期也有不同。唐朝的诗歌成就从未被超越。佛教进入其全盛时期并在哲学领域产生深远影响。长江以南的中国文明比以往任何时候都要更加辉煌。重要的是，南方的中国人后来称自己为"唐人"，就像长江流域和北方的中国人自称"汉人"一样。

　　中国人回首历史，理应充满自豪：隋唐不仅是一个辉煌的时代，也见证了中国独特的变革。在这之后，中国这条大河发生了转向，宋代新儒学（理学）开启了一个全新的时代，并在很大程度上塑造了日后的中国。

第六章

帝国撑持：两宋（960—1279）

引 言

　　唐朝倾跌，昔日照耀世界的光辉随之熄灭。五十年来，中原地区群雄割据，相互并吞。10世纪后半叶，赵氏家族统一中国大部，帝国北部的居住者多为外族。最终，中国北部早期文化中心城镇都被北方入侵者控制，只有长江流域和南方地区处于汉人的统治下。13世纪后半叶，整个中国都成为蒙古帝国的一部分。直到14世纪下半叶，朱氏明朝才真正在全国范围内有效地确立汉人的权威。

　　为何唐代的世界领先地位没能保持下来？为何宋代没能站在唐代的肩膀上取得更大的成就？当时中国船只远航四海，为何中国人没能发现新世界？唐代的领先源于开放和创新。其开放表现在：放松户口管理，促进经济发展；增加科举招生，扩大官吏选拔范围，庶族地主势力上升，政治秩序稳定；放开边疆军权，节度使操控边关，内地生活和平；加之丝路畅通，中外交流密切，商贸往来频繁，带动文化发展。"放权"自是有益经济文化繁荣，但也有隐患。尤其是节度使独据一方，有地有人有兵有钱，渐与中央形成对抗。玄宗采取军队调防、节度使调任的方法，想要通过互相牵制来稳定大局，结果事与愿违：边陲势强拥重兵，中原势弱无兵丁。朝中统治集团的腐败行径，更是火上浇油，结果引发八年战乱，大唐帝国就此江河日下。宋太祖夺取政权稳定局势后，与宰相赵普商议如何吸取唐亡教训巩固自身政权，一致认为：藩镇权重，必然君弱臣强，易生大乱，要想安定，必须控制地方经济，收走地方精兵。虽然当时面临辽和西夏的威胁，但他们认为这不过是"外忧"，而当务之急则是"内患"。"国家若无内患，必有外忧；若无外忧，必有内患。外忧不过边事，皆可预为之防；惟奸无状，若为内患，深为可惧。"最终，他们提出"攘外必先安内"的统治策略，影响后世甚远。宋太祖收兵权，收财政，中央大阔，州郡困弱。这一收权，守内虚外，中国文化遂由唐代的开放、创造走向内敛、思辨。在这一政治强权的操控下，中国人失去了继续领先世界的机会。

宋朝虽然在政治和军事上力量羸弱，但却仍要比汉隋之间任何朝代都强大，那时诞生了许多伟大的文明成果，尤其是在思想方面涌现出许多杰出人才。

五代十国

907年唐朝覆灭到960年宋朝建立这段时间，史称"五代十国"。这些年间，北方中原地区相继出现五个国家。在这五个国家，皇位世袭制得到传承。"十国"多在南方，它们的权力中心也多是昔日国都。五代和十国之间常有冲突。

契丹族发源于东北地区的西拉木伦河和老哈河流域，源出鲜卑，早期分为八部，唐初形成联盟；联盟瓦解后，依附后突厥。745年，后突厥为回纥所灭。唐末，耶律阿保机统一各部，916年建立契丹，937年改称辽国。1125年，辽国灭亡。西辽继起，1218年被蒙古所灭，族人慢慢融入其他民族。由于13—15世纪金帐汗国一直是欧洲霸主，而蒙古人称中国北方为契丹，"契丹"也就成为中世纪欧洲所知的中国之名，也是俄国称呼中国为契丹的原因。

907年，朱温建立后梁。923年，后梁被突厥人李存勖推翻，他的父亲李克用曾帮着唐朝平定黄巢起义。唐朝灭亡，李克用在山西建国并对朱温宣战。这个由李存勖建立的国家定都洛阳，因国姓为"李"，史称"后唐"。936年，后唐被其大将石敬瑭推翻。石敬瑭有突厥血统，是后唐末帝的女婿。由于君臣相互猜忌，他渐生二心，后趁内乱投靠契丹。有契丹相助，他谋反成功，建立后晋，并向契丹进贡。石敬瑭的后代试图摆脱契丹的控制，但以失败告终，锒铛入狱。947年，有着突厥血统的后晋将领刘知远打败契丹，建立后汉。但是，这个朝代存在的时间比之前朝代还要短暂。950年，他的儿子继位后，猜忌四位辅国大臣（包括大将军郭威），将四人全家杀害（郭威在外打仗得以幸免），后被郭威手下将领杀死。951年，郭威率军打败契丹，被手下士兵拥立上位，建立后周。郭威治国打仗都很出色，原本能一统天下，但却在954年去世。他的养子柴荣继位，不断扩张领土，成为"五代十国第一名君"（后周世宗）。他改革军制，精简禁军；招抚流亡，减少赋税；整顿吏治，延聘文人，打压武人政治；他立志"十年开拓天下，十年养百姓，十年致太平"。在击败后蜀和南唐后，他挥师北上准备拿下幽州，却在北伐途中病亡。

尽管10世纪上半叶国家支离破碎，但是通往和平的进程并未中止，社会也一直在进步。行政体系继续运转，很少因为统治阶层快速更迭而受影响。政治家冯道号长乐老，历仕后唐、后晋、后汉、后周四朝十君，拜相二十余年，成为官场"不倒翁"。他年轻时善写文章，安于清贫，以读书为乐事。926年他被征拜为翰林学士，走上仕途。冯道在官场看似风光无限，实则处于边缘。五代是军阀小团体时期，军国大事枢密使说了算，丞相不掌实权（皇帝有自己的私人顾问端明殿学士）。用他自己的话说："吾三入相，每不及前，以擢任亲故知之，初入能用至丞郎，再入能用至遗补，三入不过州县，是宰相之权日轻也。"文官作用不重要,只是用来充门面,所以做点文化事业还是可以的。932年,他奏请雕印儒家《九经》,得到准许,当年就开工,直到二十一年后,《九经》才全部刻印完成。完工第二年,他便去世。关于冯氏,有一个故事可以见出他的肚量。赵凤是后唐重臣,好直言而性刚强;他的女儿嫁给冯道的儿子,两家结为亲家。有一次,冯道夫人对这位儿媳妇很生气,责骂了几句。赵凤从女儿那里知道了这件事,让孩子的乳母告知冯道。乳母讲了好多的话,冯道听后,只说了一句:"传语亲家翁,今日好雪。"

十 国

这十国分别是:以扬州为都城的"吴",地处浙江的"吴越",在南京建都的"南唐",地处湖南的"楚国",位于成都平原的"前蜀"和"后蜀",位于长江北部和洞庭湖西部的小国家"南平",位于岷江两岸的"南汉",以福州为都城的"闽国",以及山西北部的"北汉"。十国的统治者,有人称王,有人称帝。

北宋建立

这一混乱局面最终被赵匡胤终结。赵匡胤出身军人家庭,其曾祖父曾在唐代任御史中丞,他则任后周总兵。后周世宗病逝,幼帝即位,他趁其根基未稳,发动"陈桥兵变",建立北宋,史称"宋太祖"。宋太祖有极强的作战能力、治军能力和超高的政治敏感度。他选择向南,而不是向北扩张,因为北方有强大的契丹。在他死前,他吞并了十国中的几个王国。宋太祖认为,武乱亡唐,于是他"杯酒释兵权",皇权得到扩大和巩固;为了避免晚唐藩镇割据乱象,他采取重文抑武方针。宋太祖对儒学颇有好感,建立太学,实行科举。他在位十三年，976 年突然去世，据说是他的弟弟为了篡位将其谋害。

当时，山西是北汉的领地；吴越统治南部沿海，南诏统治云南。宋太宗上位后的主要任务是统一国家，但他只消灭了北汉和吴越，而没能打败契丹。宋朝和契丹势均力敌。另外，南诏也没有投降，多年来一直保持独立。

北宋的对外政治

相较于宋太祖和宋太宗，宋朝的继承人们缺乏与外来入侵者作战的能力。这些继承人长于深宫，没有一个人展现出过人的军事政治才能。他们中有些人性格怯懦，优柔寡断，统治散漫，有些人只对文学艺术感兴趣，都不具备那种大敌当前舍我其谁的领导力。朝中官员意见不一，新党旧党相互攻讦，外交政策摇摆不定：有时主张进行军事抵抗（主战派），有时主张纳币输绢议和（主和派），有时又试图挑拨敌人（调和派）。宋朝皇帝们的所作所为经常令人感到遗憾，让人为之扼腕。渐渐地，他们的领土一寸一寸被侵略。最终，他们的皇位也被外族入侵者夺去。

多年来，契丹一直都是宋朝的威胁。后来，一个新的威胁诞生于西北地区。唐末，党项族建立西夏。1038 年，李元昊称帝，之后连续击败宋军和辽军，权力达到顶峰。西夏的领土包括鄂尔多斯、甘肃及陕西大部。有时，宋朝也会得到回鹘人的帮助来对抗西夏；有时，西夏也与契丹交战。宋人偶尔也会打上一场胜仗，但他们终究还是不占优势。他们被迫与契丹人签订协议，向契丹人割地进贡。

12 世纪初，和平似乎近在眼前。1123 年，女真族（通古斯满族）推翻契丹，建立金国。女真族起源于东北松花江流域，曾是契丹的臣属国。起初，宋朝将女真族当成盟友，出兵帮助他们攻打契丹。然而，宋人很快就醒悟过来，因为女真人开始提出过分的要求。宋徽宗工书善画，但却生活奢靡，政治腐败，不是一位合格的领袖。国家权力，特别是军事权力，掌控在一个野心勃勃的太监童贯手中。为了维持战争和奢华的宫廷生活，百姓被课以重税。各地民众的不满，以及朝中的党派斗争，加剧了北宋的衰败。

面对女真人的进攻，宋徽宗无能为力，灰心丧气，1125年退位给了他的长子（宋钦宗）。在女真军队的步步紧逼下，他放弃都城开封，逃往南方。新任皇帝付给女真人巨额赔款，割让大量领土，稍稍换得喘息之机。然而，没过不久，女真人就撕毁条约，继续发动进攻。他们占领开封，并把在位的君主和徽宗及其家人流放边地，任命主降派张邦昌为皇帝。

南宋

汉人虽然力量羸弱，但还不想就此屈辱认命。宋徽宗的第九个儿子（宋高宗）逃过金人追捕，登上皇位，史称南宋。这在一定程度上要归功于张邦昌，他背弃金人，转而支持宋朝，并在新政权下接受了官职。南宋都城从一个地方（商丘）迁到另一个地方（扬州），最后定都临安（杭州）。杭州后来被改建成为一个美丽富饶的大都市。马可·波罗在南宋灭亡后看到了这座城市，他这样描述它："第三日晚上便到达了雄伟富丽的京师［杭州］……这座城的庄严和秀丽，的确是世界上其他城市所无法比拟的；城内处处景色秀丽，让人疑为人间天堂。"都城变更并不意味着与金人停战。南宋并不想放弃长江以北领土，而有段时间，金人也一心想要吞并南宋。随之而来的是一场旷日持久的战争。

宋高宗在位约三十五年，但他无心北上收复失地，而是沉溺宫廷生活。宋金之战主要由他的将领们进行，其中最著名的是一生忠勇的岳飞。1140年，他率领岳家军北伐，大败金军，逼近北宋故都开封，眼见就可收复，却在一天之内连收十二道用金字牌递发的班师诏，最后功亏一篑；回到朝中，他被权臣秦桧诬陷入狱。两年后他又被秦桧以"莫须有"罪名杀害，成为千古奇冤。临刑前，他在供状上留下绝笔："天日昭昭，天日昭昭！"高宗初年，金人渡过长江，占领了几座城市。由于水土不服，不久他们又渡江而去。他们受到来自南方的宋军和北方后方敌人的夹击。有一段时间，他们甚至失去了华北平原的一部分。

即使南宋将士们乘胜追击，他们也不可能永远获胜。金人防守能力太强，难以驱逐；而且从军事角度来看，他们也占据优势。也许正是由于认识到这一事实，朝中的主和派才占了上风。高宗同意割让北方大片领土给金人，划淮河为界，并答应每年进贡。

12世纪中期，金人的权力达到顶峰。他们占据华北和东北，征服西夏。他们的领土从朝鲜半岛扩张到甘肃西部，甚至更远。1153年，他们迁都燕京（北京）。

事实证明，宋金和平并不稳定。例如，1161年，金人强渡长江，无功而返；1206年，南宋出兵，失败而归。双方势均力敌，谁都无法大幅改变彼此之间的边界。然而，南宋皇帝却是不得不向金臣服并年年进贡。

虽然南宋放弃了北方，但是汉人和中国文化仍在北方占据主导地位。就像过去经常发生的那样，这些充满活力而粗鲁的外来征服者，慢慢地被汉化了。

蒙古入侵，金和南宋灭亡

就在宋金陷入僵持之际，北方出现一股新势力，僵局就此被打破。它同时推翻了南宋和金，建立了人类历史上领土面积最为广阔的帝国。

这个新帝国的统治者是蒙古人。12世纪初，蒙古人主要生活在贝加尔湖的南部和东部。他们有许多部落，最初默默无名，后在铁木真的领导下，武装成为一支强大的战斗力量。铁木真出生于1162年，他的父亲是蒙古部落联盟首领。父亲死后，他不得不为成为联盟领袖而奋斗。他做到了这一点，冷酷无情，战功卓著。在他的铁血领导下，联盟联合了更多蒙古部落。四十多岁时，铁木真觉得自身力量足够强大，率兵攻击他的领主克烈部。克烈部有突厥血统，信仰基督教聂斯脱里派，是蒙古的强大势力。打败克烈部后，铁木真又战胜乃蛮部，成为蒙古的主人。1206年，他的子民尊称他为成吉思汗（"普世帝君"）。新帝国的都城位于喀喇昆仑（今乌兰巴托）。

成吉思汗统一蒙古和部分统一新疆后，开始把注意力转向南方那些人口众多、美丽富饶的土地。他首先攻击西夏，经过三次大的战役，西夏投降。金国也受到攻击。山西和河北在1211年被占领，金国都城燕京于1215年陷落。然而，金国仍然顽强抵抗，并迁都开封。1219年，朝鲜沦为蒙古附庸。1223年，除了黄河以南地区，金人几乎失去其先前所有领土。

由于蒙古不再把攻打金国作为重点，金人得到喘息之机。成吉思汗率军西征。在很短的时间内，新疆余部悉数被吞。所向披靡的蒙古军队，穿过奥克苏斯河和锡尔河之间的山谷，来到印度河沿岸、波斯，甚至欧洲的东南部。成吉思汗并未忘记要征服中原，但他在攻打西夏的途中因病不幸死去。

蒙古军队的进攻步伐，并未因为成吉思汗之死而停止。成吉思汗的大片领土被分给他的四个继承人：已故长子的儿子，以及其他三个儿子。这并不意味着帝国解体，因为1229年成吉思汗的第三个儿子窝阔台被推选为整个蒙古的首领（大汗）。窝阔台加强了对金国的进攻。金人决心与之决一死战，但是蒙古军队还是向着他们的都城步步逼近。蒙古许诺给予南宋部分金国领土，于是南宋和蒙古联盟，一起进攻昔日宿敌。经过数年围攻，开封最终沦陷。1234 年，随着金哀宗和金末帝相继死去，金国灭亡。

获胜的蒙古人并未与南宋保持和平。南宋没有得到允诺的金国领土，就开始夺取那些土地，这给蒙古人提供了一个绝佳的进攻理由。蒙古人取得了一些胜利，特别是在四川。然而，南宋的领土并不容易占领。南宋大部分领土都在长江以南，借助长江天险的保护，长期以来都没有受到侵犯。与此同时，蒙古人开始向各处征战。朝鲜完全投降。蒙古军队一路向西，所向披靡，并于 1241 年春挺进到今日欧洲的匈牙利和波兰。

1241 年冬，窝阔台中风去世，在他死后的十年里，领导阶层出现分裂，蒙古人停下了进攻的步伐。1251 年，随着成吉思汗的孙子蒙哥即位，帝国疆域再次扩大。在西方，蒙哥的兄弟旭烈兀占领巴格达，消灭了阿拔斯哈里发帝国，阿勒颇和大马士革也被占领。在中国，蒙哥和他的另一个兄弟忽必烈从四川向南诏发动进攻，南诏于 1253 年灭亡。蒙古军队从这里进入越南，然后从那里转而进入广西和湖南。它的目的是与另一支由忽必烈指挥的军队汇合，这支军队在忽必烈的指挥下已经渡过长江，包围了武昌。1259 年，蒙哥死于四川，战争临时中止；为了顺利继位，忽必烈匆忙与南宋签订条约，南宋同意向蒙古割地和进贡。然后，他就向北方进发，以巩固自己的王位。

忽必烈很快就被他在华北的军队宣布为大汗，但他的弟弟也在蒙古旧都喀喇昆仑被一个派系授予这个头衔。1264 年，他的弟弟被打败；忽必烈决定重整旗鼓，征服中国。尽管南宋十分弱小，但是蒙古人的征服并未很快完成。其中最著名的战役是对汉江对岸的襄阳和樊城持续五年多的围攻（1268—1273）。襄阳和樊城控制着通往华中的水路，是一军事要地。在一番英勇抵抗之后，这两个城市被攻占，蒙古军队渡过长江，慢慢逼近南宋都城。1276 年，南宋年幼的皇帝被俘并被送往北方。一些南宋的政治家和将军拥立皇室另一婴儿为帝，他们从水路逃往南方,把广州作为他们的大本营。1277年,广州沦陷,小皇帝在第二年去世。剩下的人拥立另一个孩子为王,在广东海岸继续抵抗。1279年,在崖门海战(又称崖山之战)中,左丞相陆秀夫背着年幼的皇帝,带着皇族八百余人,投海自尽。南宋灭亡。

忽必烈建立元朝,成为开国皇帝,他将北京设为都城,称之为堪巴禄克。历史上第一次由外族人统一中国。人们对蒙古人成功的原因自然就产生了疑问。为什么这个民族一开始野蛮而分裂,却能在不到百年间建立起世界上迄今为止最大的帝国?

蒙古人取得如此巨大的成就,原因之一是他们的对手都有弱点。尽管有几位将领英勇作战,宋朝皇帝还是太过懦弱。南宋和金国的国力都在长期斗争中被削弱。在西方,阿拔斯哈里发帝国也日渐衰弱。另一个原因是,成吉思汗的继任者善于在军事行动中使用新技术和新机械,尽可能地向任何人学习。例如,在围困襄阳的战役中,蒙古人甚至聘请穆斯林教徒和一位德国工程师来建造围城机械。此外,蒙古人也表现出了一些管理臣民的技巧。他们对各种宗教持宽容态度。他们利用他人的服务并愿意向他人学习。他们一些最重要的大臣都是外族人。例如,耶律楚材是一位被汉化的契丹人,曾在成吉思汗和窝阔台的统治下担任要职。回纥人在朝中获得很高的职位。蒙古人利用古回鹘字改制蒙古字。他们中的一些年轻人被送进学校学习儒家经典。蒙古人的官员行政制度开始受到中华文明的影响。

这是一项极其艰巨的任务,而且事实也证明,要把迅速建立起来的庞大帝国长期团结在一起,是一项不可能完成的任务;但在征服它的过程中蒙古人表现出了卓著的能力,其中最伟大的人在治理它时也展现出了雄才伟略。

宋朝的对外贸易

由于北方大部分地区都落入外族人手中,随着宋朝人口和文化中心南移,南方港口有大量外国贸易也就不足为奇。南部沿海地区曾在唐末饱受战乱之苦,但在宋朝又迎来新的繁荣,人口迅速增加。航海事业因为指南针、航海图和造船技术的进步而蒸蒸日上,中国人第一次控制了东南亚和印度的海上航线。说到指南针,早在战国时期古人就已造出"司南",后来发现人工磁化方法,真正的指南针诞生,起初多用于风水堪舆和行军作战,宋代海外贸易兴盛,很快用于航海。南宋末所用的航海指向仪器为"针盘",即古罗盘,亦称罗经。到元代,罗经针位已是海上导航的主要手段。

宋代发明火药,火器的演进表明火药制造技术和质量有了很大提高,它传到西方后为人类的军事、经济活动开辟了崭新的天地,西方由中世纪逐步进入近代社会。

宋朝重视海外贸易。宋太宗时曾派人带着国书和礼物出使海外各国,谋求商贸往来,这种做法与张骞通西域有得一比。宋仁宗时,外国船只连年少来,特派转运使招引,给予优待。南宋时,仅广州和泉州两地每年市舶之利就高达 200 万缗,政府下令凡能引来外国客商者有重赏。福建的刺桐(今泉州)和广东的广州是主要贸易中心。广州起初主导对外贸易,但是泉州则后来居上。741 年,泉州整治港口,海船直达城下。中唐以后,很多外国人包括使臣、商人和传教士都住在泉州。五代时,泉州得到扩建,城周遍植刺桐,泉州别称由此而来。元朝初期,出现海上丝绸之路四大名港:明州(宁波)、扬州、泉州、广州。元朝中期,泉州成为东方第一大港,"番货、远物、珍宝、奇玩之所渊薮,殊方别域富商巨贾之所窟宅,号为天下最"。马可·波罗在游记中详细地描述了泉州城的繁华:"大批商人云集这里,货物堆积如山……[泉州港]船舶往来如织,满载各种商品,驶往各地出售……这里风光秀丽,居民崇信佛教,民性和平,喜好舒适安逸,爱好自由。"政府官员和地方官员每年都会在延福寺祭祀海神,为中外海船祈祷安全。

宋朝对待生活在其港口的外国商人比较温和,不仅延续了唐朝时期允许他们自行解决纠纷的习惯,还允许他们根据自己的法律来判决罪行,但若他们极大地侵犯了中国人的利益,就难逃中国法律的制裁。外国商人多为阿拉伯人,他们中的许多人都娶了中国女人。

知识分子兴起

宋朝标志着知识分子时代的到来。安史之乱过后,武人受到抑制,渐趋边缘,士人参政,渐居高位。进入宋代,重文轻武,科举扩招,庶族士人日益兴起。印刷技术提高,书籍广为普及,底层寒士迎来升迁之机,这些人在此之前难有光明前途。选官机制日益完善,庶族精英进入上层,由于外患频仍,他们的忧患意识得到提升,爱国精神飞腾。他们打破北方贵族小圈子的权力垄断,讲求内圣外王,以天下为己任,将个人修养与家国兴亡相连,追求自身道德完善,人格精神自由。宋代知识分子批判意识甚强,后世称其为"宋人好议论"。他们不再像过去那样,以奉行圣旨为准,而是以天下是非为准。他们既重视学术文化,追求境界广大,又关心政治时务,主张改革变法。范仲淹(989—1052)是江苏苏州人,他两岁丧父,后随母改嫁,青少年时苦读僧舍书院,慨然有志于天下。他于1015年考中进士,辗转郡县,权知开封,在朝谏诤,经略边关;后来出任参知政事时,他上疏改革,受命主持新政。新政夭折,他又转任地方,兴学育才,政绩广播。他"每感激论天下事,奋不顾身,开士大夫尚风节之先",他提出的"先天下之忧而忧,后天下之乐而乐""不以物喜,不以己悲",更是成为后世知识分子的座右铭。

两宋进士十之八九来自东南地区，那里城市化程度最高，其中许多人都来自东南部拥有大片土地的新兴家族。还必须指出的是，科举制促使官僚机构增长，增强了皇权。北方战事频仍也有力地推动了中国人的南下运动，长江流域和南岸在帝国中所起的作用比以往更加突出。值得注意的是，这个王朝里的一些伟大人物，如王安石和朱熹，都出生在长江以南。中国从未有过如此多的领导人才来自该地区。在宋朝的统治下，知识分子的思想形态正式形成，直到20世纪初，大多数知识分子都认同这种思想形态。王安石变法引起的争论，深刻地激发了人们的思想。

王安石变法

王安石变法中争议最大的部分是政治、经济及教育改革。王安石（1021—1086）的一生经历了北宋王朝思想最为活跃的时期。他是江西人，也是南方新兴家族的一员。他的父亲是军队判官，他自幼聪慧，后随父宦游，感受民间疾苦，立志移风易俗。他考中进士后授淮南节度判官，任满后出任知县，兴修水利，扩办学校，后升任宰相。他对国家的财政和军事政策进行彻底改组，同时在农业和国内商业方面进行了重要改革，旨在改变国家积弱局面，增强帝国实力。他感叹"变成法易，变世风难"，认为本朝最大的失败是教育，主张变革教育。他并不反对儒家经典，相反，他宣称他的变法得到这些古圣先贤的认可。他设立"制置三司条例司"，统筹财政，预算国家开支。他推行市易法：平价时收购商贩滞销货物，等到市场缺货再卖出，确保农产品市场稳定，增加政府收入；方田均税法：将土地分为五等，一年一评，保证土地税公平分担；保甲法：平时耕种，闲时练兵，战时作战；五家一保，旨在维持当地秩序，建立国家军事储备；保马法：每个家庭养一匹马，富户两匹，旨在支持骑兵，对抗北方入侵；贡举法：废明经，存进士，进士殿试罢诗赋论三题，改试时务策，旨在选拔真才。

虽然号称"新法"，实则"新法"不"新"。原则上，它们与法家纲领并无二致，与王莽改制相似，而且唐朝时就曾有人提出过类似建议。然而，这一系列变法在当时却是革命性的。其中包括政府承担了比北宋早期更大的责任，组建一支国家军队，排除商业，武装人民，剥夺富人手中过多的权力。它们的激进程度，足以让保守派学者和政治家强烈谴责变法及其支持者。许多保守派都来自北方。他们从《春秋》中找到先例来支持自己的主张。他们提倡培养个人道德，而不是依靠政治制度和法律。他们力挺儒家君主统治理论，强调以身作则而不是武力。

在提出自己的改革方案时，王安石是诚心诚意的，而且具有公益精神。他生活俭朴，热心为老百姓谋福利，充分相信自己的事业具有正义性，自己的变法措施十分明智。他执笔陈词，满怀激情地倡导变法。他的名声传遍海内外。有段时间，皇帝给了他变法的自由。他有几个忠心耿耿、聪明能干的副官，但是官僚机构中的大多数人都冒进贪功，一心只想升官，一些王安石的支持者更是腐败不堪。反对派则分成几个派别。这场争论一直持续到北宋末期，就是进入南宋后争论仍不绝于耳。宋神宗对待变法的态度摇摆不定。王安石的方案被全部或部分采用了几个月或几年即被放弃。不过，变法中那些革新性不大的措施，经过修改，被采用了较长时间。王安石的变法未能获得成功，可能是由于缺乏足够聪明、热情和无私的官员将其付诸行动，也可能是由于该计划的一些支持者贪赃枉法和自私自利，以及许多地主阶层的反对。与变法相伴而来的新旧党争导致北宋愈发衰弱，王安石必须对此承担部分责任。南宋时期，贾似道（死于1276年）领导了一场土地改革运动（公田法），遭到地主阶层的强力反对（他一下位，公田法即被废除）。在与蒙古人的最后斗争中，地主阶层的反对严重拖了后腿，极大地削弱了南宋国力。

宋朝文化：理学（新儒学）

关于王安石及其新政的争论，只是当时知识分子主体意识觉醒的一种表现，因为社会抑武崇文，文士受重视，得自尊，所以思想活跃，主体意识觉醒。这种觉醒正是宋朝突出特征之一。知识分子活动的另一个突出特征是对儒学的新诠释，中国称为"理学"，西方称为"新儒学"。理学在随后六个多世纪成为士大夫阶层的正统哲学。

中国文化以儒家经学为主干，与王安石变法一样，宋代理学的发展也是在经学基础上发展而来。理学的立论者自称以儒家经典为指导，但理学实则是佛道儒的综合，其中儒学占主导地位。理学潮流源于唐朝。韩愈斥责道教之反对政府统治和佛教之反对社会的思想，认为："佞佛求仙之世风，凋敝民气，耗散国力，有碍国家中兴。"他强调儒家伦理是文明社会的根本，捍卫儒家正统。许多宋代思想家都对理学做出了贡献。胡瑗（993—1059）与孙复、石介并称"宋初三先生"（理学三大先驱），他办起安定书院（人称"安定先生"），立"经义"（学六经）"治事"（习技艺）两门，讲学授徒二十年，要求学生研习儒家经典，认为这些经典包含了永恒的真理。孙复（992—1057）在泰山附近创办学校，安心讲学，人称"泰山先生"；他批评佛道，张扬儒学，认为当时取士之法使得探索圣贤之道者百无一人，立志扭转此风。石介（1005—1045）师从孙复，讲学徂徕山；他抨击佛教在政治上以夷变夏、经济上与民争利、文化上废弃儒家道德，影响到中国文化能否继续居于主导地位。欧阳修（1007—1072）是宋代文宗和古文运动的领导人，他宣称中国的弊病源于弃儒尊佛。范仲淹也强烈反对佛教；他强调重视儒家经典，主张建立国家教育体系，通过这一体系，有真才实学者可被培训为官员。

理学的完成者是"北宋五子"：周敦颐（1017—1073）、张载（1020—1077）、邵雍（1011—1077）、程颢（1032—1085）程颐（1033—1107）

兄弟，他们重视天道与人道的统一，抉发心性，重视修养。周敦颐是理学的开山者，他因荫恩特权为官，与王安石相谈甚欢；范仲淹庆历新政限制荫恩特权，他感觉到理想与现实无法相合，遂归隐濂溪，所创学派被称为"濂学"。他支持传统儒术，同时也受佛道影响。他的"太极图说"改自道家《太极先天图》，用来解说天地万物的发生。他认为万物始于太极，太极无声无臭，故"无极而太极"。人的修养极致是与天为一。诚为天地万物之本，诚既是天道，也是人道，能做到诚，则与天地万物的自然本性相一致。他的修养方法是"无欲"。

张载是陕西人，因在横渠镇讲学，人称横渠先生，所创学派被称为"关学"。他的修养方式是"知礼成性"，他把宇宙人生等形而上学问题与有关国计民生的实际问题结合到一起。张载年轻时喜读兵书，后听范仲淹所劝改读《中庸》，进而广猎诸家，最后返于六经。他在考中进士后，因与王安石意见不合，最终退隐关中横渠镇讲学。他思考天道的性质和运行规律，提出太和之道、太虚即气、一物两体、心统性情。他提出"气本论"，认为宇宙的本原是气。他的宏愿"为天地立心，为生民立命，为往圣继绝学，为万世开太平"，成为后世文人的人生目标。

邵雍为了保持思想自由，宁愿清贫生活。他隐居百源山，人称百源先生；朝廷屡授官职，皆不就。他的学问以数论为哲学基础。他对《易经》有专门研究。他是一个神秘主义者，大部分思想都源于道教。程颢推重其超然物外、不为名利所动的精神，但明确表示不愿学他的"数（象数）学（易学）"；程颐反对邵雍的象数易学，两人相处半世无所不谈，却从不提及"数学"。朱熹佩服他的修养，但批评他过于韬晦，溺于道家。

程颢和程颐是理学的真正完成者。程颢（人称明道先生）和程颐（人称伊川先生）长期在洛阳讲学，其学派被称为"洛学"。两兄弟只差一岁，但性格却有很大不同。程颢宽厚和易，"接人一团和气"；程颐严毅庄重，"尊严世道"。程颢注重发挥自己心中的仁义本性，修养重在定心；在人性论方面，主张就人生来的气禀论性，注重后天变化，尤为强调用经书义理陶养气禀之性。程颐注重作为天地万物的根据和法则的"理"，强调"天下物皆可以理照，有物必有则，一物须有一理"。"万物皆是一理。"具体事物之理即为宇宙根本之理，理从总体说是一，从具体事物说是多，故"理一分殊"。程颢多就事物总体运化入手，程颐多就具体事物入手，所以特别强调格物穷理。在人性论上，程颐主张"性即理"，认为天理天道在人心的内化就是人性，人性与天理同一。程颐的"性即理"与后来陆九渊的"心即理"之间的对立，是理学和心学的根本差异所在。程颐的修养方法"涵养须用敬，进学则在致知"，对后来朱熹的修养功夫论影响颇深。

"二程"受业于周敦颐，两兄弟对周敦颐非常尊敬，听其论道，如沐春风。两人的表叔是张载。程颢考中进士，留朝为官。程颐在廷试落第后回到老家，后来凡有当官机会都让给同族中人，他认为"做官夺人志"。他以读书求道为事，一心在老家讲学。由于活得更久且享有更大自由，所以他的哲学思考也要更为深透。他将《大学》《孟子》《中庸》《论语》合为四书，成为后世传统教育的主要教材。二程重视经学传统，排斥佛教，认为"圣人本天，释氏本心""天理实，人心空"。

靖康之后，宋室南渡，理学中心随之南移，出现了朱熹的闽学、张栻的湖湘之学和陆九渊兄弟的江西之学。张栻曾就"未发已发""察识涵养"等问题与朱熹辩论，促成朱熹形成其"中和"学说。

朱熹（1130—1200）出生于福建尤溪，是理学的集大成者。他初随李侗，反求诸心，后习儒家经典，旁及佛道（他曾说，自己之所以得中进士，就因答卷中糅进了佛理），吸收周敦颐、张载和二程学说，深入钻研经学、史学、文学，形成自己的思想体系。他为官时间不长，也曾想有所作为，但在朝中内斗下屡遭挫折，最后任满罢归，余下时间一直过着讲学著书的学者生活。

朱熹特别重视对物的考察：要想获取真理，必须对天下万物进行长期而深刻的研究。与这种获得知识的过程相关联的是宇宙学和宇宙论。朱熹认为宇宙是一种二元论，因为它具有"理"和"气"两个元素。"理"包含宇宙的伦理，"气"则是形式多样的物质元素。"理""气"皆为本原，不分先后，但理学更加强调"理"的重要性。理依气而生物，一分为二，一气分作二气，动静不息。在人性论方面，他既讲天地之性，又讲气质之性。他也主张"心统性情"。心有人心道心之分，道心需要涵养，人心需要克制。在修养功夫上，他特别强调格物致知，即就具体事物考察其理，扩充自身知识能力。

朱熹尊崇孔子，因为后者道德高尚。他认为，人的道德是宇宙间存在的"理"的表达。"太极"是绝对的，也是无限的。太极生阴阳，阴阳是一个二元论概念，如黑暗和光明，女性和男性。阴阳相互作用，五种元素（火、水、土、木和金）应运而生。无论朱熹的个人信仰是什么，他的教学都强化了儒学的不可知论倾向。在某些方面，理学与圣人的观点可谓背道而驰，但它却自称尊重圣贤；它关于顿悟的观点，以及对世界形成方式的说明，都与孔子的教义有所不同。理学家至多可以声称他们的说法隐含在圣人古语中。然而，理学信仰者似乎真诚地相信他们忠于孔子的精神，他们极为看重四书。他们不仅仅是口头上宣扬四书，更是对这些著作的权威和永恒价值坚信不疑。

朱熹的观点并未立即被大多数学者接受，而且他宣扬的道学曾被朝廷指控为"逆党"。王安石的追随者反对他。反对王安石的保守派中也有许多人不认同他的观点。朱熹与几位他认为是异端的儒学家进行辩论。陆九渊（1140—1192）是他最有名的对手，人称象山先生。他的学说上承孟子，旨在"发明本心"。他认为，宇宙间有理，人心中的道德意识也是理，二者同一，故"心即理"。朱熹的"理"主要是事物法则，陆九渊的"理"主要是道德意识。陆九渊更看重内省，看重人自身的自主性和能动性，主张"收拾精神，自做主宰"。他的修养功夫主要是"剥落物欲"。他批评朱熹的向外格物穷理是"增担"。两人学说不合,多次致书辩论。1175年,两人"鹅湖之会",主要辩论"为学之方"。两人互相讥讽,不欢而散。后来双方弟子争口舌之胜,互相攻击,学术之争转为意气之争,两人关系逐渐恶化。后来为了缓和关系,朱熹邀请陆九渊到他主持的白鹿洞书院讲学,大获成功,但是二人心中的嫌隙终未弥合。两人之争,学术方向不同(理学与心学),功夫进路不同,性格癖好不同,故难调和。理学与心学之争贯穿理学史,影响后世学术甚远。

当时有名的思想家还有陈亮和叶适,他们是"永嘉学派"的代表人物。"永嘉学派"主要考求礼乐制度,以求见之事功,凡王制、兵法、术数等涉于实用者,无不习学求通。陈亮(1143—1194)是浙江永康人,认为道非出于形气之外,而是常行于事物之中。他与朱熹辩论"王霸义利",反对朱熹"三代专以天理行,汉唐专以人欲行",反对程颢"三代以道治天下,汉唐以智力把持天下",提出学问应以适用为主。叶适(1150—1223)是浙江永嘉人,倡导"以经制言事功",恢复儒家传统(以经学带动道德修养和经世致用),认为儒家道统重在实用。当时理学还有一派是蜀派,它以儒为宗,融通三教,兼采诸子;其代表人物是苏轼(1036—1101),他是四川眉州人,北宋中期文坛领袖,在诗词散文等方面取得很高成就,与欧阳修并称"欧苏",为"唐宋八大家"之一。苏轼在儒家、道教和佛教中寻求真理,并没有完全忠于任何一种哲学。

朱熹认为"天理"是宇宙万物的本源,也是人类社会的最高法则,"天理"与"人欲"在人心中交战,要想做圣人,就必须自觉克服一切欲望,服从统治秩序。他的理学教导儒家士人在"天理"与"人欲"之间自觉选择,有助于专制统治,在他死后逐渐得到统治者的认可,最终他本人也被抬高到与孔孟并称。虽然当他的思想在明朝成为正统后,仍有一些持不同意见的思想家声称,他的《四书集注》对真正的儒家思想进行了曲解，但是在将近七个世纪的时间里，他的解释一直被官方认定为最终的权威。《四书集注》成为科考答题依据。理学促成中国社会走上因循守旧之路，有助于保持社会稳定，但也束缚了思想文化自由发展。

宋朝文化：绘画

宋朝的引人注目之处不只表现在思想文化上，艺术领域也是一片繁荣。皇室对艺术的发展有很大的促进作用。宋徽宗是一位著名书画家，在书法上独创"瘦金体"，后代传摹不衰；同时，他也是一位忠实的艺术赞助人。他创办了宣和画院。国家画院制度早在五代就已出现，宋徽宗到南迁后高宗、孝宗时期，皇家画院进入最活跃时期，画院考试正式纳入科举考试以延揽天下画家。考试按题材分为佛道、人物、山水、鸟兽、花竹、屋木六科，以古人诗句为题，比拼构思和创造性。入院画家的主要任务是，描绘帝王贵族的肖像与生活。画院培养出不少名画家，如张择端，他画出传世名作《清明上河图》。在这幅图中，他用散点透视构图法，描绘了12世纪北宋都城汴京（今河南开封）的城市面貌和当时社会各阶层人民的生活状况。

宋代文化中心南移，南方景色秀丽，山水画流行。山水画的前身是墓室或佛教壁画，作为故事背景，处于从属地位。宋代山水画成就很高，部分原因是受禅宗影响：透过自然的表象，看到理想的世界。部分原因是，宋朝以岁币换和平，向民众征收的赋税越来越高，民众逃入山林；山河破碎，政治不堪，艺术家也寄情山水，发泄情感。

一些杰出画家值得特别一提。郭忠恕生活在五代十国后期和北宋早期，他曾做过官，但其一生大半时间都是颠沛流离。他嗜酒如命，常爱讥讽时政，终因管不住自己的嘴而被流配。他工山水，尤精界画，以画山间亭台楼阁而闻名。郭熙信奉道教，游于方外，后被招入画院；他的作品大都完成于寺庙和宫殿的墙壁上，擅长勾绘山水寒林："春山淡冶如笑，夏山苍翠如滴，秋山明净如妆，冬山惨淡如睡。"李公麟（1040—1106）号龙眠居士，他既是王安石的朋友，也是欧阳修和苏轼的朋友。他尤擅画马。晚年辞官家归，隐居龙眠山庄，因画马名声太大，人争求之，不胜其烦，叹曰："吾为画，如骚人赋诗吟咏性情而已，奈何世人不察，徒欲供好玩耶！"之后再不画马，改为画虎，但却从不画尾巴。据说一画尾巴老虎就活了。

米芾（1051—1107）是湖北襄阳人，他曾任文官，也做过军职，是一位古怪的宫廷画家，有"米颠"之称。他和他的儿子创立了"米点山水"画派，这一画派在韩国非常流行。米芾临摹功夫很深，后世"二王"之作多出其手。他的书法完全来自苦练，日日临池不辍。他这人有很强的洁癖，自己的东西别人不能动，别人的东西他更是连碰都不碰。他任太常博士时，有一次负责主持朝廷祭祀活动，要穿规定的祭服，他嫌有人穿过，拿回家一洗再洗，最后洗变了色，他也被罢职。他还喜欢把弄异石，在安徽为官时，听说河边有一怪石，他将其搬入自己寓所，称石为兄，跪拜行礼。事情传出，官方觉得有失体面，将其免职。夏圭喜欢描绘崎岖的海岸和潮汐，构图常取半边，人称"夏半边"（暗喻南宋偏安），受佛教禅宗影响。另有一禅僧画派，不与朝廷或皇家画院有任何关系，徒以描山摹水为乐，其代表人物叫法常（1207—1281，法号牧溪）。他年轻时一心追求正义，后因反对奸相贾似道而被四下追捕，无奈之下，出家为僧。其画作线简神完，耐人寻味，对后世徐渭、八大山人、扬州八怪有较大影响。他在国内不受重视，但对日本画坛影响甚大。

总　结

　　五代十国是中国历史上由一个大时代进入另一个大时代的重要过渡时期。五代十国之前是唐代领土扩张、佛教黄金时代和中国诗歌盛世，之后是存在三个多世纪的宋朝。它们之间出现了断裂。尽管宋朝受到北方强敌骚扰，并最终屈服于对方，但宋朝的发展证明，从文化角度来看，中国人的创造力并未枯竭。宋朝出现新的知识分子阶层。印刷术得到广泛应用。科学技术取得惊人进步。国内外商业繁荣。城市数量成倍增长，城市生活不断发展，社会结构发生变化。一个与过去保持连续性的中国正在崛起，但它与之前的中国却是截然不同。尤其是在政治上，自从金将北京定为"中都"之后，"中国"就由内陆中国、边疆中国、四夷番邦三部分构成。而在文化上，正如汉唐之间的差异一样，宋代文化与汉唐文化相比也有很大不同。然而，宋代文化所铸就的中国精神却是日益深入人心，成为中华民族遗产的重要部分。

第七章

帝国混融：元朝（1279—1368）

简 介

　　陆秀夫背着宋末帝跳海而亡，不仅是一个王朝的结束，也是一个时代的结束，宋朝繁盛的文化，最终还是凋敝下来。现在中原被蒙古帝国征服，由蒙古人统治。中原疆域太过辽阔，任何外来文明都难以取代中华文明，蒙古人最终吸收了中原的大部分文化。

　　元朝也与外国有所接触，但这些交流并未像佛教传入那样激发中国人的激情。事实上，所有深刻影响中国人的思想文化运动，都不是由外部直接传入。当蒙古人最终被驱逐、帝国重归汉族统治，中国人在文化上倾向于依靠元朝之前的文化遗产。他们对那些文化遗产进行了再阐述，但并不鼓励背离传统。换句话说，蒙古人的征服是文化凋敝时期的开端，是墨守成规的开始。

　　为何元朝会出现这种相对停滞普遍存在的局面？我们只能猜测：一是，蒙古人看重喇嘛教，期望它能对中国社会产生永久影响，但它的影响还不及佛教。二是，元朝只是蒙古大帝国的一部分，漠北草原的游牧贵族集团影响甚大，蒙古族汉化迟缓，无法从汉人角度行事。三是，随着排外运动和驱逐蒙古人的行动，汉人寻求恢复和保护民族遗产，阻碍了独创性。不管原因几何，蒙古人的征服都标志着一个创造性时期的结束，一个相对缺乏独创性的漫长时代的开始。

忽必烈的统治：蒙古人统治的鼎盛时期

蒙古人开始统治中国，中国文化由此发生转变，但是，蒙古人的统治相对短暂。宋亡不足百年，它就走到了终点。

忽必烈统治期间，蒙古势力达到顶峰。蒙古人创建了一个横跨欧亚大陆的帝国，理论上这些地区都由他的家族把控。但实际上，在离中国较远的地区，宗主国地位只是名义上的。忽必烈是大汗，但在这个巨大的帝国里，距离跨度如此之大，以至于那些在边缘地区，特别是在中亚、西亚和东欧拥有实际统治权的大汗，几乎都是自治。在忽必烈一生中的大部分时间里，其家族成员海都推翻了其在新疆和西伯利亚南部的统治，并一度入侵蒙古，威胁到喀喇昆仑。另一位家族成员乃颜是一位基督徒，他的领地在东北和朝鲜半岛。忽必烈的军队打败了乃颜并将其处死，但海都则一直抵抗到忽必烈死后。

忽必烈几次扩疆拓土都失败了。他成功地镇压了朝鲜的反抗，使朝鲜半岛更有效地处于他的统治下。从1266年开始，忽必烈先后派出几个使团，想要说服日本人不战而降，但均未能如愿。1274年，忽必烈出动了一支由蒙古人和朝鲜人组成的远征军，攻打日本。日本人虽然无法在开阔地带对付蒙古人的战术和装备，但仍顽强抵抗。一场突如其来的暴风雨，使得蒙古舰队损失惨重，远征军只得撤退。征服南宋之后，1281年夏，忽必烈再次发兵进攻日本。在这次海陆同时进攻中，大自然再次拯救了日本，一场暴风雨摧毁了蒙古人的大部分船只。忽必烈并未就此罢手，不久他再次重整旗鼓。但是，蒙古人和朝鲜人不想继续为其野心买单。等到乃颜的反叛吸引了他的注意力后，入侵日本的想法也就被放下。元朝后期与日本恢复了友好关系。

在南方，占婆王国和安南王国的统治者，接受了忽必烈的宗主国地位，并派使前往大汗宫廷。然而，当忽必烈要求他们的统治者亲自朝觐时，遭到了拒绝。忽必烈派兵出击，元军在开阔地带屡战屡胜，但因气候不适，水土不服，最终被迫撤退。蒙古人的军队也攻打到了缅甸、爪哇、泰国，但都没有建立持久的立足点。

没能将蒙古人的领地扩展到海外和南方，这预示着高涨的潮水即将退去。蒙古人在陆地上是杰出的军事家，但他们来自沙漠和草原，海上作战是弱项。此外，南方的热带气候也是一道他们始终无法克服的障碍。

忽必烈的统治：内政

蒙古帝国迅速崛起，应该归功于其统治者的天才和精力。然而，对其能力的更大考验，是把广大被征服地区多样化的种族和文化永久地融合在一起。如果说蒙古人在这方面失败了，那很可能是因为这件事情太难做到，而不是因为蒙古人缺乏能力。

蒙古人在征服北方的初期，把大量土地分配给他们的首领，并对农民征收重税。在忽必烈的领导下（他熟悉汉族文化，起用汉人管理官员和军政），事情发生了变化。政府实现了高度集中的管理。在获得南方之后，政府利用当地地主阶级来进行管理。

忽必烈推行的政策是与被征服民族和解，以促进不同民族融合，经济繁荣。他经常派官员去下面巡视民众的生活状况。公共粮仓建立起来。他为鳏寡孤独者提供政府照顾，向穷人分发食物，还鼓励推行教育。总的来说，这些政策在宋朝都有先例。

在宗教上，忽必烈持宽容态度。就他自身而言，他坚持祖先的原始萨满教习俗，并倾向于藏传佛教。像窝阔台和蒙哥一样，他免除了道教和佛教僧侣、基督教牧师和穆斯林阿訇的税收，条件是他们要为他祈祷。他召见孔子家族代表，1306年在京师修建孔庙，儒学卷土重来。在政治管理方面，他征召中国文人，他们自然倾向于效仿先朝惯例。忽必烈成为中国传统意义上的皇帝。

忽必烈定都北京。作为帝国的行政中心，北京吸引了来自世界各地的人们，被欧洲旅行者称为"奇迹"。他还重修了大运河。

忽必烈的继位者

忽必烈于1294年去世，享年80岁。虽然他的后继者中没有一个有他那样的能力，但蒙古人还是又统治中国近75年。然而，这座巨大的建筑正在逐渐分崩离析：太过遥远的距离、沟通上的困难和文化上的差异是如此巨大，不可能将其永久地结合在一起。蒙古人接受了各地民众的风俗习惯，从而失去了文化统一性。例如，在波斯和河中地区，他们变成穆斯林。在中国，他们越来越适应中国人的生活方式。和忽必烈一样，他们在这里也信奉佛教，并继续免除佛教徒、道教徒、基督徒和穆斯林传教士的税收。他们甚至比他更支持儒家思想。14世纪上半叶，科举考试和翰林院得到恢复，孔子、孟子和孔子的弟子颜回获得了新的荣誉。

蒙古人的统治逐渐失去活力。元代末帝上位时，还是个13岁的孩子，在他统治的15年里，蒙古人的势力日益衰落。蒙古人的财政困境导致纸币增加，而纸币发行并未得到足够金属储备的支持，结果纸币变得一文不值，人们不得不进行易货交易。对农民和商人的剥削进一步加重。沉重的税收加剧了人们的不满。反叛的秘密组织兴盛起来，其中就包括白莲教。几个不同地区都爆发了起义。北方的饥荒和黄河水灾，更是给蒙古统治者提出了难题。与此同时，蒙古人内部也开始出现分裂。

如果各个地区起义的领导人能够一致对外，蒙古人可能会更快被打败，然而，每个人都有自己的小算盘。有些人几乎和他们所反抗的统治者一样无能。有些人试图恢复宋朝统治。胜利女神最终垂青了出身卑微的朱元璋。在当时的混战中，天赋是成功的最佳保证。

朱元璋于1328年出生在安徽。他家很穷，十几岁时，他的父母和哥哥死于饥荒。有一段时间，他在一座寺院当和尚。在战乱中，寺院被毁，僧侣奔逃，他一度乞讨为生。后来他加入起义军队伍，表现出上佳才能，迅速积累力量。1364年，他自称吴国公。朱元璋行事谨慎，待人仁慈，名声迅速传开。1367年，他觉得自己的力量足够强大，开始向北推进。1368年，他的将军徐达击败元军，同年，他宣布自己成为明朝皇帝。元朝末帝逃往北方，不到两年就死了。在那之后的几十年里，蒙古人在长城以北重建帝国，对明朝构成一种持久的威胁，但是他们掌权的时代已成过去，在中国，他们的统治只留下一抹淡淡的印记。

元朝对外交往：移民和商业

元朝的一个显著特征就是与其他民族和文化的广泛接触。元朝的大部分官职都由非中国人担任，这是一项经过深思熟虑的牧民政策。此外，元朝有一支外国人组成的军队（阿速亲军），他们骁勇善战，为蒙古帝国服役，参与了元朝军队的扩张战争，一度成为元朝近卫军的中坚力量。他们属于伊朗语系民族，信仰东正教。

在蒙古人的统治下，大片疆土得到统一，为旅行提供了安全保障。中国的对外贸易也随之繁荣起来。阿拉伯人、波斯人以及中亚各民族的代表大量涌入。中国商人在海外冒险，中国船只驶入爪哇、印度和锡兰。中国工程师帮助建设两河流域的灌溉工程。元代海外贸易发达，输出丝绸、瓷器等，输入珠宝、香料等。元朝对私人海外贸易有严格的管理和抽分，并发展官营海外贸易，选择商人代理，遣使率船下海采办货物。通过海外贸易,元朝与亚非很多国家和地区都建立起了联系。当时东西洋各国均称元人为"唐人",大批"唐人"侨居东南亚各地。同时也有不少"蕃客"寓居泉州和广州,并形成固定的侨民聚居区。对外贸易既通过海路进行,也通过陆路(丝绸之路)进行。中国的许多城市,尤其是商业中心泉州,都分享了帝国带来的繁荣。

从20世纪的观点来看,这种对外贸易最有趣的特点之一,是已知最早的中国与西欧人民的直接接触。蒙古军队进入欧洲,来自蒙古领地的旅行者到达西欧。与元朝相比,当时西欧各王国的面积都很小,人口也没有那么多,经济也不够繁荣。然而,从14世纪下半叶起,随着农业专业化、城市主导经济、银行业大发展,西欧开始逐步上行。黎凡特是地中海地区的商贸重镇,连通亚非欧三大洲。甚至在成吉思汗向西进军之前,十字军就已经把西欧各国的武器带到了黎凡特,意大利城邦商人也借道那里与近东地区进行商业联系。考虑到蒙古人在亚洲创造的旅行便利,如果欧洲人没有到达中国,那才是一件怪事。我们不知道当时有多少西欧商人到过中国,这个数目一定相当大。我们听说有许多热那亚人和威尼斯人来到中国。这些中世纪的冒险家中,最有名的是威尼斯人马可·波罗。他出生在威尼斯一个商人家庭。小时候,他的父亲和叔叔到东方经商,朝见过忽必烈,还带回忽必烈给罗马教皇的信,信中要求聘请100名科学家和牧师。由于教皇任期中断,答复被推迟。17岁时,他的父亲和叔叔拿到了教皇的回信,他便跟随他们和十几位旅伴一起出发。他们进入地中海,横渡黑海,经两河流域到达巴格达,准备从波斯湾出海口霍尔木兹坐船去往中国,但是由于不小心暴露了随身携带的钱财,被人盯上,一伙强盗绑架了他们,最后只有他们三个逃出。他们来到霍尔木兹,等了两个月也没等到去往中国的船只,只好改走陆路。他们沿着丝绸之路,历经艰险,耗时四年,来到上都。马可聪明谨慎,擅长辞令,深得忽必烈赏识;忽必烈携同他们返回大都,后留他们当官任职。马可很快就学会汉语，他奉大汗之命巡视各地，在中国游历了 17 年，还出使过越南、缅甸、苏门答腊。中华帝国的辽阔和繁盛让他震惊不已。

在外日久，难免思家，1292 年，马可和他的父亲、叔叔受忽必烈委托，护送一位蒙古公主从泉州出海到波斯与王子成婚。他们趁机提出回国请求，忽必烈允准他们完成使命可以回国。1295 年年末，马可一家终于回到了威尼斯老家。马可在三年后的威尼斯－热那亚战争中被俘。他在狱中遇到一位作家，向其口述了他在东方的经历，那位作家将其整理成《马可·波罗游记》。这本书为中世纪欧洲人讲述了一个崭新而神奇的东方世界，对欧洲的地理知识和地理发现产生了巨大的影响。例如，哥伦布就深受其影响。时至今日，它仍是我们了解那个时期的中国，以及中亚和南亚国家的最佳资料来源之一。

元朝对外交往：外国宗教

那么多外国人的存在，给中国带来了许多外部影响，其中最有趣的是宗教影响。

蒙古人西征，罗马教廷和欧洲各国大受震动，中国与欧洲开始直接往来。1246 年，意大利教士加宾尼奉教皇之命出使，抵达漠北，呈上教皇信件，年底持诏书返回。1253 年，法国教士卢布卢克奉法王之命出使，来年 1 月觐见蒙哥，7 月持国书返回。忽必烈建立元朝后，第一个到达中国的修道士是方济会教徒约翰·孟高维诺。约翰于 1294 年到达大都。他得到皇帝的恩宠，到 1305 年，他已为六千人进行了洗礼，并建起两座教堂。1307 年，教皇获悉他的传教事迹，任命他为大都大主教，并遣教士七人前来相助；这七人，一路险厄，耗时七年多，最终只有三人抵达中国。1312 年，教廷又派人来华。在新来者的协助下，约翰积极传教，在泉州、杭州和扬州设立分教区。元朝末期，帝国分崩离析，与西欧联系中断，在华罗马天主教社区几乎消失。

景教徒也出现在当时的中国。景教在中亚和中国边境地区广泛传播。景教大主教在大都也担任过圣职。维吾尔族人扫马生活在大都，自幼信奉景教，内蒙人马忽思从其学。1275年，他们前往耶路撒冷朝圣，但因故只走到巴格达。后来，马忽思被拥立为景教新教长，扫马被任命为教会巡视总监。1287年，扫马率使团出使欧洲，先后会见法王和英王，又到罗马觐见教皇。他的访问增进了西方对中国的了解，教廷决定在东方推进传教工作。元朝设立崇福司，管理基督教事务。随着元朝灭亡，景教在中国也随之消隐。

蒙古征服中亚、西亚，大批信奉伊斯兰教的突厥、波斯、阿拉伯人移居中国（汉人称其为"回族"），虽然种族、语言、原籍不同，但在伊斯兰教的影响下，他们形成了一个新的文化共同体。他们散居全国各地，在几个主要商业城市都发现了阿拉伯人社区。在中国北方，特别是甘肃，西行陆路贸易路线已经荒废，所以在那里发现了许多穆斯林移民。在元末战乱中，穆斯林社区幸存了下来。伊斯兰教在中亚的发展，对中国西北地区有着持久的影响。阿拉伯人在14—16世纪控制了西亚、南亚和东亚之间的大部分海上贸易，这有助于伊斯兰教在中国南部海岸继续存在。

总　结

元朝是中国生活发生明显变化的时期，处于文化灿烂的宋朝和文化渐趋世俗的明朝之间，它是一个过渡期。

元朝时，许多外国事物涌入中国，但真正被吸纳的却很少，而且也未能激发出中国人文化上的创造力。为了防备汉人，蒙古人加强了文化管控，刻板的儒家思想得以在之后的朝代占据主导地位。

第八章

帝国再造：明朝（1368—1644）

引 言

朱元璋是明朝开国皇帝，由其开创的大明王朝，可谓民殷国富。在某种程度上，明朝又一次将中华帝国带入盛世。从军事角度来看，明朝比宋朝强大，名副其实地统治了今天我们所说的中国本土，这是宋人从未做到的。明代政府形式略有变化并一直延续到20世纪初。

不过，明朝也有缺憾。它永远无法将自己的疆界扩展到像汉唐时那样。也许是有意与蒙古人的统治不同，明朝盛行一种民族中心主义思想，抵制外来影响，推行文化保守政策。在这样的统治下，无论在思想还是艺术层面，明朝都没有表现出唐宋时的独创性，而是表现出更多的世俗性。

政治史：洪武帝

朱元璋在位期间，大部分时间都用于一统中国。朱元璋，史称洪武帝——明清皇帝只用一个年号，故可用年号代表皇帝。大将军徐达攻占大都后，又相继拿下山西、陕西和甘肃。1372年，四川被攻克。

1382年年底，云南被平定。一些边远地区也被劝降，承认明朝统治。朝鲜和琉球承认明朝的宗主权，缅甸和尼泊尔遣使前来。洪武帝并不满足于将蒙古人逐往大漠。在他统治期间，明军两次进抵蒙古旧都喀喇昆仑。他认为自己是蒙古大汗的合法继承人，因此他试图扩大自己对他们在西方原有地域的控制。他的军队占领了新疆的一些绿洲，其他几个中心地区也承认明朝的宗主权。然而，当明朝使者越过山路来到撒马尔罕，他们却遭到截然不同的对待。在这一地区，好战的帖木儿聚集蒙古残余势力，建立起一个新的帝国。这些使节惨遭监禁，过了许久才被释放。帖木儿并未把明朝放在眼里，1404年11月他率军20万向东进发，想要攻打明朝，但在来年2月病死途中。帖木儿死后，中亚地区脱离蒙古人控制，加之奥斯曼土耳其帝国崛起于西亚，东西方商贸往来和文化交流受到极大影响。明清两代，东西方陆路交通几乎完全被隔断。

在东方，洪武帝取得一定成功。当时，日本浪人（海盗）恣意侵扰中国沿海。1369年，明朝派遣使节（杨载）前往日本，责问他们为何不来朝贺，并要求他们取缔倭寇。那时候，日本长期内战即将结束，但内战期间出现的无政府状态（分裂为四国）使一些地方大亨实际上独立于中央政府。其中一个日本皇族的后代，阻止了明朝特使到达京都。1401年，足利义满将军遣使与明朝政府修好。中国人将其作为日本政府的外交官方行动予以接纳，两国正式交往。但是，日本海盗从未被完全镇压，至少日本当局无法摆平他们。

在国家行政方面，洪武帝表现出极大的活力。偶尔发生的叛乱，没有一次不被他巧妙平息。他在南京建都，并将其建造成为一座大城市。他提出：建国之初，先正纲纪。他颁布了一部效仿唐朝的法律（《大明律》），并采用了中华帝国的传统官僚组织。他废除宰相制度，代之以直接由他操控的内阁大学士，他的独裁权力由此得到加强。洪武帝在犹豫了一番之后，先是为大学士举行了就职典礼，然后又限制他们的权力长达约十年，最后他决定重兴科举。

考虑到他早年的生活背景，他对僧侣颇有好感。尽管如此，他还是强化了儒家思想在国家的地位。他认宋代大儒朱熹为宗，复兴汉族文化礼俗；他认为元代社会失于教化，乃积极兴办学校，选拔学官，教育成为衡量地方官政绩的重要标准；他保留了与儒家思想密切相关的传统国家宗教仪式。这些保守主义做法使后来的改革举步维艰。

政治史：永乐盛世

1398年，洪武帝驾崩。在这之后，发生了一场皇位争夺战，国家陷入四年内战。洪武帝的继承人是他的孙子，他已故长子的儿子朱允炆（史称建文帝）。朱允炆上位时只有十几岁，但他很快就发现自己深处绝境。由于力主削藩，他与他的叔叔们陷入敌对状态，其中包括洪武帝第四子朱棣。朱棣割据东北，受封燕王。他精力充沛，能力出众，很快就觅得夺位良机，而且他有许多忠实的拥趸为其英勇战斗。1403年，朱棣占领南京。都城陷落时，建文帝神奇地消失了，人们常说他不是被杀，而是穿着僧服逃入寺院，并在多年后透露了他的身份。不管他之后有着怎样的命运，他都永远地失去了他手上的帝国。

朱棣登上皇位的过程充满血腥，但事实证明，他还算是一位有能力的君主，史称永乐帝。在他的统治下（1403—1424年在位），明朝达到权力的顶峰。他大力维护和扩大中国在海外的威望。他积极干预蒙古事务。日本幕府将军足利义满基于商业利益考虑提出建交请求，永乐帝表示友好欢迎。足利义满承诺要制止日本海盗侵扰中国沿海，甚至承认明朝皇帝的宗主地位（自称"臣日本王"）。在安南，永乐帝利用对方内讧占据了大部分土地。

永乐帝多次派遣海船下西洋，大明帝国的声望远播海外。下西洋收获满满，主要应归功于一个名叫郑和的太监。郑和是云南人，早年从侍燕王朱棣，有智略、知兵习战，在朱棣夺位战中立过大功，深得朱棣信任；朱棣即位后，升任内官监太监。1405—1430年间，他率领船队先后七次下西洋，最远航行至波斯湾的忽鲁谟斯和非洲东海岸的索马里。每次下西洋返航，都有大批外国使节搭船前来，诸藩使臣充斥于廷。在其他任何朝代，中国人的权力都没有这样大范围地延伸到海外。郑和下西洋，敷宣教化，扶助弱小，抑止强暴，与西洋各国建立友好关系，创造了良好的国际环境，是和平外交的典范。遗憾的是，在那之后，明朝再无此种对外开放的壮举，朝中反对派生怕后人效仿，甚至将七下西洋的档案全部销毁。

在国内行政管理方面，永乐时期成就显著。与他父亲将都城定为南京（应天府）不同，永乐帝迁都北京（顺天府）。这样做的原因可能是，西北是中国的屏障，北京的地理位置有利于抵抗外敌，防御国土。也可能是因为北方是永乐帝的地盘，其人民较南方待他更为友善。北京城大部分被重建。从城墙、皇宫和寺庙中可以看出建筑工匠的宏伟构想，后世北京城几经修复，带有浓郁的永乐时期的建筑色彩。北京作为帝国行政中心，建筑风格庄严肃穆，始终在世界知名建筑中独占一席之地。

永乐帝希望在自己的统治下实现国家繁荣。他鼓励民众迁居那些被战争破坏的地区。为了便于将南方稻米运到北京，他派人修缮大运河。他个人信仰佛教，但在明面上，他仍推崇他父亲所确立的宣扬儒家文化政策：大力支持开办翰林院，鼓励学者研究儒家经典，祭拜孔子，并继续实行科举考试。正是在他的指令下，才完成了那部集中国古代典籍于大成的旷世之作《永乐大典》。作为历史上规模最大的编纂书籍之一，《永乐大典》的刻印成本令帝国的户部官员震惊不已。

政治史：永乐帝的继承人

在此后朱氏家族掌权期间，再未出现像洪武帝和永乐帝一样精明能干的君主。虽然饥荒不断，但在大部分时间里帝国都相当繁荣。永乐帝去世之后，君主的统治力每况愈下，帝国领土不断缩小。到15世纪中叶，安南重获独立，跨洋而来的外国贡品逐渐消失。与蒙古人的交战愈发频繁，战争女神也不再总是青睐明军。1449年，蒙古瓦剌在土木堡战役中俘虏明英宗。在随后一段和平时期内，明朝放弃干涉蒙古事务。在大明王朝的最后几十年里，中国被入侵的次数并未增多，但这更多只是因为其邻国实力虚弱，而非因为其自身力量强大。

与日本人的冲突，是明朝末年的标志性事件之一。尽管早先与足利将军建立了友好关系，但因足利将军未能控制整个日本，当时最有权势的日本巨头海盗并未停止袭扰中国沿海，他们甚至洗劫了宁波和扬州。1531年，中日失和，双方的商贸往来随之减少。随着日本决心征服中国建立亚洲大帝国，双方矛盾到达顶峰。此次侵略由丰臣秀吉一手策划。丰臣秀吉出身卑微，却有满腔热情；足利将军倒台，国内动乱，他结束战国乱世，统一日本，开始想要征服中国。他要求朝鲜人允许他的部队通过其领土，遭到拒绝。1592年，他率领军队入侵朝鲜半岛，并在一年之内占领了几座中心城市。中国出兵援助朝鲜，但中国派遣的第一支队伍规模很小，很快就被击退；第二支队伍明显庞大许多，把日本人驱赶到了朝鲜南部，丰臣秀吉带着部队撤回日本。随后，双方进行了谈判，但当明朝使节将其封为附庸王时，丰臣秀吉愤怒地终止了谈判。1597年，他再次入侵朝鲜，并在第二年击败前来支援的中国军队，但没过多久他就病死，日本军队撤离半岛。明朝就此去掉了一个心头大患。

满族崛起,明朝覆灭

日本入侵时期,史称"万历"(1573—1620)。万历帝是明朝在位时间最长的皇帝。多亏了精明能干的内阁首辅张居正,万历年间起初一切顺遂;但当张居正去世后,皇帝不再上进,沉迷后宫。朝中党争不断,地方腐败不堪,权臣霸占土地,再加上高额的税收、糟糕的收成,民众暴动增多,帝国一蹶不振。

在此关头,满族人从东北崛起,并在17世纪中叶成功征服大明,进而统治整个中国;满族人与女真人有血缘关系。16世纪初,满族人居住在松花江山谷(今黑龙江省和吉林省)。1601年,努尔哈赤创立八旗制度,率部征服建州,统一女真,并于1616年建立大金。1625年,努尔哈赤迁都沈阳,1626年病逝;皇太极继位,1636年在沈阳称帝改元,国号大清。在努尔哈赤和皇太极的统治下,通过联姻、封赏、赈济等"恩养"手段,后来又推行"盟旗"制度,满蒙一家,大量蒙古人被收服。许多蒙古人被纳入满族军队。满族人也对朝鲜发动多次攻击,最终成功地使朝鲜接受了他们的宗主权。

清人经常攻破长城,袭击华北平原。然而,直到明军因内部叛乱而实力大损,清人才得以获得一个永久据点。明崇祯帝竭力想要挽回日落西山的命运,却徒劳无功。对一个国库空虚的国家而言,抽出人力财力抵抗满族人持续不断的攻击就够麻烦的,此时遭逢农民起义,无疑是雪上加霜。这场叛乱由陕西米脂县一个村长的儿子李自成领导。像其他许多中国人一样,连年饥荒,苛捐杂税,迫使李自成聚众起义。但他用实际行动证明,他是一个英勇善战的将军和严于律己的人。他在1642年攻占开封,后在西安称王,并于1644年1月自立为帝。紧接着,他率兵向北京进军。3月,京城沦陷,崇祯帝走投无路,自缢景山。

在东北边境,与满族人对阵的是明将吴三桂。李自成攻占北京,抓住了吴三桂的父亲，他的爱妾陈圆圆则被李自成的手下拐走。吴三桂冲冠一怒为红颜，（当时李自成和皇太极都极力拉拢他，最后在皇太极的威逼利诱下）与清兵联手打败了李自成，并于4月占领北京。李自成率军退往西北，他的军队逐渐溃散，很快就被消灭。

满族人在北京安顿下来并得到吴三桂的支持，但是他们发现，征服中国其余地区并非易事。如果不是因为明朝统治阶级令人悲哀的弱点，明朝追随者的坚决抵抗很可能会使他们长久保有这个国家的部分领土。1645年，清兵占领扬州后不久就攻陷南京。

在这之后，南明政权又存在了二三十年。明朝末帝是永历帝朱由榔，他先后在广西和云南辗转数年。实际上，1648年，他眼看就能夺回帝国。四川、山西和长江以南的中国官员，曾经帮助满族人完成征战，但因对他们的新主人不满，继而又投靠永历帝。在很短的时间内，他占领了许多省份，其中包括广东、江西、湖南、四川、陕西和山西，以及广西、贵州和云南。然而，到了1650年年底，清军又夺回大部分失地，只有贵州和云南仍在永历帝的势力范围内。不再对征服者构成威胁的朱由榔，在西南部的山寨中又生活了很多年，直到1662年他被吴三桂处死，一切才告结束。

同年，满族人还少了一位强劲的对手，那就是人称国姓爷的郑成功。郑成功的母亲是日本人，父亲郑芝龙是一位著名海商。他14岁考中秀才，20岁去金陵求学，在南京国子监师从大儒钱谦益。1645年清军攻占南京，实施高压政策，宣布剃发令，激起各地反清起义。他的父亲手握重兵，成为隆武帝倚重的军事力量。他的父亲将其引荐给隆武帝，隆武帝赏其才华，叹息道："惜无一女配卿，卿当忠吾家，勿相忘也！"赐其朱姓并改名成功，从此人称"国姓爷"。1646年，郑成功领军在闽赣与清军作战。他的父亲无意抗清，在同乡清朝大学士洪承畴的利诱下，不顾郑成功等人反对，带着其他几位儿子北上投降。清军征闽主帅违约将郑芝龙与诸子一同挟往北京，并攻打郑氏老家，郑成功的母亲自缢。得知母亲死讯，郑成功率领父亲旧部在东南沿海抗清。他两度拒绝顺治帝的册封，并率军北伐，一度打到江宁府，但终被击退，后固守厦门、金门。1661年，他率军横渡台湾海峡，1662年击败荷兰驻军，收复台湾。对台湾的控制，使他积累了作战资本，对清朝构成强大的威胁。为了打击他和其他明朝遗民，清朝下达了长达20年的迁界令，自山东至广东沿海二十里，严禁贸易，同时斩杀其父，挖郑氏祖坟。连得噩耗，郑成功急病而亡。郑成功的儿子随后控制台湾地区。他的儿子死后，他的孙子在1683年选择归顺清朝。1684年清朝设置台湾府，从而结束了这次反抗。

还在获得最终胜利之前，清人就承袭了中华文明。严格来说，这次征服并非由外族发起，而是由一个属于中华文明的民族来完成的。尽管直到统治末期汉人一直受到排斥，不被重用，但清朝仍然积极拥护汉人设立的制度。他们延续了明朝的行政管理体制和法律。明朝有15个省，清朝将其拆分为18个。官僚机构中的绝大多数职位都由满人和汉人共同担任。科举考试的要求和机制也与明朝相同。

对外交往：与欧洲人的广泛贸易往来

远在明朝结束前，中国就开始了与西方的接触。必须指出的是，与欧洲的贸易是出于西方的意愿，而不是中国。当时，这种与西方的新接触并不像其他事件那么重要。然而，由于西方文明对今日中国的影响，这一近代中国与欧洲接触的开端必须被载入史册。

蒙古人倒台后，似乎再无西欧人来到中国。然而，15世纪后半叶，在钟表和图书对西欧人生活和思想的改变下，在枪炮和远洋船的助推下，伴随着资本原始积累，欧洲人的扩张重又开始。15世纪最后十年，欧洲探险家发现了美洲和一条环绕非洲到达印度的海路。仅仅几年后，下一批探险家就开始想要敲开中国的大门。事实上，《马可·波罗游记》描绘了中国这片土地的诱惑，吸引了一些探险家。哥伦布就是这样，他向西航行，在他坚持认为的"亚洲"东海岸发现了美洲。

第一批到达中国的欧洲人是葡萄牙人。他们首先绕过好望角，在印度站稳脚跟。1511年，葡萄牙人占领马六甲，并在那里发现了中国船只。1514年，葡萄牙商船到达广东屯门。不久，他们就在广东海岸和福建及浙江的港口立足。1520年，抵达北京的葡萄牙特使皮雷被视为间谍（他冒充伊斯兰教徒进贡），由朝廷遣送广州并死于狱中。有一段时间，葡萄牙人所占领的地方仅剩下广东南部的岛屿。有此结局，纯属葡萄牙人咎由自取。他们好战且无法无天，掠夺商船，贩卖人口，把所有东方人都视为猎物，比起那时掠夺中国海岸的日本海盗，他们有过之而无不及。明朝当局把葡萄牙人视为海盗，官府派兵清剿。1521年和1522年，葡军连续被打败。之后几年，他们改变策略，用贿赂和恭顺的姿态，顺利租下澳门半岛并定居下来。这个带有一些葡萄牙风格的小岛，充满慵懒气息，长期以来，主要依靠赌博和鸦片的灰色收益生存。

葡萄牙人向东航行，西班牙人则驶向西方。16世纪前25年，葡萄牙人麦哲伦率领的西班牙远征队环行世界。在危险的航行结束之前，麦哲伦在菲律宾与当地人的冲突中丧生。1565年，西班牙入侵菲律宾群岛，1571年占领马尼拉。在这一时期，西班牙开始与中国有初次直接接触。西班牙人在占领菲律宾的过程中发现，中国人的存在是个大问题。中国人很早就移居这些岛屿，马尼拉的大部分事务都由他们操控。西班牙人用大屠杀来解决这个问题。尽管遭此劫难，中国人仍未放弃。西班牙人想像葡萄牙人一样占领一块飞地传教和通商，但被明朝政府拒绝。

在明朝灭亡之前，荷兰人已经抵达中国。1622年，他们对澳门发动了一次不成功的攻击，随后他们侵入台湾，后被郑成功赶走。

明朝灭亡后不久,欧洲第四股势力——英国人——也出现了。1637年6月底,六艘英国武装商船抵达澳门,8月初驶往广州,攻占虎门炮台,抢走35门大炮。后经双方交涉,英国人赔偿2800两白银,归还大炮,作为交换条件明朝同意他们在广州和澳门采购货物。两国关系并不乐观的开端,是未来严峻形势的预兆。

俄国人从北方来袭,一些冒险家不断东进,越过中国边界,另有一些人在满洲人征服中国之前就曾到访北京。

明朝时期,欧洲商人没能成功地深入内地。他们费了很大的劲儿才获得进入沿海城市的临时入口。然而,在满洲人征服之前,欧洲传教士不仅在内地旅行,还在包括北京在内的几座重要中心城市定居下来。

罗马天主教会传教士的热情,助推了欧洲探索世界的浪潮。16世纪,教会快速成长,耶稣会成立,新活动撼动旧秩序。无论葡萄牙和西班牙的探险家和征服者走到哪里,传教士往往都会先他们一步。在印度、非洲、美洲、西印度群岛、日本和菲律宾,人们都能发现罗马天主教教士的身影。在这个新时代,第一个试图将天主教渗透到中国的传教士是耶稣会传奇人物方济各·沙勿略。1552年,他在广州南边的上川岛(葡萄牙商人总部)停留了几个星期,想由此到达内陆,但却在同年年底于上川岛上去世。沙勿略死后不久,又有一些传教士陆续来华。后来,澳门成为许多传教士寻求进入中国内地的中心。

利玛窦是意大利耶稣会传教士,他于1582年抵达澳门,1601年1月抵达北京,进呈自鸣钟等西洋器物,得到神宗信任,获准长居北京,1610年在北京去世。在这28年里,他做出的贡献超过其他任何传教士,使更多中国人了解了天主教。他遵行儒家习俗,结交朝中士大夫,传播西方科技;特别是他精通数学和天文学,赢得了许多重要学者官员的尊敬。在一些重要学者与文人的帮助下,耶稣会士翻译、撰写了许多种有关天文、历算、地理学、物理学等方面的著作,促进了中西方交流。利玛窦和他的追随者们认识到,只有先与统治阶级成员建立友谊，才有希望真正接触到中国民众，向其传教。徐光启、李之藻、杨廷筠先后受洗入教，成为明末天主教三大柱石。

在明末之前，几座中心城市内都出现了耶稣会信徒。因为当时对耶稣会士的传教有不同看法，支持者认为它可"补益王化，左右儒术"，反对者则认为它"诳诱愚民""志将移国"，所以偶尔也有迫害事件发生，但基督教的传播仍然取得一定进展。在北京，耶稣会士（瞿安德）被分配到钦天监修改历法，得到永历帝的认可；皇室中太后、皇后、太子等人，以及众多嫔妃、大员和太监，纷纷受洗入教。

明朝的瓦解，加固了传教士的地位。在北京，清朝政府授予德国耶稣会士汤若望官衔，并委托他修订日历。他于1620年到达澳门，在中国生活47年，历明清两朝，是利玛窦之后最重要的来华耶稣会士之一。1634年，汤若望协助徐光启完成《崇祯历书》。1645年，他将《崇祯历书》压缩成《西洋新法历书》，进呈摄政王多尔衮。清廷将其定名为《时宪历》，颁行天下，自此成为每年编制历书的依据。汤若望被任命为钦天监监正，成为中国历史上第一个洋监正，开创了清廷任用耶稣会传教士掌管钦天监将近二百年之久的传统。

明朝文化：哲学

在哲学方面，明朝成果有限。儒学是士大夫们的主要哲学思想。在官方儒学中，朱子学派被视为正统。儒家文化得到重组。16世纪，孔庙中开始用牌位代替人像。

关于为什么明朝的哲学没有其他朝代那么具有原创性，众说纷纭。可能是因为缺乏足够的外来刺激。基督教没有像佛教那样吸引众多追随者。也可能是因为，中国在摆脱了蒙古人的征服后，正在寻求恢复和保持其文化独立。皇帝独裁统治，不容许任何偏离儒家正统的思想出现。尤其是朱熹的"存天理、灭人欲"思想取代早期儒家的

"士志于道""为民请命"思想后，士人的依附性增强，独立性减弱。加之明代商品经济发达，世俗生活熏染，少有人对哲学感兴趣。

明代最杰出的哲学家要数王守仁（1472—1529），他是浙江人，家世显赫，他的父亲曾官至吏部尚书。他从小"读书学圣贤"，想要步其父亲后尘，科举入仕，出人头地。十七岁他迷上朱熹的"格物致知"思想，认为只有"格"尽天下之物，才能体会天理。于是他就坐在一丛竹子前，苦思冥想七天七夜，结果什么道理都没发现，人却因此病倒。由此他产生怀疑：格一竹之理尚且如此，何谈格天下之物？转头继续科举。十年后，进士及第，授刑部主事，中间有段时间回乡养病，实则躲入阳明洞参禅修道，重探儒家说教。之后他开始聚徒讲学。后任兵部主事，刘瑾专权，上奏触怒刘瑾，被廷杖四十，远谪贵州龙场，一个世家子弟转眼变为荒域流徒。他在龙场日夜苦思："圣人处此，更有何道？"一日夜中，豁然开悟，就此形成自己的心学体系。刘瑾倒台，他升为南京太仆寺少卿，后任南赣等地巡抚，改革兵制，镇压起义，悟出"破山中贼易，破心中贼难"。因功升为都察院右副都御史，后平定宁王叛乱，但因出言直白，引起朝臣反感，结果劳而无功。明世宗上台后，他升任南京兵部尚书，但却六年不被召用。他明白自己的政治处境，便在书院聚徒讲学，最终完成他的"致良知"心学体系。明世宗在位第七年，广西少数民族起义，明廷镇压不力，再次起用他。他恩威并施镇压起义后，在归途中病逝。临终前弟子问他遗言，他说："此心光明，亦复何言！"

他认为心外无物，真理必须从内心寻找，一个人的本性即是充沛的智慧源泉。他强调直觉和良知是获取道德的渠道，提倡自律和行动，要求士人做到知行合一。虽然他的理论旨在维护统治阶级，但因认为良知才是天理，也可与专制集权保持一定距离，成为士人求得自我心理平衡之路径；同时也可与贪腐现象进行抗争，由此使得明清两代盛产"清官"。无论有意无意，他同时受到佛道的影响。然而，他既不是道士，也不是佛教徒，他的思想被明确地归入儒家思想。他的"良知论"，回归孔孟原初儒学。作为心学之集大成者，他与孔子、孟子、朱熹并称为孔、孟、朱、王。

明末，顾宪成等人在今江苏地区修复东林书院，讲学其中，希望复兴儒学，"家事国事天下事，事事关心"，把读书、讲学同关心国事联系到一起。当时社会矛盾日趋激化，东林人士标榜气节，讽议朝政，要求振兴吏治，开放言路，革除朝野积弊，反对权贵贪纵枉法。这些主张得到民众的广泛支持，同时也遭到宦官及其依附势力的激烈反对，就此形成明末激烈的党争局面。最终，他们与太监魏忠贤发生冲突；当时魏忠贤权倾朝野，他操控皇帝下诏烧毁全国书院，杀害许多东林党人。1627年，崇祯帝即位，魏忠贤被谪发凤阳守祖陵，途中自杀，他的许多追随者也受到惩罚。但到这时，东林运动也已消失。

宦官是家长制宗法社会的特殊产物，统治者一方面需要奴仆，一方面又不希望血缘受扰，遂用"净身"之法，造出"天子家奴"。宦官大都来自底层，一旦入宫，利益与皇帝权威相通，遂成帮凶。宦官干政，多为加强专制集权。历史上，东汉、唐、明三朝，宦官都曾长期专权。东汉宦官专权与豪强地主势力（其政治代表为外戚权臣）强大有关，宦官与外戚权臣争权，引发与得到后者支持的士人集团斗争的"党锢之祸"。唐代宦官专权与藩镇势力增强有关，安史之乱后中央急于收权，用宦官监督军人，甚至指挥作战，宦官权倾天下。明代宦官专权源于土地兼并激化社会矛盾，国用不足，皇室用宦官来经营皇庄等私产，以国家名义兼并土地，宦官由此得以控制皇室收入；宦官代皇帝批复公文，滥行权力，干预朝政，王振毁掉太祖"内臣不得干预政事"碑，总揽军政大权；汪直势震天下，人们"只知汪太子，不知有天子"；刘瑾专权，官员去其家中处理政事；魏忠贤更是自称"九千岁"，全国各地都得为其建立生祠。明代设立厂卫制度，专门刺探臣民"谋逆妖言,大奸大恶",宦官有了逮捕、刑讯朝野臣民的特权。在此局面下,人人不敢多言,万马齐喑,政治沉闷,理学文化陷入困境。明清两朝文字狱盛行,尤以康熙、雍正和乾隆三朝为甚,凡是诗文关涉明清均被借题发挥戮尸灭族,士人人人自危,学术文化陷入困境。乾隆朝大学士梁诗正告老还乡,人问其保身之道,他说:"从不以字迹与人交往,即偶有无用稿纸,亦必焚毁。"由于文字狱盛行,士人不敢研讨儒学义理,只好考订编纂文献,人才受到压抑,创造力自是不易发挥。

明朝文化:奇人奇书

明朝出现了中国古代最伟大的游记《徐霞客游记》。徐霞客(1587—1641)生活在明朝末期,是江苏江阴人,家境富庶,不好功名,嗜书好游,是第一位职业旅行家,被后世誉为"游圣",与马可·波罗齐名。他奇情郁然,寄情山水。孔子云:"父母在,不远游。"因母亲年迈,他不忍成行,后在母亲的鼓励下,放心远游。1624年母亲八十高龄,他打算留在家中侍奉母亲。母亲为了支持他,表示也想出去看看,他便背着母亲一起出游。

他先后四次壮游天下,历时三十多年。最后一次壮游归来,双足俱废。官员探问:"何苦来哉?"他答道:"张骞凿空,未睹昆仑;唐玄奘衔人主之命,乃得西游;吾以老布衣,孤筇双屦,穷河沙,上昆仑,历西域,题名绝国,死不恨矣。"他的出行,不为寻奇访胜,旨在探索自然奥秘。他徒步跋涉,走遍大半个中国,详细而生动地描述了不同地方的山川形胜、风土人情。特别是他对西南地区进行的考察,确定了珠江的源头,并论证了金沙江是长江的上源。

总　结

明末耶稣会士的到来，开启了中西文明第一次近距离的接触和交流。徐光启对比儒教和基督教，将"人而无信不知其可也"中的"信"解释为"信仰"，将其视为人生意义的根柱。他反思西洋科学，倡导"实学"，主张发展科技，增强军力，繁荣经济，以达到"会通中西，超胜西方"的目的。后因朝局由保守势力操控，西方宗教也有失宽容，中西会通最后无疾而终。

虽然明朝在政治力量上不如汉唐，在文学艺术及独创性上不如唐宋，但它却是中国历史上最为引人注目的时期之一。永乐帝时，明朝的疆域达到极盛。与以往的朝代相比，明朝并没有把向北和向西看作扩大其势力的自然方向，而是转向了大海和南方。因而，越来越多的商业联系不是通过陆路，而是经由海路完成的。这也预示着，中国与西方之间的联系日益紧密。

第九章

帝国鼎盛：清朝（1644—1838）

引 言

大清帝国是中国历史上统治时间较长的朝代之一。在其统治中国的近三百年中，中国取得了一些非凡成就。与内比，大清帝国版图面积最大（不算元朝），人口数量最多，物质财富最巨，达到有史以来的顶峰。与外比，17世纪后半叶到19世纪初，大清帝国的人口数量远超当时其他大国：英国、法国和俄国；它的财富总值也是当时所有国家中最高的。

不过，在这些年中文化方面并无明显改变。究其因，可能是满族人在政治方面的权宜之计，希望证明自己是中华文明的支持者，保持正统。也可能是因为清朝皇帝急于阻止民众叛乱，努力压制文化异端。清朝把重点放在科举考试上，只要中举就能获得社会声望、权力和财富，这让大部分年轻人都把自己拘囿在一个小圈子里。清朝晚期，这一始于汉朝的制度开始受到质疑，尽管该制度创意甚好，但其实际效果却并不完美。中国历史上有不少制度都是这样，初期运行良好，后来陈陈相因，终至积弊丛生，最后彻底废弃。

在满族统治的最后75年，气势日衰，大权旁落，中国迎来了一场大规模的文化革命。也是在那时，西方突破了它与中国进行商贸往来的障碍。在西方的影响下，中国人熟悉的生活结构开始逐渐消解。清末剧变，甚至比周朝灭亡秦汉建立帝国的改变更彻底。而这一切还仅仅只是一个开始。

清朝历史可以一分为二，其一是西方势力入侵之前，其二为入侵之后。1839—1842年英国入侵中国，可被视为后续列强侵华的先声。本章主题就是西方入侵前的清朝统治。这段时间大部分是由两位中国历史上能力卓著的君主统治：康熙帝和乾隆帝。虽然两者之间还有雍正帝的短暂统治，但在近一个半世纪中，政权先后掌握在两个强者手中。就执政者自身因素而言，很可能是因为这两位皇帝的长寿和能力，才让清朝的统治得以延绵甚久。

康熙帝

第一个在北京治理国家的满族人是顺治帝，他6岁就登上王位，在一位非常能干的叔叔多尔衮的辅佐下治理国家。1651年摄政王多尔衮死后，他开始独自治国理政。初期他也想振兴国祚，后觉力不从心，乃生出家之念。1661年，顺治帝过世，年仅24岁；当时也有一种说法，他因爱妃过世，心力交瘁，遂出家五台山。

顺治过世，康熙登基，那时他还不满8岁。1667年，康熙13岁，正式接权，但直到1669年他才摆脱辅政大臣们的控制，独揽大权。可以说，在半个多世纪中，都是康熙帝掌握着中国人的命运。和同时代的君王相比，如法王路易十四、俄国彼得大帝、英王威廉三世，以及印度莫卧儿王朝的狂热征服者奥朗则布，在个人能力上，康熙都是他们中的佼佼者。他精力充沛，善于求索，记忆超群，治国能力极强。他非常关注政务，为自己关心臣民、勤俭节约而自豪。尽管他在政体上没有重要建树，但他在国家管理中注入了活力，确保社会秩序稳定。

康熙十几岁时成功地解除了对他统治最严重的威胁。清人征服中国后，分封四位明朝降将为王。孔有德将军没有儿子，他的女婿（孙延龄）在广西得到重任。尚可喜将军的儿子（尚之信）在广东任职，耿仲明将军的儿子（耿精忠）在福建任职。最有权势的是吴三桂，他在清军入关进京的过程中起到重要作用。他征服陕西、四川和云南，在云南边界杀掉明室桂王。他被封为云南王，他的一个儿子娶了顺治帝的妹妹。这些位高权重的人盘踞南方，对中央政权来说是一种潜在威胁；这种半独立的军事巨头，不止一次危及帝国统一。康熙帝传旨吴三桂进京面圣，他在北京的质子密报此中有诈，于是吴三桂两次拒绝进京。广州的尚可喜，年岁渐长且想摆脱儿子控制（他被儿子软禁），以不适应南方气候为由，申请回辽东老家养老，康熙立刻同意了他的请求。后来，吴三桂和耿仲明也拿辞官进行试探，康熙同意他们辞官并让他们解散军队。在这之后，吴三桂起兵叛变。福建的耿精忠和广东的尚之信也支持保留军队，两人相继起兵。因此，这场叛乱被称为"三藩之乱"。当时许多汉人都加入叛军队伍。在东南沿海，郑成功的儿子在海上的势力依旧很强，伺机攻打他父亲的旧敌。湖南、贵州、云南、广西、广东及福建大部分地区都被叛军控制，四川、甘肃，以及陕西部分地区也被叛军攻占。吴三桂宣布建立大周。在满族人这边，他们的统治者只是个男孩，接受吴三桂的分江而治方案似乎是最明智的选择。然而，年轻的康熙帝用行动证明，自己完全可以解决这个棘手难题。对手之间的分歧给了他机会。叛乱者只能在反清这一件事上达成一致，他们的内部矛盾非常严重。不久康熙帝的军队就开始收复失地。虽然吴三桂的势力很强大，但他仍然逃不过死神之手——他在1679年秋病死；在这之后，群龙无首，军心涣散，这也奠定了叛军最终的命运。随后两年，其他叛军先后被灭。1681年，吴三桂的孙子在他的据点被围，最后自杀。平定叛乱之后，藩王制度被废，中央加强对各省统治，各省官员定期进京汇报。

康熙帝不仅巩固了自身对中国的统治,他还像汉唐最伟大的君主一样将自己的权力向外渗透。他在17世纪末平定蒙古,18世纪初平定西藏;他的两代接班人也采用了这一外进策略。因此,到18世纪末,除了成吉思汗统治时期,清朝疆域达到前所未有的规模。

康熙帝也坚持和欧洲人往来。中国明确了对澳门的统治权。顺治帝时,荷兰派代表来北京,被当成朝贡使节接待。16世纪以来,俄国一直在向西伯利亚扩张。顺治帝时,俄国使者和商人来到都城;康熙帝统治早期,也有俄国使者和贸易商队来到北京。1652年以后,双方多次发生冲突。俄国在西部为夺取黑海出海口与奥斯曼帝国作战,削弱了他们与清军作战的实力。在阿穆尔河山谷,俄国为了抵挡清军攻击,在那里建立了一个设防哨所。1685年,俄军哨所被清军攻占。双方都希望停战,1689年双方在尼布楚签订条约,这是中国与西方国家之间签署的第一份国际条约。该条约"画疆分界,贸易往来",划分了中俄两国东部边界,迫使俄国归还其声称占领的部分中国领土,明确了两国的贸易限制。

同样,康熙帝在反对罗马天主教传教士的过程中也明确了他的绝对统治权。耶稣会信徒,特别是汤若望,在清军一统中国的过程中依附于满族。康熙帝过世前,法国遣使会、法国耶稣会、西班牙奥古斯丁会、意大利方济各会,以及巴黎海外传教会的代表都来到了中国。康熙帝在位期间,他一直对这些传教士友好包容。他对耶稣会士尤为感兴趣,特别是南怀仁和法国社会党成员。在他们的帮助下,康熙帝学习了欧洲的科学、数学和音乐,还委托他们绘制帝国地图,让他们与俄国人进行谈判,允许他们在北京建立教堂。到1705年,中国可能有两百多位基督徒,其中一些还非常有名。

然而,传教士中却发生了一场"礼节之争":术语"God"是否可以译为中文里的"天"?基督徒是否可以参加中国祭祖和学习孔教?如果答案是肯定的,中国就不会对基督教那么有敌意。但若教会认为无法接受，基督教就将成为中国传统信仰和习俗的敌人。大多数耶稣会士都赞成在这一点上宽容以待，但其他教会成员却是强烈反对。从1628年起，这场争论持续了很长时间，最终教皇出面，派出两位大使来到中国。两位使节表达的不宽容态度激怒了康熙帝。他认为，任何外国人，哪怕是教皇，都不能违背帝国的意志。他给了传教士们两个选择：遵守中国法令或离开中国。教皇直到1742年才发表了最终布告，而到那时康熙帝早已去世。争论归争论，康熙帝并未对基督徒进行迫害。不过，他在晚年对基督徒表现出了较多的敌意。

康熙帝积极想法促进国民物质财富增加。他多次外出巡访，想要亲眼看到皇宫外面真实的世界。他想要废除中国女人裹脚的传统，但失败了；他努力减少税收，鼓励官员为人诚信，办事高效；他兴建公共工程，治理黄河；他鼓励学术研究和出版，其中包括一本著名字典（《康熙字典》）、一部百科全书（《古今图书集成》）和一本音律字典（《佩文韵府》）。他自己也学习儒家经典。他颁布了16条道德训教（《圣祖圣谕》），由地方官正式教给百姓。

在他最后的日子中，因其子嗣众多，而且清朝没有采用嫡长子继承制，所以出现"九子争嫡"的局面。最终胜出的是雍正帝，此时他已四十多岁，只剩下十二年多一点的生命。他不是天才，但很勤奋。他改革财政制度，惩治官员腐败。在内政管理上，他比他的父亲更怕暴乱。他有一个秘密组织，专门负责找出谋逆者。他的几个兄弟都被他施以酷刑，可能是为了防止他们叛变，但更有可能是为报旧时之仇。耶稣会士继续在北京任职，但他颁布了比他父亲更严格的处罚。他的中央集权程度越来越高。在外交事务上，他在位时，沙俄不断蚕食中国领土。1727年，双方签订《恰克图条约》。这是一个不平等条约，条约明确了两国边界（贝加尔湖以南及西南约十万平方公里国土被割让给俄国），规范了贸易往来，允许俄国在北京设立东正教教堂。

乾隆帝

雍正去世,乾隆继位。乾隆在位时间很长,他是中国历史上最长寿的皇帝;为了表示对祖父的敬重,康熙统治了 61 年,他在统治了 60 年后的 1796 年宣布退位,但他一直手握大权,直到 1799 年去世。和他的祖父康熙一样,他也展现出了非凡的才能。他精力充沛,多次出巡江南。在艺术方面,他和他的祖父一样,虽然没有太多天赋,但都非常勤奋刻苦。在个人能力上,乾隆和他同时代的两个欧洲名君(俄国的凯瑟琳和普鲁士的弗雷德里克)相比,毫不逊色;在国家财富和人口上,他超越了与他同时代的其他所有统治者。在他的统治下,清朝达到了中国古代社会发展的顶峰,并开始逐渐滑落。

在他的统治下,重又收复新疆和西藏。由于中央走的是主动攻打路线,所以和缅甸的战争也是在所难免,因为两国边界尚未明确,有部落居住在交界处。这场战争始于 1765 年,四年后结束。先是缅甸人攻入云南,紧跟着,两支清朝远征军攻入缅甸,双方都没有取得压倒性胜利。但是,乾隆满足于阿瓦朝廷对他的承认,以及定期收到送来的礼物(至少清朝认为那是贡品)。他还干预了安南事务。自始皇帝开始安南就与中国分分合合。明朝后半期,安南有一段时间是独立的,明朝灭亡,安南又回归满族统治。在乾隆帝的统治下,安南的统治者继续向清朝进贡。

在欧洲事务上,乾隆和他的祖父一样,完全坚持自己的权威。1793 年 9 月,马嘎尔尼伯爵带领英国使团来到北京。接待他们的船只和马车上插着彩旗,上面写着"英吉利贡使"。官方要求伯爵一行觐见乾隆帝时行"三跪九叩之礼",伯爵拒绝服从。虽然伯爵成功地保持了自己的尊严,但他却无法满足英国企业(英国东印度公司资助其出使费用)的希望,即劝服清政府在贸易方面做出让步。他代表英国提出六项要求,其中包括开放通商口岸,割让岛屿供英国人居住,在北京设立商馆，货物税由双方商定，由于侵犯国家主权，被乾隆帝一口拒绝。关于这次中英两国之间最重要的早期交往，佩雷菲特先生曾有如下评价："如果这两个国家能够增加它们之间的接触，能够互相吸取对方身上最为成功的经验；如果那个早于他国几个世纪发明了印刷与造纸、指南针与舵、火药与火器的国家，同那个驯服了蒸汽并即将驾驭电力的国家，把它们的发明结合起来，那么中国人与欧洲人之间的文化交流，必将使双方都取得飞速进步，那将是一场什么样的文化革命呀！"遗憾的是，事情的发展却是走向了另一面。

乾隆在管理内政事务时，采取强有力的措施来维持自己的统治。他推行文字狱，进行严格的文字审查，销毁一切反清文学。但还是不时有民乱发生，其中至少有两次是由秘密组织（包括白莲教）发起。这些叛乱都发生在乾隆统治晚期，随着年事日高，他的统治权威也开始衰减。

在罗马天主教传教士的事情上，乾隆和他的祖父一样比较严格。他让传教士继续留在北京，为天文事业做贡献，让西洋画家绘制西洋画，让西方建筑师在颐和园营造欧式建筑。传教士遍布各省。清廷明令禁止宗教活动，但地方官员大都睁只眼闭只眼，传教士暗中进行活动。1773年，教皇解散教会；1789年至1815年，启蒙运动、法国大革命和随之而来的战争让欧洲陷入动荡；来自国家的支持减少，欧洲传教士的热情随之减弱。

乾隆统治末期是清朝鼎盛时期。尽管在他去世前的几个月，对一个老年人来说他的身体还很硬朗，但真正的大权大都在他的宠臣和珅手里。和珅1773年就任管库大臣，学习理财，库布大增，得到乾隆赏识，三年后升任军机大臣。他起初为官清廉（没有人一开始就是坏人），后来权力日长，私欲膨胀（权力的诱惑很少有人能够抵挡），利用职务，结党营私，聚敛钱财。他与英国东印度公司和广东十三行均有来往，从中捞取不少好处。作为乾隆身边的红人，他最终积下大量财富。他的儿子娶了一位皇室公主,他的支持者(朝中四大派之一,贪官派)职位也都不低。官僚腐败日渐猖獗,最终引发了一场暴乱。

嘉庆帝

这场暴乱并未终结清朝统治,乾隆把皇位传给嘉庆。乾隆帝死后,嘉庆帝宣布和珅二十条大罪,下旨抄家,经过没日没夜的查验,共抄得白银八亿两(当时清政府一年的收入也不过七千万两,相当于清政府十五年收入,当时人称"和珅跌倒,嘉庆吃饱"),赐他自杀;叛乱迅速被镇压。

嘉庆帝的能力远不及他的父亲和曾祖父。他拿和珅开刀,想要肃清吏治,整顿贪官,但却收效不大。官吏腐败并未随着和珅垮台而结束,地方叛乱持续爆发,清廷统治不再像之前那样稳固高效。1813年,天理教徒攻入紫禁城,行刺皇上,但失败了。部分原因是,嘉庆帝的一个儿子(日后的道光帝)挺身而出,打死两名刺客。

嘉庆帝对待外国人的态度傲慢强硬。1805年,他下令查禁西洋人刻书传教。1806年,一位俄国大使在到达北京前就被遣返,因为他拒绝在觐见皇帝时叩头。1816年,艾姆赫斯特勋爵带领英国使节来到中国,希望获取更好的贸易条件。由于不满意中国的接待方式,他们没被接见就被遣散,这是因为嘉庆帝认为,英王只是遥远西方一个藩国的领导者。

道光帝统治的开端

1820年,嘉庆帝过世,道光帝继位,他在天理教徒攻打皇宫时表现英勇,获得父亲垂青。道光帝的统治和他父亲差不多:因循守旧,少有建树,鸦片战争后更是姑息苟安。同样,道光帝在位时也经历了许多叛乱,如西北回部叛乱、广东黎族叛乱等。事实证明,他们都没有足够的能力让清朝继续繁荣。表面上,1839年的帝国依然强盛富裕,人口持续增加。然而,大厦根基已松,灾难即将来临。1839—1842年,中国经历了和英国之间的第一次鸦片战争,遭遇几个世纪以来最严重的危机。毫无疑问,中国也会犯错,接下来几十年,更是错误连连。中国在毫无准备的情况下,跌跌撞撞地迎来了中国历史上最大的革命。

哲　学

在哲学方面,清初百年值得一提。与另一个少数民族统治朝代元朝相比,清初哲学更具探究性。这一切都由满族统治整个国家而引起。这让学者们开始探寻:为什么小小的满族可以攻占整个帝国?黄宗羲(1609—1692)和王夫之(1627—1679)都是声名卓著的学者。黄宗羲的父亲是明朝高官,后因反对魏忠贤专权而冤死狱中。黄宗羲早年积极抗清,晚年发力学术;代表作《明夷待访录》,旨在保存昔日政治智慧,以供未来盛世借鉴。他在书中首先思考了中国历史的"治乱"循环:为何三代以下有乱无治,乱事不断?"天下之治乱,不在一姓之兴亡,而在万民之忧乐。"他认为,始于秦朝的统治家族的兴衰,并未给普通百姓生活带来多少改变。古代以天下即人民为主人,君主为客人;帝国兴起,统治者反客为主,人民成了一无所有的客人。在法律方面,他认为,帝国朝代的法律并非真法,因其旨在维护统治家族一家之利益,而非民众利益。关于宦官专权,他认为主要原因之一就是"人主多欲",如果没有庞大的后宫,也就不需要那么多太监侍应,进而也就不会因为无人管束而侵夺治国权柄。关于学校,他认为,国家一贯重视教育,学校反倒深受其害:学而优则仕,学校只为培养选拔官员,并未形成普遍教育制度;教育以科举入仕为导向,国家政权对教育和思想高度管控。他倡导进行教育改革，让学校变成一个重要社团，在教化民众（广大民众不善于表达自我，也不习惯参与政治活动，只会以暴易暴）的同时，鼓励民众自由发表言论。

顾炎武（1613—1682）是一位杰出的思想家。他出身江东望族，其家族世代为儒，三代进士，一代副榜。他十三岁就加入复社，后来乡试屡试不中，适逢明末起义和清军入关，南明政权灭亡，他率众参与昆山起义。起义失败，家人被害。他矢志复仇，游居二十五年，坚持反清串联。为了拉拢他，朝廷多次委以官职，他均拒绝合作。他在学术上成就巨大，多有创见。他抛弃追求自我心理平衡的理学，提倡解决国计民生的实学。他认为"国家兴亡，匹夫有责"，要想改变国家，士人应身体力行，治学与人生相通，经世致用。另一位独立思想家是颜元（1635—1704），他性格坚韧，反对死读书，注重实践。他的著作很少，去世很久始得认可。他认为，明朝政府之所以衰微，让清朝有机可乘，是因为明朝学者远离现实，一心专注于读书和冥想，改变的方法就是立足社会，艰苦实践。顾炎武和颜元都反对朱熹的儒家正统哲学。

"汉学"反对宋明理学，其成员信赖汉代学者对经典的著说，因为汉代更贴近那些写下经典作品的时代，可能比宋代作者理解得更精确。汉学又分吴派和皖派：吴派以惠栋为首，主要搜集汉儒经说，加以疏解；皖派以戴震为首，重视名物制度考证，从音韵、文字入手解读经籍；两派相比，皖派成就更高。顾炎武的著作为汉学奠定基础，他有很多后继者。汉学派成员研习金石学、文献学、音韵学及历史地理学，并发明了一种历史批评方法：疑古。阎若璩（1636—1704）的《古文尚书疏证》震惊学界，证明这部所谓历史经典是赝作。姚际恒（1647—1715）的《古今伪书考》，证明很多古书都是后世假冒。胡渭（1633—1714）证明，宋代理学家推崇的《河图》《洛书》，来自10世纪道家学者陈抟。戴震（1724—1777）是清朝知识复兴的顶峰，他反对宋朝的二元论，支持理性主义。他认为，每个人内心都共同肯定的东西才能叫做"理"，每个人都认可的事物之秩序和条理就是"义"。阮元（1764—1849）是汉学运动最忠实的支持者和保护者，被称为"护法神"；他主治古文经学（汉学），兼采宋学，调和两派之争。

然而，汉学在当时并未被普遍接受，反因无益于科举而受到广泛批评。朱氏儒学仍是正统，科举考试也以此为准。儒家文化得到统治者的维护。地方均设立孔庙，在全国性节日期间还会举行祭孔仪式。

与西方的交往

1807年，第一位新教传教士罗伯特·莫里森抵达广东，其他传教士相继尾随而至。葡萄牙、荷兰、法国、英国等欧洲国家的商人，甚至最后连美国人都来到了澳门和广东。俄国继续与中国进行陆上贸易。清朝官员严密监控罗马天主教传教士，对他们反复打压，后来更是将其逐出中国。新教传教士的容身之所仅限于广东、澳门和海外华人较多的地方，如新加坡、马六甲和曼谷。商业贸易也被严加看管，但还是有一些走私行为，大部分海上贸易都在广东进行，由中国官府进行管理。广州的外国商人被限制在一条狭窄的河岸上，也就是著名的"十三行"。西方在经济、军事和商业活动上的实力不断增强，它们不可能永远忍受这种限制。然而，就此时而言，西方人绝对屈服于这种环境，因为在这里他们是客人。

中国文化对欧洲的影响，比西方文化对中国的影响还要大。罗马天主教传教士翻译了一部分中国文学，并写了很多关于中国的文章，广为流传。由于他们的文章主要都是赞美中国，欧洲对中国充满钦佩之情。18世纪，中国的事物开始在欧洲流行。中国从未对如此遥远的地方产生过如此巨大的影响。对于领导18世纪欧洲启蒙运动的那些自由主义者来说，中国实施的法令准则就像是一种乌托邦。

18世纪欧洲人对中国的钦佩，与19世纪欧洲人对中国的蔑视，形成鲜明对比。这是因为，康熙帝和乾隆帝对欧洲的尊重，是他们无能的后人所没有的。除此之外，在19世纪，西方对中国的了解，主要不是来自传教士，而是来自和中国一般民众的交往。此外，19世纪西方国家物质生活水平的提高，也让他们看不起非欧洲人，包括中国人。

总　结

大清帝国统治中国的前150年，是中国历史上最辉煌的时期。除去元朝，中国的疆土从未如此辽阔，国内秩序也从未如此稳定。因此，国家一片繁荣，人口达到有史以来的最大值。中国坚持推行与各国的和平外交政策，欧洲也欣赏并模仿中国的文化。康乾盛世的出现，源自全国经济统盘考虑。南方是经济中心，不用考虑防卫，主要负责发展经济，反哺北方。北方是军事中心，主要负责保卫边疆，确保南方安心发展经济，由此达到东西互补，南北平衡。

然而，在创造性上，清朝还是不能和周朝，甚至是和汉唐相比。康乾盛世是清朝文化知识的巅峰，但在严密的思想钳制下，其代表却是汉学，缺少创新。清朝的这种缺乏创造性，其实承接了元明两朝。近六个世纪以来，中国都没有诞生富有创造性的伟大文化。如果没有西方的强烈冲击，中国很有可能还是在慢悠悠地走着自己的和平发展之路。然而，从19世纪中叶起，战争开始了。在这个过程中，旧制度和旧思想逐步瓦解，社会愈发混乱。此时我们还无法确定战争的影响，也无法确定中国的天才能创造出新的文化。但不管怎样，与西方文明的接触，是中国创造出新事物的希望。

第十章

帝国衰落：西方冲击下的转变（1839—1860）

简 介

直到19世纪初，中国历史一直都在沿着自己的轨迹向前发展，没有像西方那样不时遭受毁灭性的打击。所有朝代都是胜者为王。所有朝代都是经过一段时间的发展就逐渐衰败。所有朝代的结束都以叛乱为标志，伴随着来自北方的入侵。然而，19世纪中叶的列强入侵，在中国历史上却是前所未有。在此之前，最危险的入侵者都是从北部、西部和东北部的陆地上骑马而来，如今他们则是穿越重洋，驾船而来。北面的俄国也是中国的一大威胁。到目前为止，外来文化（主要是佛教）都被中国本土文化吸纳转化，中国人的生活结构基本没有改变。现在则出现了与中国文化截然不同的西方文化，它们认为中国文化是落后的，它们对待中国文化的态度充满傲慢和轻蔑。

冲突是不同文明之间的冲突，也是不同政府管理方式之间，以及人民与公民之间的冲突。在生活的每一个主要方面：政治、经济、社会、思想，中西方文化都有根本性差异。在18世纪中华帝国的高光时刻，欧洲部分中国化，而不是中国欧洲化。进入19世纪，在资本的助力下西方工业化进程提速，发明了操控自然的新机器（包括杀伤性武器），西方社会的许多方面都发生了革命性变化，其力量迅速壮大。在开辟国际市场和攫取全球原材料这一欲望的驱使下，在统治全世界这一权力的诱惑下，在新机器和新发明的支持下，在战争与资本的推动下，西方人控制了全球大部分地区。他们所到之处，无论是非洲、美洲、印度、日本还是中国，都随之发生改变。

在中国，在东西方文明的冲突中，持续存在两千年的旧制度悄然崩溃。旧机制无力应对西方入侵下的社会新变局（白银体系败给了金元体系）。中国人视入侵者为"蛮夷"并奋力抵抗。然而，随着一次又一次战败，中国的主权不断被蚕食，重要城市内划出租界区，外商和传教士穿行中国，传达着新奇的思想。中国人开始接受外国人的文化，部分原因是出于自卫——"师夷长技以制夷"，试图用西方人的武器打败入侵者；部分原因则是，他们相信西方人所存有的优势。然而，无论动机如何，结果都是这一变化深刻地影响了国家生活的方方面面。

我们可以把1839—1949年这110年时间分为四个阶段。第一个阶段是1839—1860年，中国在两次鸦片战争中战败，不得不允许西方侵略者居留主要城市。在两次鸦片战争的休战期（1842—1856），爆发了太平天国运动，这场运动摧毁了帝国江南地区，并危及清廷统治。1860年年末，大清王朝一边背负丧权辱国的条约，一边面临猖獗的国内叛乱，风雨飘摇。

第二个阶段是1861—1893年，这是大清王朝的恢复阶段。国内叛乱被镇压，内部秩序逐步恢复。尽管一再与西方政府发生摩擦，偶尔还会做出额外让步，但是大清王朝免遭重大羞辱并保住些许尊严。当时，表面上看，中国人的生活结构并未发生改变，但是来自国外的影响正在暗中一点点地侵蚀它。

第三个阶段始于1894年，中华文明的构架开始分崩离析。中日甲午战争是一个危险的信号，随后，中国相继被列强瓜分。面对外敌入侵，中国抗争无果，最终只能颓唐认输，19世纪就这样宣告结束。在随后的革命性调整尝试中，大清王朝走向终点，中国开始尝试共和制。随后军阀混战，国家逐渐转向政治斗争。与此同时，人民生活中的诸多方面都发生了很大变化。1931 年"九一八事变",尤其是 1937 年"七七事变"以后,日本发动全面侵华战争,侵占中国大片领土,事态变得日渐复杂。

第四个阶段始于 1945 年日本战败。国民党政府由于在此前抵抗日本侵略的过程中失去民心,又在美国的暗中支持下率先发动内战,最终亡命台湾。中国共产党人支持马克思主义思想,1949 年掌控中国大陆,宣告中华人民共和国成立,华夏历史就此掀开新的篇章。

第一次鸦片战争(1839—1842)

西方对中国的侵略,源于欧洲人的经济扩张,史称工业革命。英国是这场革命的发源地。它是海上商业国家的首领,它对中国制定的贸易条件感到不满,试图强迫中国予以改善。在他们眼中,中国的行事礼仪无法理喻,中国的税收和贸易法规太过随意,中国的司法程序蛮横无理。如果英国人真能遵守他们口中国际法的基本原则(尊重每个国家的主权),他们很可能会提醒自己,他们在中国没有条约权利,所以行事要多加克制。如果他们不喜欢中国人制定的条款,他们别无选择,只能和平地要求修改或者自行退出。然而,这并不是 19 世纪欧洲人对待非欧洲人民的态度。关于随后发生的鸦片战争,英法两国受到很多思想家的批评,其中尤以德国思想家马克思的批评最为深刻。他认为,英法对华贸易的实质是强力掠夺,而非它们口中的"自由贸易",它们所谓的"自由"说到底就是垄断。英国发动对华战争,旨在废除中国主导的白银经济,确立英国主导的金本位制,攫取世界金融霸权,因为它最不缺的就是货币,而货币才是经济的血液。除非中国可以独立于西方金融体系,否则它不可能真正独立。

当时中英双方都对另一方有很多不了解的地方。一方面,清廷官员认为英国人是"洋鬼子"。另一方面,英国人对中国人的蔑视和恼怒也显得过于极端。双方都认为对方不够文明。鸦片销售更使问题复杂化。清廷重申禁烟令，一部分原因是，毒品对中国人的身心有很大危害，另一部分原因是，其快速增长扭转了贸易平衡并导致白银出口。但在政府的纵容默许和官员的见利忘义下，鸦片销售一直持续到1838年年末，这时北京政府开始警觉起来，任命林则徐为钦差大臣，前往广东禁烟。林则徐是当时较早睁眼看世界的人之一，他的署中养有善译之人，又有洋商通事，四处探听外国事务。林则徐于1839年走马上任，积极打击贩卖鸦片活动。他命令外国商人交出鸦片，并要求他们不准再进口鸦片。两万多箱毒品被上缴和销毁。英国人受到打击，他们退出澳门，转入香港。之后中英之间发生了一些摩擦，1839年11月，两国战舰在香港发生武装冲突。

随之而来的战争，不时被谈判中断。英国对从广州北部到长江沿岸的一些中国港口发动海上袭击。1842年7月，英军攻陷镇江，控制京杭大运河；8月，英军到达南京下关，扬言要进攻南京，清廷只能无奈妥协。

1842—1844年间的条约

1842年8月，第一次鸦片战争结束，道光帝被迫签署《南京条约》，这是中国近代史上第一个不平等条约。其主要条款包括：开放五口通商，割让香港岛给英国作为海军及商业基地；中英两国官员在平等基础上交往；废除公行自主贸易制度，准许两国商人自由贸易；进出口关税由两国共同商定；向英国赔偿。1843年，双方又签订了一项补充条约，给予英国最惠国待遇，允许英国享有治外法权。

与中国有贸易往来的其他西方列强，也在关注这场战争及其结果。很快，它们中的一些国家也要求中国给予它们类似的让步。对于其他列强的趁火打劫，英国并不满意，但也没有反对。1844年，美国派出一个外交使团并获得一项条约，条约中提到向美国开放同样的五个港口，规范双方贸易行为。1844年10月，法国人获得了一项类似条约。1851年，中国与俄国签署条约，进一步规范了双方贸易准则。这些条约为接下来半个世纪的列强入侵提供了法律基础。后来又相继开放了一些"通商口岸"。直到1929年，中国的关税仍要与外国列强协议决定。打败中国后向中国索要巨额赔偿，也成为一种惯例。治外法权一直存在了75年，外国人在中国犯法，接受本国法律审判，不受中国法律约束。

战争间歇（1842—1855）

条约签订后，西方对中国的压迫明显增加。外商和传教士在香港和五个通商口岸定居。耶稣会士重新进入中国。蒸汽运输的增长，刺激了中外贸易发展。北美西海岸的移民居留地在19世纪四五十年代迅速发展，促进了太平洋两岸有更多贸易往来。中国劳工移民去往加利福尼亚的煤矿，以及秘鲁、古巴和英属圭亚那的种植园。通过这些漂洋过海的人，外来影响又传回中国。在迅速成为重要外贸中心的上海，西方人在城墙外获得一席之地（英国人在上海县城外租地开发房地产，进行土地资本化经营，把地租转化成了资本），出现了英、法、美三大移民居留地，并在多年后发展成为英租界、法租界和美租界。（太平天国运动的爆发更是促进上海快速发展。江南的有钱人纷纷搬入租界，并将其财富经由租界金融机构转移到国外，像李鸿章等人都是如此。）

条约带来的和平，只是一种暂时休战。双方对这一结果都不满意。中国人认为他们付出太多，外国人则认为他们得到太少，双方之间的摩擦自是难免。在五个通商口岸，广州的外国居民最多。当时通商仍局限于"十三行"，广东人民反对该区域进行扩展，英国方面则想获得更有利的条件。暴乱和谋杀不断上演，民众苦难不断。其他港口也遇到不少麻烦，只是没有那么明显。鸦片走私也仍在继续。中国移民多以"契约劳工"形式出现，招工往往是通过暴力和欺诈手段。有段时间，外国船只（尤其是葡萄牙船只）"护航"中国商船，表面上是为了防止海盗抢劫，实则是一种不加掩饰的敲诈暗算。

1844年的美国和法国条约规定，在12年后对条约进行修订。1854年，英国声称1842年条约应予修订，并在附加外交条例中列举了它认为可取的新特权，其中包括允许外国人进入更多城市、鸦片贸易合法化，以及确定西方使节在北京的住所。这些要求得到美国和法国的支持。列强唯恐暴露出它们贪图利益的真实目的。一些赞成进口鸦片的人提出的理由是，由于毒品是通过走私进入中国，如果流通正规化，不仅可以控制其交易，还可为政府带来收入。

第二次鸦片战争（1856—1860）

战争的导火索往往都是一些小事情。1856年10月初，"亚罗号"商船从厦门开往广州，停靠黄埔。船上水手全是中国人，船主则是一位香港华人。为了防备海盗，该船在香港注册，悬挂英国国旗。10月8日早晨8时，中国官员和兵丁登船搜寻海盗，拘拿了12名华人船员，混乱中，英国国旗被扯下。英国领事拿国旗说事，声称英国主权受到侵犯，要求官方正式道歉。广东总督则否认船上有英国国旗，并质疑英国领事为何要干预一桩由中国巡捕在一艘停靠在中国港口且为中国人所拥有的船上拘拿中国人的案件，拒绝道歉。

这场微不足道的冲突原本可以和平解决，但是英国领事巴夏利和广东总督叶名琛在解决方案上却是互不相让。僵持到月底，英国海军部队开始采取敌对行动。他们占领了通往广州的要塞，并炮轰总督衙门。中国人进行反击。英国人将中国人的反击视为宣战，英国外交部准允政府当局对中国开战，虽然这一决定被下议院否决，但英国当时选择了解散议会,继续实施对中国的敌对行动。

法国也趁机加入战局。法国和英国在克里米亚战争中结为联盟。1856年年初,中国当局在广西处决了一位法国传教士,这给了法国一个宣战的借口。当时,英国建议美国也加入进来,但被美国拒绝。然而,当法国和英国强迫中国修改条约时,美国代表也跟着要求修改1844年条约。与此同时,因克里米亚战争而无法参与其中的俄罗斯,也想从中分一杯羹。

由于与波斯交战和印度兵变,英国推迟了对中国动武。1857年年末,英法联军在中国海域集结,广州被占领,执拗的总督叶名琛被押往加尔各答。英、法、美、俄向北京政府提出了它们的要求。由于对北京政府的答复不满,联盟舰队继续向北推进。英国人和法国人占领了通往天津的大沽要塞。由于北京受到威胁,皇帝被迫做出让步,与英、法、俄、美谈判,并于1858年签署了《天津条约》。

在新条约生效之前,必须由各国政府批准并交换批准书。俄国、法国和英国的文件规定,应在北京交换批准书。俄国部长很轻松地就完成了这一要求。然而,1859年当英国、法国和美国的部长们为交换文件离开天津时,更多的麻烦接踵而至。美国部长去了北京,促成了文件交换,但却因为行跪拜礼而深觉受辱。英法两国部长坚持走通过天津的路线,而不走中国人指定的路线。面对阻拦,他们企图强行通过,但被击退。1860年,英法联军带着增援部队返回,占领大沽和天津,并向北京进军。为了报复被派去议和休战的英国代表团被扣为人质,英法联军在占领北京后,故意烧毁了"万园之园"圆明园。

《天津条约》和《北京条约》

1858年签署的《天津条约》和其补充条约,以及1860年签署的《北京条约》,对西方人在中国的地位产生了重要影响,西方对中国的渗透比 1842 年和 1844 年要广泛得多。条约中的许多细节不必关注，但其中一些规定产生了重大后果。(1) 新开十处通商口岸，包括天津。这些港口，特别是北方和长江沿岸的港口，让很多地区第一次与西方人直接接触。其中一些城市在对外贸易的推动下迅速发展。(2) 外国商船在长江各口岸自由航行。(3) 外国公使及其随行人员居住在北京。(4) 外国人只要持有护照就可行走中国。这给了西方人自由出行的特权，从而将西方文化扩展到港口之外的其他地区。(5) 基督徒享有传教特权，并保证他们信仰自由。

1839—1860 年间，西方列强通过发动战争和签订条约，获得许多特权。西方列强将自己的商业和文化渗透到闭关锁国的中国，从而在中国文化中引发了一场任何人都未曾料想到的革命。

侵略领土

此时，不断进犯的西方人只是占领了中国一小部分领土。然而，不管在哪儿，他们都在加紧蚕食中国的领土。中国国力衰弱，西方人在此获利丰厚，这些因素刺激了其他国家，它们也纷纷入侵中国。

17、18 世纪，中俄之间的边界非常明确，中国一直拥有黑龙江以北领土。进入 19 世纪，由于距离遥远且人烟稀少，清廷无暇顾及这部分领土，俄国人顺势向西伯利亚挺进。第一次鸦片战争过后不久，俄国人就派遣探险队和殖民者沿黑龙江而下。1858 年，由于被法国和英国打败，加之国内叛乱不断，中国与俄国签订《瑷珲条约》，将其黑龙江以北领土全部割让给俄国，并同意乌苏里江以东中国领土由中俄共管。1860 年，根据中俄《北京条约》，乌苏里江以东至海的领土全部割让给俄国。俄国拥有了朝鲜以北的整个亚洲海岸。在当时的中国人看来，失去这片领土并不重要，因为那里中国人较少，而且他们也没有直接受到割让的影响。然而，这样一来，中国却是失去了一个朝向太平洋的出海口；而在俄国这边，作为向太平洋扩张的一步，也是进一步侵犯中国的一步，攫取这一出海口则是意义重大。

就在俄国侵占中国东北部领土时，在西南部，法国的侵入使中国失去了在越南的附属领土。第二次鸦片战争期间，法国入侵越南，占领西贡及其周边三个省。中国在战败后被迫签署条约，开放三个港口并把三个省割让给法国，法国顺势在那里建立起交趾支那殖民地。

内 乱

两次鸦片战争破坏了中国旧有的经济秩序，鸦片走私愈发猖獗，沿海地区社会混乱。历史上，广州吸引了大量移民工人；面对新通商口岸的竞争，约十万码头工人和船民失业，为了生存，他们被迫加入民间组织。在这一背景下，在基督教义中国化的基础上出现了"太平天国运动"。

这场运动的领导人是洪秀全，他是广东人。二十多岁时，他在广州参加科举考试，收到了一些新教书籍。在连考不中的打击下，他生了一场重病，病中幻觉他被带到一个宽敞明亮的地方，一个老人对他说：奉上天旨意，命他到人间斩妖除魔。1843年，洪秀全开始钻研在广州得到的书籍。他坚信他找到了把幻象变为现实的关键，即那位老人就是上帝，他有义务让人们敬拜上帝。他发起了一场运动，起初它完全是一场宗教运动，带有许多基督教的外在特征。

洪秀全创立的"拜上帝教"在广西发展壮大，其中融入了许多中国元素，可以说，这一教派组织是对基督教和本土信仰的一种奇特的融合。随着时间的推移，"拜上帝教"逐渐发展成为一场政治宗教运动。他们决定推翻清朝统治，建立新政权，国号"太平"并推举洪秀全为领袖。斗争始于1845年，到了1850年和1851年，事态愈演愈烈。1852年，太平军沿着湘江北上，进入湖南。1853年1月，他们攻下武昌；3月，他们攻占南京，并在南京定都。

在某种意义上，太平军是一个革命团体。这场运动试图通过借鉴西方来重塑和拯救中国。它的直接影响基本上是破坏性的。例如，太平军杀害了许多佛教僧侣，摧毁了很多寺庙。从另一个角度来看，这是一场由农民和手工业工人反抗地主、富农和商人的社会经济起义。这场运动在土地改革、减轻赋税、提高妇女地位、打击贿赂和鸦片、废除酷刑等方面做出了很大贡献。太平天国运动的最终失败，是由于社会上的保守分子（和外国联军）对清廷的支持。基督教的影响只是导致这场运动失败的一个次要因素。

太平天国运动推动了大部分普通民众对现实的不满、对冒险的热爱和对掠夺的渴望。如果洪秀全表现出组织或政治领导方面的天赋，太平天国运动完全有可能推翻清朝，因为当时清廷败于列强，并受到其他起义的骚扰，力量虚弱。然而，事实证明洪秀全并不具备必要的能力。定都南京后，洪秀全派兵北伐。在一次突袭中，北伐军攻入天津西南的静海，但却从未严重威胁到清廷对北部地区的统治（这支北伐军后因孤军深入而全军覆灭）。之后，为了破解清兵合围之势，洪秀全又派军西征。石达开将军率领西征军大败清军，攻占湖北、湖南、江西，确保太平军成功地占领南京十多年。直到1865年，就像我们将在下一章中看到的，在汉族地主官员和外国势力的合力围剿之下，太平天国运动最终被绞杀。

道光帝与咸丰帝

如果当时的清政府拥有像康熙帝和乾隆帝这样的领袖，面对外国列强和各地叛军，可能还不至于有灭顶之灾。然而，大清王朝当时正处于衰落时期，这是所有王朝都不可避免的结局。这也是中国政体的一大弊端，即过分依赖统治者，以至于国家一旦由平庸者甚至无能者掌权，就会陷入绝境，甚至走向灭亡。

　　事实证明，咸丰帝还不如他的前任能干。在他最后的日子里，他灰心丧气，放纵自己，推卸职责，尽情享乐。1860年8月，在英法联军的步步紧逼下，他以"木兰秋狝"（打猎）为名，逃往热河（承德）避暑山庄，1861年他在那里去世，王位留给了他年仅5岁的儿子。清政府处于内忧外患的水深火热之中，放眼未来，一片黑暗。

第十一章

帝国自救：西方冲击下的变革（1861—1893）

　　1861年，大清王朝似已时日无多：皇帝是个孩子，朝中纷争四起，列强一再入侵，国内叛乱不断。由于多种因素的合力，清政府的灭亡被推迟了半个世纪。

慈禧太后

　　一位新领导人的出现给清廷注入了一丝活力。这位咸丰帝继承人的母亲常被称为皇太后（慈禧太后），北方人称其为"老佛爷"。她是满族叶赫那拉氏的一员，出身名门。她依靠美貌和魅力赢得咸丰帝的宠爱，并生下他的继承人（同治帝）。咸丰帝死后，她在其忠实的顾问荣禄，以及咸丰帝兄弟恭亲王的帮助下发动政变，和孝贞显皇后两宫并尊，形成"两宫听政"格局。

　　同治帝继位，其母后垂帘；16岁时，他独自掌权，为人放浪，19岁去世。慈禧推立一个小孩继承皇位，是为光绪帝。慈禧不仅在光绪帝还未成年时就执掌大权，在他成年后仍是真正的幕后操纵者。1908年，光绪帝去世，慈禧又选了一名未成年人继承皇位，但她只比光绪帝多活了几个小时。作为一个统治者，她比乾隆帝之后任何一位皇帝都有统治力。慈禧迷信，犯过许多大错，经常优柔寡断，从未认识到当时变局推动中国进入新时代的意义。她酷嗜权力，热爱钱财，对高层人物的优缺点了如指掌，善用谋略达到自己的最终目的。

镇压叛乱

多亏当时一大批忠诚的汉族地主阶级的守护，大清王朝这才免于即刻倾覆。其中不能不提的是曾国藩（1811—1872），他是镇压太平天国运动的主将。尽管他不是受过训练的军人，而且由于其他官员的嫉妒，以及清朝行政和军事制度的桎梏，他很难组建一支强大的部队去镇压势头正盛的叛军，但他还是率领他的湘军，历经波折磨难，粉碎了叛军。太平军的大本营南京于1864年被攻陷，洪秀全在此几周前自杀身亡。1865年，太平军的残部被驱散。

曾国藩的得力幕僚李鸿章（1823—1901），是19世纪末一位有能力的政治家，他给了曾国藩很多帮助。在镇压太平天国运动时，外国势力也参与其中。但是，许多西方人起初都比较支持反叛者，部分原因是太平天国运动打着基督教的旗号，更易被西方人接受。然而，慢慢地，他们发现太平军比清军更狂热，更傲慢。太平军在长江下游的活动威胁到西方人的安全和贸易，损害了他们的利益。1860年，在与清廷讲和之后，西方列强对待反叛者的态度不再友好，外国势力帮助上海周边地区摆脱了叛乱分子的控制。

华尔是一个冒险家，出生于马萨诸塞州的塞勒姆。他一开始受到英美当局的驱逐，但最终得到默许，组建了一支特遣队。这支队伍最初全由外国人组成，后来也有一些中国人加入，被称为"常胜军"。华尔死后，指挥官人选几经调整，最后英国军官戈登上位，他率领队伍为清军提供了有力的援助，直到叛乱被终结。

太平天国运动缺乏建设性的破坏，带来许多不良后果，其中之一就是它严重破坏了（中国的）文化传统。长期以来都是财富和文化中心的长江三角洲被夷为平地,五千多万人死于战乱。许多重要藏书处被焚。许多书院也被毁弃。另一个影响是,它促进了中国传统结构的最终解体。当激进的改革运动在20世纪初掌控中国时,海外华人的努力功不可没。海外移民的变革热情可以追溯到太平军时期,反叛者散逃各地,依旧怀有变革热情。20世纪上半叶的革命家孙中山在村塾读书时,村里有位太平军遗兵讲述反清故事,对他产生了很大的影响。

早在嘉庆年间,北方就有捻军活动。1852年,安徽淮北地区大旱,当地农民纷纷加入秘密组织"捻党"谋求生路。在皖、豫、鲁、苏、鄂交界处,形成十余支相对独立的队伍。由于组织松散,武器简陋,他们只能打游击战。后期兵力又一分为二,最终在1868年被清军逐个击破。

云南发生了回民起义,领袖杜文秀。杜家世代经商,杜文秀考中秀才,在村塾教书。1855年,回汉豪绅争夺银矿,发生械斗,总督借机残害回民。杜文秀在回汉争讼中入狱,被救出狱后,起兵反叛,驻守大理府。反叛持续十多年,后来清廷采取分化诱降策略,另一支回军主力叛变,最终这场起义在1873年被镇压。

在中国大范围的动乱中,陕西和甘肃的许多民众也发动起义。新疆大部分地区在不同领导人的领导下也发动起义。看来,在这片辽阔的土地上,已经不再需要所谓的清朝皇帝了。收复西部几乎全要归功于左宗棠(1812—1885),他是曾国藩的同乡、前幕僚。他在镇压太平军和捻军时发挥了重要作用。1870年,他在平定陕西后,稳步向西进发。1873年,经过近三年围攻,他收复了甘肃的肃州。左宗棠的军队远离中部省份,被迫自己供应粮草,他和他的军队靠自种自收来维持生活。1877年,他的主要对手阿古柏暴死。1878年年初,喀什噶尔、叶尔羌、于阗相继投降,左宗棠收复新疆。

努力重建

中国的政治家们通过镇压叛乱和重建政治结构来巩固国家。他们打击官吏贪腐，招募官员履行职务，重建地方政府，缓解民众疾苦，增加国库收入。政治家们的努力得到数百万平民百姓的支持，他们涌进了因叛乱而人口锐减的肥沃土地。

十多年来，曾国藩是当时最具影响力的政治家，他与李鸿章、左宗棠、张之洞并称"晚清中兴四大名臣"。他出生于一个普通耕读家庭，自幼勤奋好学，进士及第后入翰林院，累迁内阁学士和礼部侍郎。1851年太平天国起义爆发，他上书直陈咸丰帝的过错，咸丰帝怒掷其折于地；数日后复阅，心服而纳谏，并对其予以褒奖。1853年，他组建湘军，来年开始镇压太平军。1864年7月，湘军攻破南京，次年北上追剿捻军。1867年，他主持洋务运动，引进外洋器物。在他看来，这些器物既能对中国有所帮助，又不会动摇中国文化。后来他出任直隶总督，奉命办理天津教案，最终选择不与法国开战，赔款46万两白银。朝野上下对此甚为不满，他引咎辞职；因背负恶名，心情郁结，病情不断加重，两年后病逝。曾国藩为人正直，深受儒家思想影响，终生不忘"耕读为本"。他一生笃行程朱理学，推动儒学复兴。在他死后，清朝再未出现像他这样的政治家。

外交关系

国内叛乱被镇压，政治结构得到重建，加之没有严重的对外关系危机，清朝政府的统治得以延续。西方列强对战后条约并不完全满意，但至少消除了大部分列强对中国优势地位的不满。在清朝这边，官员和民众都还没有做好友好对待外国人的准备。在西方这边，西方人咄咄逼人，常想攫取比现下更多的特权，甚至不止一次侵占中国领土。然而，自1860年以来，列强与中国的关系建立在如下信念之上：唯有支持清廷，帮其稳定内部，才能攫取更多利益。那些特别注重商业发展的国家（尤其是英国）认为，只有一个统一有序的中国才能保证商业发展，而要实现这一点，最好的办法就是保住清政府。1861—1895年间，英国的工业领先地位先后被美国和德国赶超，美国爆发内战，法国爆发大革命，俄国参加克里米亚战争，列强自顾不暇，中国稍得喘息。1861—1898年间中国的外交事务都由恭亲王奕䜣（1833—1898）负责，他非常善于让自己和政府适应新的环境。这些年来中国外交方面的主要事件简述如下。

早期的发展之一是，由外国人监督征收关税。1853年，还在太平天国运动期间，一群叛乱者（小刀会）趁乱占领上海县城，清政府失去了在此征收进出口关税的权力。后来，通过英国领事和上海道台之间的安排，由中国任命外国提名之领事监督关税征收。这一体系运行良好，1858年11月，根据一项中英协议，其他港口也照此办理。《北京条约》中规定英国可以向中国海关征收赔款，清政府随后设立海关税务司长一职。1863年，英国人赫德走马上任。在他的指导下，大清海关总税务司发展迅速。它的主要职位由不同国家的人担任，其中英国人最多。在一个充满腐败行径的政府中，税务司堪称清流。它不仅征收关税，还在一些主要通航河流设立灯塔和浮标，并修建西式皇家驿站。税务司由北京总控。

1858年的条约准许为外国外交领事在北京提供住所。为了应对他们和外交事务，1861年新设总理衙门。自此（清朝）政府直接通过首都处理外交事务。多年来，皇帝接见西方使节一直是个棘手问题。《天津条约》规定，外国使节觐见皇帝时，应被视为来自与中国享有同等尊严的独立国家。中国人难以接受这项规定。彼时同治帝还未成年，这个问题并不紧急，但在1872年同治帝长大后，使节们要求正式会见。经过长时间的犹豫和谈判，同治帝同意了见面，但在仪式进行时他却微妙地暗示中国的地位高于其他国家。直到1894年光绪帝长大后，才有了令外交使节满意的见面会。

清政府并不急于派代表去拜访西方国家。第一次访问外国的尝试非同寻常。1861年，美国公使蒲安臣来到中国。他平易近人，对中国充满同情，是"对华合作"政策的代表人物，主张"公平外交"，反对"武力外交"。他支持清政府，协助中国对付英国，赢得总理衙门的信任。1867年，在他辞任前夕，清政府邀请他出任大使。他带着大批随从于1868年访问美国，与美国签署条约，其中包括确保中国领土完整，中国劳工可以自由移民美国，不干涉中国自由发展。在伦敦，他从英国政府那里获得一纸声明：英国政府愿与中国政府"以和济事"，不对中国独立和安全施加不当压力。访问团在巴黎和柏林受到热烈欢迎，但都没能签下条约。在圣彼得堡，沙皇在会见时回避中俄领土纠纷等实质性问题，蒲安臣心情愁闷，"既恐办法稍差，失颜于中国，措语失当，又将贻笑于俄人"，次日感染肺炎，一周后死亡。随后，访问团绕道罗马返回中国。蒲安臣访问团为中国在西方国家设立大使馆做了铺垫。1877年，中国首次在伦敦设立大使馆，两年后，又在欧洲大陆和华盛顿相继设立大使馆。

1860年至1894年这几十年间，中国与西方之间也有暗流涌动，偶尔也有骚乱发生。中英《天津条约》规定，任何一方都可要求在十年后修约。因此，19世纪60年代末70年代初，英国和中国对条约的修改进行了多次讨论。在缅甸－云南边界上发生的一次冲突中，英国"探路队"队员马嘉理之死（他偷绘中国地图，当地部落民众要求他立马出境，他蛮横拒绝并开枪打死民众，引发众怒，被民众打死），促成《烟台条约》的签订。英国人要求中国当局对此负责，不仅要求赔偿，而且要求解决两国政府之间一些悬而未决的分歧，迫使中国在与此次事件无关的方面让步，例如，开放新的贸易港口。

中国的劳工移民是双方之间的另一个矛盾分歧。新的贸易和航海设施，促使中国人向外移民。有些移民以契约工的形式进行，其实这种形式并未比奴隶制好多少。到1880年，中国与列强之间达成协议，严禁虐待华工。中国去往美国的移民，引起太平洋沿岸各州白人的强烈反对，因为华人抢了他们的饭碗。在经历了包括反华骚乱在内的诸多不快之后，美国暂停接纳华工移民。最终在1900年后，在没有得到中国同意的情况下，美国完全禁止接纳华工移民。

一些列强不时侵犯中国的领土和附庸国。在南部，法国成为柬埔寨的保护国；1883年和1884年，法国又成为安南的保护国。中国对此提出抗议，但在专横的法国人面前，中国束手无策。1885年，中国承认法国是安南的保护国，但没有支付法国要求的赔款。1886年，英国吞并了之前在缅甸的未占领地区。同年，中国接受了英国在缅甸的权力，但附带条件是，缅甸仍需每十年去北京上贡。1887年，中国签约允许葡萄牙"永驻"澳门。

中国西部发生叛乱时，俄国为了保护自身贸易，占领了伊犁大部分地区，并承诺：只要中国恢复当地秩序，就归还伊犁。左宗棠收复新疆后，中国要求俄国从伊犁撤军。双方就条约进行谈判，条约中规定将伊犁大部分领土割让给俄国，进行赔款，保证俄国在西部享有贸易特权。北京方面拒绝签约，战争似乎迫在眉睫。然而，僵持过一段时间之后，最终俄国同意归还伊犁领土，作为交换条件，中国向俄国提供足额赔偿。

基督教传教士

基督教传教士也是中国与列强之间的矛盾之一。《天津条约》向外国人打开了中国内地的大门。西方天主教和新教传教士迅即展开传教活动。西方工业化所带来的财富和随之而来的商业活动提供了资金，拿破仑战争后罗马天主教的复兴和18世纪福音派觉醒后出现的新教活动提供了宗教动机，借此这两大基督教组织开始在世界各地传播它们的信仰。1860年以后，罗马天主教和新教传教士进入中国的每一个省份。1897年，中国的罗马天主教徒超过50万人（19世纪初仅有约20万人），传教士超过75万人。

除了通过分发小册子和口头传播基督教教义外，新教传教士还将西药引进中国。他们推行西式教育，大力传播西方思想。传教士是将西方思想渗入中国的先驱。尽管他们中有些人言行咄咄逼人，令人不快，还有些人顽固偏执，但他们真诚地相信其所作所为对中国人有重大意义。他们经常以无私的奉献精神工作，比商人更能帮助中国人接触到西方的精神力量。

当时人们还没有意识到，传教士经常成为中国民众和官员烦恼的根源。基督教教义不尊重祖先，威胁到中国家庭的存在。宗教活动变成社区和政治生活的组成部分，不信教者苦不堪言。因此，在其他人看来，基督教似乎危及社会和文明的基础。当时很少有人预见到，接下来几十年，中国传统文明将会土崩瓦解，而传教士则在其中起到重要作用。此外，传教士的活动经常被误解，关于他们的一些言论十分荒谬；例如，在基督教孤儿院和医院，儿童的眼睛和其他器官被用于医疗和摄影。

在清政府恢复国内权力、中西关系相对平静的这几十年间，西方文化不仅通过传教士，还通过商业贸易进行渗透。外商和传教士一般都居住在通商口岸（英国人常住牛庄、天津、汉口、九江、镇江和广州，法国人常住天津和广州），通常房屋先永久租用给外国政府，然后再转租个人。在此居住的外国人，生活上与中国人有很多不同。大多数外商都不懂中文，当然也有例外。他们受到治外法权的保护。只有那些从事商业活动的人才会与中国人接触，他们常会通过翻译和"洋泾浜英语"进行沟通。在这些外国人中，只有传教士与中国人交往密切。因此，外来文化对中国的渗透相对较慢。

中国文化变革的开端

尽管有外国人的存在,但直到 19 世纪 90 年代末,中国的制度和思想几乎完全不受西方影响。在经济上,中国仍然处于自给自足状态。在所有的进口商品中,只有鸦片对中国产生了比较大的影响。中国的基督徒数量不仅很少,而且很分散,很难扭转他们同胞的道德观念。大清帝国的经济、社会和政治结构,与一个世纪前相比鲜有改变。

也有一些特例预示着变革的到来。太平天国运动动摇了儒家正统思想。1873 年,中国设立轮船招商局,在沿海和内河运输中占有很大份额。1894 年,中国北方开始修建铁路。19 世纪 80 年代初,上海、天津和北京之间架起电报线路。煤矿业采用现代方法进行开采。有人试图用西式武器武装中国对抗西方:建立军火库,打造欧式军队。

在北京和广州,清廷建立了培训外交人员的学校。容闳出身广东农户之家,在新教传教士承办的一所学校接受西方教育,后来校长夫妇因病返美,把他带到美国。他在耶鲁学院毕业后回国,最初寄希望于太平天国运动把中国带入现代化。太平天国运动失败后,他加入洋务运动,推动政府引进西方机械(设立上海江南机器制造局)。他认为,"学习西方,或可使中国新生,文明而强大"。在曾国藩和李鸿章的支持下,19 世纪 70 年代,他促成清廷派出 120 名男生(大都来自广东农户之家),官费赴美留学。这些学生很快就"美国化",加之出国留学对科举制造成很大冲击,朝中保守派对此深感不安,所以在所有人都完成学业之前,清廷突然下令让他们回国。不过,这一举措对 20 世纪中国学生赴美留学仍有启示意义。

然而,从过去遗留下来的结构并未发生根本变化。一些政治家进行了一些革新和调整,但他们当中几乎没有人认识到,大清帝国所处的时代需要对中华文明进行彻底重建。任何对细枝末节的修补,或者是单靠提升个人道德,都不足以解决麻烦,拯救国难。

总　结

在第一次鸦片战争发生之后的近一代人中，大多数思考过这件事的中国人都认为，中国能够与外国保持一定距离，继续过自己不变的生活。（当时也有独具慧眼者如魏源看出中国局势岌岌可危，他在《海国图志》中提出发展邻近印度洋的大西南，创建"大海国"，以此破解西方围剿之局。）国内秩序逐步稳定，洋务运动逐步推行，中国似乎完全恢复了它在遭到外国入侵和国内叛乱之前的正常情形。

然而，表面上的安全是虚幻的，西方影响的累积效应终会慢慢显现。基督教传教士和他们的信徒，外国船只和水手，外国商人，港口城市的西式建筑，进口机器和机器制品，海外华人来信，电报，外国银行和西学译本——面对这种种新变化，清廷开始推行洋务运动。曾国藩主事时，这场运动旨在追求自强，李鸿章和张之洞积极参与；曾国藩死后，两人全权操控，运动主旨由自强变为逐富。李鸿章"只顾拼命做官""好以利禄驱人"，在用公款到处行贿的同时也不忘中饱私囊，成为清末"家产官僚制"的代表人物。张之洞则以引进外资为名广借外债，出卖铁路和土地。由此这场运动变为自挖墙角，加速了列强对中国的侵吞。几年之内，邻国日本看出了中国内忧外患、焦头烂额，于是给其迎头一击，中国的闭关锁国政策就此崩溃，随之而来的变化更加势不可挡。

第十二章

帝国瓦解：西方冲击下的转型（1894—1945）

与日本的关系（1871—1893）

19世纪中叶的对外战争和国内反叛结束之后，中国经历了一段相对安宁的时光。然而，与日本的较量让中国人又添心伤。帝国被挫败，西方势力卷土重来。

19世纪中叶之前，与中国比，日本更排斥与西方交往。1853年，美国海军舰队进入江户湾。日本的领导者远快于中国认识到，必须放弃闭关锁国政策，与西方积极交往。通过明治维新，日本走上了发展资本主义的道路。1894年，日本已经成为军事强国之一。日本统治阶层意识到，整个世界将会被西方统治，一个民族要想保持独立，势必采用那些赋予西方人力量的文化和技术。在政治上，日本建立君主立宪制政体，采纳以普鲁士宪制为蓝本的宪法。在军事上，日本创建西式陆军和海军。在文化教育上，日本建立欧式／美式学校制度，掇译西方典籍。在经济上，日本加快工业化步伐，兴办工厂，铺设铁路，制造商船。日本人以远快于其他非西方民族的速度，适应了新时局，并获得西方国家认可。

虽然日本人西化成功，但这并不能证明他们就比中国人更胜一筹。中国幅员辽阔，所以其面临的任务更为艰巨。日本人有向外国学习的传统：他们从唐朝时就采纳并借鉴中国文化。另一方面，中国人在唐朝之后则不太愿向任何外来民族学习：他们将自己视为老师，而非学生。相比中国，德川幕府治下的日本，更易接受亲西派的引导。此外，日本天皇统而不治，天皇制度形成统一的中心，政府更迭不影响其地位。中国则是皇帝掌握实权，如果皇帝昏庸无道，民众就可起义反抗，于是朝代不断更迭。

早在1894年之前，新兴的日本就开始与中国发生冲突。1871年，一艘琉球渔船遇到飓风漂至台湾，船上一些水手因同当地高山族居民发生冲突而被杀。历史上，琉球一直属于中国，但日本人却声称对其拥有管辖权。日本提出中国应对此事负责，中国未予理会。1874年，日本兴师"问罪"，占领部分台湾领土。随后，此事通过日本撤军、中国赔款得到解决。

在朝鲜问题上，两国之间更是摩擦走火。历史上，中国一直对朝鲜拥有宗主权，每年朝鲜都会派使者进京朝贡，每任朝鲜国王都会得到中国的册封。日本对朝鲜也是越来越感兴趣，它觉得自己作为岛国发展空间不大，想以朝鲜为跳板进入东亚大陆。

朝鲜一直奉行闭关锁国政策，向西方打开国门晚于中国和日本。日本人于1876年胁迫朝鲜签订条约（1883—1886年，朝鲜相继与一些西方列强签订条约），开始暗中插手朝鲜事务。朝鲜国内保守势力反对与日本交往，朝鲜内部党争渐趋复杂。1882年，朝鲜暴民攻击日本公使馆，之后日本和中国均出兵维和。在随后的协商处理中，日本拒绝了中国的斡旋。与此同时，朝鲜的守旧派寻求中国支持，开化派则转向日本。1884年12月，在日本暗中策划的一场宫廷政变中，朝鲜国王向日本护卫队寻求庇护，日本人占领王宫。在守旧派的要求下，驻守朝鲜的中国军队夺回王宫，守旧派重新掌权。在随后的协商中，中国和日本均同意，不在未告知对方的情况下向朝鲜派军镇压动乱，同时只要朝鲜局势恢复平静即刻撤军。

北京方面，李鸿章当时任北洋通商大臣（自1881年起，朝鲜事务改由北洋大臣负责），他力主不放弃对朝鲜半岛的宗主权。但他在朝鲜问题上做出了误判，强迫朝鲜国王向日本道歉，从而助长了日本侵略朝鲜的嚣张气焰。中国在朝鲜设立海关，训练西式新军。日后的中华民国大总统袁世凯（当时是李鸿章的门徒），自1880年起就在朝鲜服军役，他在1884年朝鲜宫廷政变中表现出色，击败日本公使馆卫兵，救走朝鲜国君，后来他作为李鸿章的副手，在1885—1894年间出任清廷驻朝专员。

甲午战争

中日卷入朝鲜问题，最终引发了两国之间的战争。1894年，朝鲜秘密团体东学党起义，朝鲜国王在袁世凯的建议下向中国寻求援助。中国派军后，日本不甘示弱，也出兵赴朝。朝鲜军击溃起义军，中日两国军队仍留在朝鲜相互监视。东京方面提议双方共同维护朝鲜政府，遭到北京方面拒绝。中国提出继续对朝鲜拥有宗主权，日本则不予认可。日军强行占领（朝鲜）王宫并控制（朝鲜）国王，逼其下令废除朝中条约，要求日军驱逐中方。8月1日，中日战争爆发。

对中国来说，这场角逐为时短促，充满屈辱。尽管军队将领英勇血战，但因统治阶层腐败且未能充分利用近代海军军事设备，中国在水陆两路均被击败，旅顺港和威海卫被日本占领。1895年，一纸条约（《马关条约》）结束战争。中国被迫承认朝鲜独立（放弃自古以来的宗主权），割让台湾、澎湖列岛和辽东半岛，支付巨额赔款，增开四个通商口岸，给予日本最惠国待遇。在这之后，东北亚地区也就陷入南下的沙俄与北上的日本的撕扯中。

西方列强新一轮侵略

甲午战败,引发西方列强对中国新一轮侵略。19世纪末,西方列强竞相抢夺尚未被瓜分的落后地区。西方国家工业化进程和财富积累日渐加快,它们希望通过控制"落后"民族,为其原材料及工业制品开拓国际市场,出口剩余资本。它们瓜分了非洲大部分地区,并继续将殖民领地延伸至亚洲。它们继续蚕食日益衰弱的中国,瓜分狂潮危及大清帝国的统治。时隔久远,赘述当时签订的各种条约和协议很难引起读者兴趣,故对其主要内容简述如下。

首先,日本被迫归还部分中国割让的领土。《马关条约》墨迹未干,法国、俄国和德国就对日本独占辽东半岛提出抗议。它们宣称,日本占领辽东半岛危及中国首都,会使朝鲜的独立名存实亡。列强当然不会站在中国立场发声,而是为了满足自己在东亚的利益。日本当时的力量尚不足以与西方列强抗衡,于是宣布归还辽东半岛,条件是中国增加赔款。

为了支付对日赔款,中国不得不向西方列强借款。(自此列强对中国的侵略就以资本输出为主,争做中国债主。中国被套上"资本"的锁链。)在法国银行家的帮助下,俄国率先贷款给清廷(清廷用海关收入作抵押)。为了平衡法俄联合,英、德两国坚持要求中国从汇丰银行(一家英国机构)和德华银行贷款。1896年和1898年,中国为了获得贷款,不仅以海关收入,还以盐税、长江流域的厘金(旧时中国的一种商业税,主要由水陆交通要道的关卡征收)为抵押。

1895年6月,中国与法国签署条约,同意调整与越南的边界,部分领土划给越南(实际上是划给法国),中越边境再开三个通商口岸,同意法国在云南、广西和广东采矿,以及法国制造厂和工程师享有在该地区协助修建铁路的优先权。此举威胁到英国在缅甸、中国西南地区和长江流域的利益。为了保障自身利益,英国与法国于1896年1月签署协议。

随后事态的发展对中国可谓雪上加霜。1895年，德国要求中国提供装煤站，遭到拒绝。1896年，它将目标转向胶州湾，那里是一处绝佳港口。1897年11月，两名德国罗马天主教传教士在山东遇害，为德国提供了借口。德国军舰占领胶州，要求中国重金赔偿。1898年3月，德国人取得了在胶州湾99年的租借权，其中包含修建防御工事、修建省内铁路的权利。俄国获得在大连湾和旅顺港25年租借权后，还获得以下优先权：建造防御工事和海军补给站，修建纵贯东北的铁路。俄国通过此举扼住东北的咽喉。英国反对任何分裂中国领土的行为，因为这威胁到向其敞开的贸易大门（此为英国在华首要利益）。为了制衡俄国，通过一番运作，英国获得对威海卫的租借权，"租期与俄国驻守旅顺港之期相同"。同年，英国获得对九龙半岛99年的租借权。此后，各国继续采取行动，推进瓜分狂潮。1897年，中国被迫向法国承诺，不得将海南岛割让给第三方国家。1898年2月，中国向英国保证，不得将长江流域附近地区让予他国；同年4月，中国再次向法国承诺，不得将其在亚洲西南部领地附近地区让予他国。同样是在4月，日本对福建提出同样要求，中国不得将该省割让给其他势力。

外国势力对中国的侵略和相互竞争，还体现于另一种形式，即要求修建铁路的特权。显然，这为占领铁路沿线领土提供了很好的借口。1896年年末，为了对抗日本在东北修建铁路，俄国与中国秘盟修建大清东省铁路（东清铁路，它是西伯利亚大铁路的延伸），这使俄国控制了东北地区。中俄密约由李鸿章签署，他希望以此制衡日本，为中国争取一些利益。

英国为了确保其继续控制中国海关，迫使中国承诺，只要英国贸易相比其他国家占有优势，总税务司一职就由英国人担任。法国通过各方周旋，获得对邮政业的相似控制。1898年和1899年，瓜分狂潮越发疯狂。中国政府无力捍卫自身权益，只能依靠拖延，但这根本改变不了什么。最终，俄国控制东北和蒙古，德国控制山东，法国掌控南部和西南部，英国控制长江流域，日本控制福建。

这一时期，美国支持"开放门户"政策的行动最值得注意。美国人当时主要关注开发自己广大土地上的资源，尚未像其他国家那样积极参与瓜分中国。1899年，美国国务卿约翰·海伊提议：各国都不能干扰和妨碍别国在华势力范围和租借地的既定利益，各国货物一律按中国政府现行税率征收关税并由中国政府征收，"势力范围"内的港口税和铁路运费一视同仁。这一提议送至英国、德国、俄国、意大利、法国和日本，得到各方满意回复，只有俄方含糊其词。约翰·海伊政策是对机会完全均等的妥协，因其承认"势力范围"的存在，而且"门户开放"旨在满足其自身商业利益。不过，它的实施必须以保证中国领土完整为前提，这也阻止了列强进一步分裂中国。

救国尝试：改革运动

为了避免帝国分裂，中国人做出了两项重大努力。其一是由那些想要仿照西方模式在国内进行变革的人完成的。改革者不计其数，其激进程度也不尽相同。

甲午战败，许多中国人都相信，必须"师夷长技以制夷"。当时出现了一个改良主义集团，其中包括不少具有影响力的人物。两广总督张之洞是改革组织"强学会"的资助人。在《劝学篇》中，在尊重儒家思想和忠于朝廷的同时，他提出"中学为体，西学为用"，主张维新自强，以免大清帝国在列强手中失去独立自主。新教传教士李提摩太的文章《救时要务》，激发并指导了这场维新运动。

有位年轻人比张之洞更激进，他就是孙中山。1866年，他出生于广州农村，父亲是一位佃农。13岁时，在他大哥（移民夏威夷）的资助下，他被送往檀香山接受西式教育。他在一所圣公会学校待了三年。他坚信基督，哥哥惊慌之下将他送回老家。但是年轻人的信仰很难改变，他带上村里的朋友破坏了北帝庙偶像。因这一亵渎之举，他只得逃往广州。在那里，他结识了一位美国内科医生（新教传教士）。不久，他在香港接受洗礼，并于1892年获得医学学位。他在澳门开业实习，并组织了一个革命团体。葡萄牙政府将其逐出澳门。他来到广州，参与组织一场反清起义。结果密谋泄露，他的一些朋友被处决。他先后逃亡香港和日本，谋求得到资助，推翻清朝统治，建立共和国。

康有为是一位改革家，而非像孙中山一样的革命家，当时他的名望更高。康有为也是广东人，出生于1858年。他所接受的是正统的中式教育。然而，他吸收了汉学传统，质疑一些经典的真实性，认为它们是由王莽及其党羽伪造以满足其政治目的。因此，他批判当时的保守思想，证明孔子并非古代传统价值的保守捍卫者。他将孔子塑造成一位宗教改革者，激发了后来的新儒学热潮。他在《大同书》里建立了一种个人的社会政治哲学，包含彻底去除国界，官员普选，废除家庭制，在公共机构中抚养儿童、赡养老人。面对当时时局，他坚持认为"非大变、全变、骤变不能立国"，必须"用一刀两断之法，否则新旧并存，骑墙不下，其终法必不变，国亦不能自强也"。后来"大变"未成，他又主张："杀二品以上阻挠新法大臣一二人，则新法行矣。"见此举仍不奏效，他又策划军事政变："围园、杀禄、锢后"，后因计划泄露，变法夭折，政府追捕，逃往国外。

在众多改革者施加的压力下，从《马关条约》签订至1898年夏，从国家到地方出现了一系列革新。建立了教授西方学科的新式学校。改革者得到光绪帝的大力支持。虽然光绪帝在深宫中长大，在慈禧太后的严密看管下缺少朝气，与外界也鲜有直接联系，这让他无法成为重振帝国所需要的帝王，但他聪慧好学，他意识到必须尽快采取行动扭转不利局面。他阅读了一些当时人的著作，包括康有为的作品。1898年夏，光绪帝将康有为视为知己，聘为顾问，实施"百日维新"。那一年6月至9月，一条条法令得到颁布，开始一系列改制。相比几年后意义深远的变革，这些法令没有一条算得上激进。但是它们仍与当时保守派持有的观念背道而驰，令时人震惊。其中包括广开言路，准许官民上书言事；裁汰冗员，废除旗人特权；工商立国，设立铁路矿务局和农工商总局；精练陆军，改习洋操，添设海军；开设京师大学堂，兼习中西文科；设立译书局，准许设报馆。这些法令遭到顽固派、保守派势力以及那些愿意改革但认为皇帝此举操之过急的官员的激烈反对。

　　保守派势力寻求得到皇太后的支持。慈禧太后密切关注形势变化。一开始，她任由皇帝变法，后来她则开始怀疑皇帝的做法，对变法之速感到担忧（更怕触及自身权力和清廷王公贵族的利益），她认为光绪帝受到改良派的蛊惑。两人之间的矛盾不可避免。皇帝率先采取行动，决定秘密处死慈禧太后的亲信荣禄。皇帝派遣袁世凯去执行命令，袁世凯却将计划泄露给荣禄，后者立刻告知太后。慈禧太后迅速行动，控制了皇帝（1898年9月22日）。慈禧太后将其软禁于颐和园，并以他的名义开始摄政。"戊戌六君子"被处决，康有为等人逃离中国，"百日维新"期间颁布的许多法令皆被取缔。

救国尝试：义和团运动

　　中国人做出的第二次救国尝试是"义和团运动"。这场运动在慈禧太后的授意下，试图将外国势力逐出大清帝国。这场反洋暴乱并不令人意外。在败于日本、港口被列强攫取、路权被迫让与他人、治外法权凌驾中国法律、帝国将被瓜分殆尽、对传教士的仇恨日益增加的背景下，各方起义开始涌现。1897年，因为土地纠纷，山东冠县村民与教堂发生冲突,在这之后,抗议洋人的行为越发普遍。山东地区反抗最为激进,地方政府公开支持反抗,反洋官员逐渐增多。反抗者被称为"义和团"或义和拳,该团体以"扶清灭洋"为口号,其成员先以下层民众居多,后来"上自王公卿相,下至娼优隶卒,几乎无人不团",组织涣散;他们还与不少秘密团体有往来。信众们相信,借助超自然力量和神秘信仰,面对敌人的武器他们可以做到刀枪不入。

1899年,拳民们开始正式攻打西方人。山东巡抚毓贤仇视洋人,同情民众反洋运动,在他的辖区内基督徒和英国传教士被处死。列强施压,袁世凯接替毓贤之职,开始镇压义和团。眼见局势不利,义和团转入直隶。1900年6月,直隶时局混乱,基督徒被杀,洋人处境危险。为了保护外国人,尤其是北京公使馆的安全,6月10日,驻津各国领事组成国际联军离开天津,乘火车增援北京十一国公使馆,中途遭到义和团袭击,艰难折返。6月17日,为了保护天津处于危险中的外国团体,国际联军决定从海上攻占大沽口炮台。该行动被拳民袭击打断,天津租界遭到攻击;外交人员被要求在24小时内撤离北京。6月20日早晨,德国驻华公使(此前他曾枪杀拳民)在前往总理衙门途中被杀,当天下午,外国和中国基督徒被围困在罗马天主教教堂和公使馆区域。6月21日,清廷对十一国列强宣战。与此同时,不仅地方上战火绵延,都城内同样一片混乱。整个大清帝国的洋人都处于危险之中,尤其是传教士。在河北、山西和内蒙古地区,超过两百名外国传教士和数千名中国基督徒遇害。

各国列强在天津集结为同盟救援队,最后组成八国联军于7月中旬占领天津,宣称仅对拳民使用军事力量;8月15日,他们攻入北京,随后展开巷战,16日占领北京,四处掠夺搜刮。在此之前,慈禧太后带着皇室仓皇逃难西安,途中下令剿灭义和团。中外势力勾结,拳民缴枪投械。

1900年秋,北京处在列强的控制下。八国联军穿过直隶,解救被围困的传教士,并在接下来的数月中向那些仇视洋人的人施加报复。俄国更是趁机出兵 20 万进攻东北,并于 10 月占领东北全境。

暴乱平息

经过长时间的争执和协商,1901 年,列强与清廷签署《辛丑条约》。条款内容并不尽如一些列强所想。美国在保证大清领土完整、控制赔款数额方面起到一定调和作用。根据条约内容,作为慈禧太后及其亲信官员疯狂举动的代价,中国负担了巨额债务(赔偿十一国白银 4.5 亿两,以关税和盐税等作担保),划定使馆区(北京各国公使馆变成武装要塞)。外国军队驻扎华北,任何反洋行动都被迅速镇压。当时中国的国力比一些旁观者预计的还要羸弱。

日俄战争及其外交余波

在义和团运动之后,中国名义上仍然保持领土完整,但其对东北这一重要地区的控制却是受到严重威胁。俄国宣称与中国睦邻友好,但却并不愿从东北撤军。他们一次又一次推迟承诺的撤离时间,似乎决定在此永久驻扎下去。俄国企图将其领土扩张到东北,英国、日本和美国对此强烈反对,但美国不愿参与,英国陷身(南非)布尔战争无暇抽身,只剩下日本人独自行动。1902 年,日本与英国结盟:一旦俄国盟友攻击日本,英国就参战支持日本,确保双方在东亚的利益。数次交涉失败,日本决定向俄国发起战争。1904 年 2 月的一天深夜,日本突袭旅顺港。日方的首要目标是朝鲜半岛,俄方同样野心勃勃,但战事主要发生在东北。中国宣布中立。列强也宣布中立并建议日俄将战事范围局部化,日俄双方同意该提议。

双方交手,俄国惨败;双方在 1905 年 5 月签署《朴茨茅斯条约》,

其中多项条款都与中国密切相关。俄国承认日本在朝鲜的政治、经济、军事利益；俄国对辽东半岛和东北铁路的所有权转交日本；双方从东北撤军，但保留铁路沿线驻军；双方承诺不干涉中国发展东北工商业的举措；俄国取消在东北一切有违机会均等主义的权益。很快，日本又强迫中国缔结条约，同意《朴茨茅斯条约》中涉及中国的各项条款，在东北给予日本修路、伐木和开放商埠等额外好处。自此，东北成为日俄两国的势力范围。此后，日本开始加紧对朝鲜的控制。1910年，日本兼并朝鲜。

通过日俄战争，日本在中国获得了更多的实际权益。日本先是从俄国手中夺走辽东半岛，之后又吞并朝鲜，将其势力范围扩展到中朝境内。这场战争非但没能解决东北问题，反而使其变得更为复杂。接下来近半个世纪，东北成为中国国际关系的风暴眼。

革命性政治变革：内政（1901—1931）

义和团运动给清政府带来的羞辱，日俄战争中中国的无助，最终使得朝廷中最为顽固的保守派人士也开始醒悟：只有学走西方之路，才能免于亡国灭族。当时，许多人都对变革满怀热情。

在内政方面，尤其是在1911年之后，发生了翻天覆地的变化。总的来说，1926年之前，中央政府和地方政府逐步垮台，军阀混战，匪患不断，中国逐步陷入无政府状态。广大民众生活在动荡不安之中，有时战乱像是要结束了，生活好像有了那么一点起色，可是，一转眼，又是战乱四起；直到1926年，中国人发现：所有的稳定都是假象，随之而来的是破坏性更大的动荡。大而言之，这一灾难的成因有六个：列强施压，清朝败亡，政体激变，政府腐败，经济困境和军阀混战。

来自西方国家和日本的压力，是一种外来刺激，中国文化的诸多层面都有深远变化。

　　清朝败亡，中国失去平稳转型的最佳机会，只能在混乱中摸索前行。历史上，每逢帝国走上穷途末路，就会出现群雄逐鹿的混乱局面；而这一次，原本改朝换代时的内乱，因为尝试重构政府形式，变得更为复杂。西学东渐，新思想不断涌现，改革势在必行，这场改革的革命性丝毫不逊于始皇帝创建帝制的壮举。政治才能从来都不是天生的，新的政府体系源于试验和随之而来的不断试错。当然，在这个坐拥四亿人口的大国，更新政治体制并非易事；中国人还没有做好迎接新体制的准备。

　　政府自上而下的腐败，不断地侵蚀着大清王朝，当时社会上有"三年清知府，十万雪花银"这样的谚语流传。传统社会对权力的控制日益乏力，以权谋私屡见不鲜，各地叛乱频发，民众对政府的最后一点信任也慢慢地耗尽了。

　　经济因素也是造成无政府状态的原因之一。清代前期，君贤赋轻，社会稳定；19世纪中叶的混乱让清朝陷入经济危机，直到最后三十年才有一点中兴的苗头，但却转瞬就被扼杀；20世纪前三十年的内乱，耗尽了许多地区的粮食储备，经济危机席卷广大地区，数百万人一贫如洗。1931年尤其是1937年之后的日本侵略，更是让中国雪上加霜。大批民众流离失所，或落草为寇，或给军阀扛枪，只为混个生活。战火连绵，匪患猖獗，社会一直动荡不定；为生计所迫，有的人干脆横行邻里，由此形成恶性循环，政治秩序愈发难立。

　　此外，各个社会、经济、政治群体相互掣肘，钩心斗角；此类现象自古就有，现在却将中国逼上绝路。家族、秘社、政治集团都参与其中。事实上，秘社的作用远超外人想象。官匪一家，许多军政要员都是秘社成员，两者暗通款曲，中国的政治形势错综复杂，难以破局。

西方冲击下的转型

这里我们只是简要梳理一下整个故事的脉络。清朝自18世纪末就开始走上衰败之路，但是汉族忠臣的努力延缓了其灭亡的到来。1901年，清王朝终于走到末路：义和团运动惨败是压垮清政府的最后一根稻草，光绪帝被囚瀛台。慈禧太后年事已高，她不了解清朝之外的世界，难担领导中国之重任。

1900年之后，清廷试图重组政府，适应时代要求。新政之初，政府颁行一系列法令：废科举，办学堂，派留学；改官制，裁吏役，停捐纳；倡导商业；编练新军，以袁世凯统率的北洋新军为代表的一些部队已经开始改革。政府还向美国和欧洲派去代表团，研究他国政府形式，实行立宪制，以期在全民选举的基础上引入代表权，并在1909年和1910年分别召开了省议会和国民议会。

假使领导得当，这些调整对维系清王朝的存在已经足够；然而，事实证明，旧瓶已经装不下新酒。1908年11月15日，慈禧太后驾鹤西去，而就在几小时前光绪帝驾崩。慈禧太后离世，标志着皇室最后一位强有力的领导者也不在了；宣统帝即位，可这个皇帝不过是一个两岁的孩子。

1911年10月10日，汉口和武昌爆发起义，新军兵变，胁迫新军将领黎元洪领导起义，宣布建立共和国；之后，10月10日成为中华民国的国庆节。清廷向袁世凯求助。袁世凯在新帝登基后便被雪藏，他手握重兵，是取胜的关键。袁世凯深知这一点，故对北京的求援并不在意，反而待价而沽。假使他立刻起兵驰援，很可能起义早被镇压。由于袁世凯置之不理，尽管清廷在10月底收复武汉，但因相隔时间太长，革命早已星火燎原。10—11月，各省相继建立独立政府。唯一具有战略价值的战斗发生在武汉和南京。年底之前，革命者派出代表在南京召开会议，并于12月28日选举孙中山为共和国（临时大）总统。

孙中山在革命爆发时正在欧洲避难,在他归来之前,革命者和袁世凯进行了谈判。双方智囊都在尽力使国家免于进一步的内乱。在袁世凯的威逼利诱下,清廷不得不相信自己"气数已尽"。1912年2月12日,宣统帝下诏退位,袁世凯受命组建共和政府。为了保护来之不易的和平,几天之内,孙中山便履约辞去(临时大)总统一职,袁世凯上位;黎元洪凭借革命"功劳"当选副总统。革命者用最少的伤亡完成了改朝换代。然而,新成立的共和国表面上团结一致,背地里却是暗流涌动,一场最危险的实验将在这个新生共和政体的带领下进行。

君主制在史前社会就已出现,始皇帝首创皇帝制度,后世不断得到完善,然而,一夜之间,帝制便轰然倒塌。废君主采共和,看似一种愚蠢之举,因为这是一种他们从未接触过的政府组织形式;然而,这一转变在一定程度上避免了旷日持久的内战,让中国得以摆脱外国干预。袁世凯是中国最大的军阀,有能力建立一个新王朝,但是革命者绝对不会拥立他当皇帝。革命者认为,在共和国的名义下,国家有可能孕育出时代所需要的政治制度。最初,这一愿望似乎唾手可得。然而,好景不长,旧政权迅速瓦解,新政权的健全却是遥遥无期。十五年过去了,国家体制荡然无存,徒留满目疮痍。

刚开始,袁世凯的统治还算顺利。他利用手中强大的军队,在前清遗老的支持下,成功地定都北京,拉拢外国势力。但没过多久他就遇到了麻烦。1912年3月,南京议会通过临时宪法。在宪法的约束下,总统受制于议会,袁世凯手中没有了实权。

经过选举,激进派掌控议会。这些激进派分子大多是革命党人,1912年他们改组为国民党。1912年春夏两季,袁世凯与国民党爆发冲突。袁世凯不顾国民党的反对,向英、法、俄、德、日五国银行团体借得巨额贷款。这不仅让他积累了战争资本,也让他获得了这些国家的支持。袁世凯将长江流域和南方的军事指挥官革职,换上自己的亲信,这一做法招致不少批评;一些反对派在孙中山的支持下发动"讨袁运动"，但很快便被袁世凯镇压，孙中山流亡日本。袁世凯利用他的优势扩大战果，修改了临时宪法中关于总统选举的部分。他借此赢得选举，并在1913年11月迫使国民党议员下台；随后，他又于1914年1月宣布解散议会。

至此，1911年辛亥革命所创立的新政体消弭殆尽。一年多以来，袁世凯披着民主共和的外衣，却不断改组政府结构，干着一家独大的勾当。1915年，他精心炮制了一出"全民公投"的"好戏"，恢复帝制，加冕称帝。然而，反对帝制的声浪比他想象的要大得多。日本在英、法、俄三国的支持下，建议袁世凯暂缓称帝。1915年12月，云南爆发讨袁起义，其他省份纷纷响应。袁世凯不得不推迟登基。随着战事扩大，袁世凯被迫取消帝制。然而，反对者根本不打算让他继续掌权。忧病交加之下，袁世凯于1916年6月6日去世——他的反对者还没来得及除掉他，他就死了。

副总统黎元洪并不赞同恢复帝制，倒袁派在广州成立的中华民国军政府选举他为总统。袁世凯死后，黎元洪的总统地位得到了认可；然而，他的才干却配不上总统一职，虽说上任后风平浪静，但这一切只是暴风雨到来前的平静。他恢复了1912年宪法并再次召集议会，以此向国民党示好。冯国璋是长江流域颇具影响力的将领，黎元洪执政后，他被任命为副总统；袁世凯扶植的继任者段祺瑞接管了袁世凯的新军，担任总理一职。这样一来，各主要派系在政府中都有了自己的代表，这也意味着黎元洪的能力远不足以维持政府的和谐运作。

当时主要派系有冯国璋、吴佩孚、曹锟的直系（控制长江中下游和直隶，背后有英美支持）、段祺瑞的皖系（控制安徽、浙江、福建、陕西，背后有日本支持）、张作霖父子的奉系（控制东北，背后有日本支持）、阎锡山的晋系（控制山西，背后有日本支持），另外还有桂系、粤系、湘系、黔系、滇系等。1917年夏天，各派系在中国是否要参加第一次世界大战这一问题上产生分歧。3月，中德关系破裂，段祺瑞希望中国以此为契机参战；然而，议会拒绝宣战。黎元洪倒向议会并在 5 月 23 日罢免段祺瑞。段祺瑞索性撤回天津，在那里与袁世凯残党宣布北方诸省独立。面对突如其来的叛乱，手无寸铁的黎元洪不得不召见军阀张勋前来调停。张勋曾在辛亥革命时效力清廷，当时屯兵安徽，其麾下部队横跨津浦线。在张勋的建议下，6 月 13 日，黎元洪解散国会。6 月 30 日，张勋秘密潜入北京；第二天上午，他宣布了一个令全世界都为之震惊的消息：复辟！张勋复辟可能是受儒家文化影响，他心里还忠于他的主子宣统帝。段祺瑞率领"讨逆军"从天津出发，向北京进军。7 月 12 日，北京被攻占，张勋逃入德租界，小皇帝再次退位，共和国得以恢复。

黎元洪威望尽失，孤立无援，拒绝继续担任总统。副总统冯国璋代理总统，段祺瑞继续担任总理。北洋派大权在握，并于 1918 年 8 月建立由军阀组成的北洋政府。冯国璋由于不属于段祺瑞一派而当选总统，前朝老臣徐世昌也进入权力中心。段祺瑞的势力并入安福会，一时之间权倾朝野。

与此同时，先前被袁世凯和黎元洪解职的议员前往广东，宣布广州军政府为唯一合法政府。广州军政府无力与北京政府抗衡，但南方各省却宣布效忠广州军政府，国家再次分裂。1921 年，孙中山在广州就任非常大总统，在广东站稳脚跟。北京国民政府势力日衰。1920 年夏，雄踞东北的张作霖联合曹锟与吴佩孚，将段祺瑞和他的安福会逐出北京，时任总统徐世昌成了光杆司令。1922 年，张作霖与吴佩孚开战，张作霖战败，退回东北；踌躇满志的吴佩孚打算借机统一全国，召回了 1913 年选举的国会。就这样，几经分分合合的末代国会最终走向了统一。然而，吴佩孚并未取得成功。在外，孙中山和张作霖都是劲敌；在内，各派军阀纷争不断。1923 年，吴佩孚军中升起一颗将星，他就是冯玉祥。冯玉祥改信新教并在军中传教，从诸多将领中脱颖而出。1923 年 10 月，曹锟贿选成功，反直同盟瓦解。心灰意冷的黎元洪再次退回天津。随后不久，曹锟被选为总统。为了纪念辛亥革命十二周年，政府还极为乐观地颁布了所谓的"永久"宪法。

此时，内战已经成了一年一度的常事。1924年，各路军阀又一次兵戈相向，这一次，张作霖成了最后的赢家。这主要是因为冯玉祥突然背叛吴佩孚，倒向张作霖。曹锟被解职，沦为阶下囚；在冯玉祥和张作霖的帮助下，段祺瑞再次回归权力中心。然而，段祺瑞没了总统头衔，只是"临时行政长官"，他的手下也只有一个空壳政府。1925年，由于部分属下的不忠，冯玉祥与张作霖分道扬镳。1926年，吴佩孚与张作霖短暂结盟，将冯玉祥的军队逐出北京，冯玉祥率军撤往西北。几周之后，段祺瑞下台。北京"临时行政长官"职位空缺。在各路军阀的认可下，人员更迭频繁的内阁保持了政府的形式而不拥有政府权力，只是作为中国的法定代表人。

尽管形式上保持统一，但民族政治团结早已烟消云散。事实上，各路军阀相互攻伐，正在进一步分裂国家；你方唱罢我登场，各派势力范围不断变化。

连年战乱让人们越发厌倦战争。第一次世界大战之后，民族主义精神空前高涨，这在年轻知识分子身上表现得尤为突出。这种民族主义精神加速了中国的统一。1926年春夏，北伐运动的到来给人们带来了新希望。举国上下的进步分子和激进分子都渴望内乱早日结束。

孙中山精于宣传，胸怀建立共和国的远大理想，这与当时那些鼠目寸光的军阀形成鲜明对比。他为重组国家提出许多建议。孙中山在鼓吹革命方面极具煽动性，他的学说深受年轻人欢迎。然而，他的管理才能却不尽如人意。国民党和广州军政府在他的领导下进步甚微。1925年3月12日，在北上与冯玉祥、张作霖谈判时，孙中山在北京去世。在他去世前两年，他对中国革命做出很大贡献。1923年，因多次向英、美、日三国求援无果，孙中山转而求助苏俄共产党。彼时俄共领导人是鲍罗廷，在鲍罗廷等人的建议下，国民党的组织结构与俄国共产党十分相似。中国共产党成立于1921年，它与中国国民党同属共产国际组织；当时两党的发展都陷入困境，1923年，共产国际执行委员会发表决议，认为两党必须合作。1924年1月，在共产党人的帮助下，国民党第一次全国代表大会召开，孙中山重新解释了三民主义，确定了"联俄、联共、扶助农工"三大政策，开启了第一次国共合作。

孙中山留下了一份遗嘱、一份誓言以及一系列阐述他复国大业的著作。他的遗训"三民主义"成为国民党党章。三民主义，即"民族、民权、民生"三大原则，传颂于大街小巷。工会和农民开始有组织地反对有产阶级，"打倒帝国主义列强"。然而，孙中山并不赞同俄国共产主义和马克思的阶级斗争理论。

1925年7月，广州国民政府正式成立。1926年夏天，国民革命军开始北伐。年轻将领蒋介石四处奔走，发动宣传攻势，为革命铺路。蒋介石早年留学日本，结识孙中山手下干将陈其美，后来投身民主革命，获得孙中山器重。1922年孙中山避难"永丰舰"，蒋介石侍护四十余日，获得孙中山的信任。1924年，孙中山任命他为陆军黄埔军校校长。孙中山去世后，蒋介石夺取党政军大权，在外交上采取"弃俄联日"政策。

北伐似乎有终结内乱、带领中国走出危机的势头。由于北方的统治混乱不堪，几乎没有能与北伐军抗衡的对手，北伐军一路北上，势如破竹，连战连捷。1927年早春，北伐军就已抵达长江；吴佩孚和盘踞上海的孙传芳先后被消灭，武汉、上海等地相继落入国民党手中；看起来，到了秋季，蒋介石就会兵临北京城下。

然而，党内分歧延迟了胜利的到来。随着胜利临近，国民党左翼逐步掌控政权，在中国中部，特别是湖南一带，激进分子得到很大支持。工农联盟谴责"资本家"和"帝国主义者"，夺取富人田地。1926年11月，广州国民政府迁至武汉，成立武汉国民政府，左翼分子占据主导。留苏归来的学生，更是不断强化了共产主义在民众心中的地位。1925 年，苏联政府特地为这些中国留学生在莫斯科设立"中山大学"，截至 1927 年年底，注册入学人数约六百人，其中大都来自湖南和广东。以蒋介石为首的右派十分忌惮左翼势力的扩张，他们认为，苏联之所以对中国感兴趣，是把中国当成它的工具用来抵挡西方列强。

1927 年 3 月，北伐军攻克南京，左右翼之争成为人们关注的焦点。4 月 12 日，蒋介石发动政变，屠杀共产党人士，进行"清党"；北伐陷入停滞，第一次国共合作就此终止。4 月 18 日，蒋介石在南京组建国民政府，与武汉国民政府分庭抗礼。左翼中的非共产党成员与共产党决裂。武汉政府被取缔，苏联顾问返回俄国。许多激进分子被送上断头台，幸存者流亡海外，其中就包括孙中山的遗孀宋庆龄。

南京国民政府极为排斥共产党，它依靠上海银行家获得财政支持。由于在派系斗争中孤立无援，蒋介石于 8 月下野，10 月前往日本寻找支持，两个月后回国，与宋美龄结婚，就此与宋子文、孔祥熙联姻，通过他们加强与美国的联系。宋美龄是孙中山夫人宋庆龄（其二姐）的妹妹，她的哥哥宋子文是国民政府财政部部长，她的大姐宋霭龄则是国民政府工商部部长孔祥熙之妻。宋氏家族一时之间权势滔天，当时人们都说国民党政府实际上是宋氏王朝。在国民党全国委员会中，共产党被视为非法组织，失去了发言权。

1928 年 1 月，蒋介石重掌大权。当年春夏，蒋介石联合冯玉祥、阎锡山再次北上。阎锡山号称"山西王"。6 月，北伐军攻占北京，改名北平。国民政府最为强劲的对手张作霖在撤往奉天时被日本人炸死，其子张学良与国民党关系融洽，在党内有重要地位。

理论上，中国已经统一。基于孙中山的理论框架，国民党在南京建立了以蒋介石为主要军事领导人的南京国民政府。就本质而言，南京国民政府仍是一党（国民党）专政的政府，但相较于其他建立共和国的方法，它将西方政治制度与当时中国颇有能力的政治家相结合，主要职位上都是能干的政客（多数人都曾留学西方），中华民国前景大好。自从太平天国运动以来一直饱经风霜的南京，终于盼来了和平。国民政府还在紫金山上建起中山陵，俯瞰整个南京城。

国民党的组织机构遍布全国（分为中央党部、县市党部、区级党部三级），其地方行政单位（党部）在地方事务中发挥重大作用，并在国民党全国代表大会中占有很高地位。大会休会期间，由中央执行委员会代行大会职能。反过来，这也使得中央执行委员会得以操控国家政府。自从1911年以来，1929年的政治情形最让人欢欣鼓舞。

然而，中国在20世纪的苦难并未到头。国民政府时期，主要军阀有蒋介石、冯玉祥（西北军）、阎锡山（晋系）、李宗仁（桂系），另有奉系、粤系、绥系（傅作义）、滇系（龙云）等。在西北，几百万人死于饥荒；南京国民政府威信不足，只能在少数几个省份征到税；将领不和，1930年春夏，冯玉祥与阎锡山联手反蒋。1930年秋，蒋介石取胜，南京国民政府赢得喘息之机。冯玉祥淡出政界，阎锡山先是撤往山西自保，后来转入天津避难；张学良率军进入长城以南，占据河北省大部，与南京方面保持友好关系。

尽管南京国民政府和东北的反共势力极为猖獗，共产党人仍旧顽强生长。在苏联特使的推动下，大批学生加入共产党。1930—1933年，全国大部分地区，特别是江西、安徽、福建、湖北等地，都掌握在共产党人手中。1930年和1931年，蒋介石发动两次反共运动，但先后被党内斗争和中日关系恶化打断。1931年5月，汪精卫等人成立广州国民政府，与南京国民政府对抗，这成了国民党历史上最为严重的裂痕。同年秋，日军入侵，东北告急，蒋介石推行"攘外必先安内"政策，两派和谈被提上日程。蒋介石最大的支持者张学良被日军击败，这削弱了蒋介石的实力。1931年12月，大批学生蜂拥至南京，抗议蒋介石的对日"不抵抗政策"；为了安抚学生和反对派，蒋介石辞去了南京国民政府主席一职。

对外关系，1911—1919：国耻

清朝灭亡时，不同派系争权夺利，更有人想重建国家体系，这些分裂因素使得中国无法集中力量抵御外敌，中国与列强的关系也几经变易。中国一边为内乱所困，一边开始收回列强在华享有的特权。

西方列强（以英国为首）对中国的侵略，一直采取陆（西北、西南、东北）海（东南）合围之势。英国通过东印度公司对印度进行了近百年的侵略战争。1849年，印度沦为英国的殖民地。英国以印度为基地，一边绕过印度洋沿东南沿海攻取沿海城市和京津，一边攻占西南内陆的西藏和云南，沿江而下，占领中国腹地。英国和俄国利用义和团运动后中国国力衰弱之机，分别将其势力范围扩展到西藏和外蒙古。1904年，俄国在西藏的阴谋（俄国计划控制西藏，与法国联手控制亚洲）震惊了英国（危及其"亚洲帝国"构想），英国将一支探险队派往西藏，禁止藏民在未经英国人同意的情况下对其他列强做出让步。1906年，中英签署条约，承认中国在西藏的主权，同时给予英国许多特权。中华民国成立后，中国坚持西藏是其不可分割的一部分。

清朝建立后，汉人逐步深入内蒙古，将草原变为耕地；清朝灭亡前，汉人正在往外蒙古深入。外蒙古实行部落制度，汉化不够，清政府管理力度不足，王公和首领抱有私念，想要自立为王，就跟沙俄勾结；沙俄和苏联都支持外蒙古独立，希望与中国之间保留一缓冲地带，以防中国控制西伯利亚地区。1911年年末，外蒙古宣布独立。1912年，俄国承认外蒙古自治。1913年，沙俄迫使袁世凯签署《中俄声明》。声明规定：外蒙古承认中国宗主权，中俄两国承认外蒙古自治。中国不得在外蒙古派驻官员、军队，不得移民。次年，中国与俄国签署协议，承认俄国在外蒙古的特权。

1913年，袁世凯急需巨款来镇压国内反袁起义，消灭国民党，他

未经国会批准，擅自向外国银行借款，与国会内的国民党议员发生激烈冲突。这笔贷款主要通过盐税和海关税来偿还，从而加深了外国金融家对中国的控制。

1914年第一次世界大战爆发，共和国雪上加霜。世界各地动荡不定，中国亦无法独善其身。当时的一切都发生得太快。1914年8月15日，日本向德国发出最后通牒，要求德国将军舰撤出中国和日本海域，以"将租界交付中国"为由，强迫德国归还胶州租界。柏林方面对此未予理会。8月23日，日本对德宣战。

考虑到1907年的《日法条约》和《日俄条约》，日本的这一举动在意料之中。日本在华利益与日俱增。日本国内人口快速增长，然而，白人占领了世界上大部分无人居住区，日本通过移民来缓解人口压力已不可能。为了养活新增人口，日本必须保证工商业持续发展。要发展工商业，日本就必须获得原材料和销售市场。日本自身无法提供这种支持，而中国正好具有未开发的庞大市场和丰富的原材料。因而，日本将进入中国视为其生存的关键，担心西方列强关闭中国的门户。现在，西方国家正在第一次世界大战中生死角逐，这可是日本巩固其在华地位的大好机会。

对德宣战后，日本不顾中国的中立国地位，向胶州德租界（德国把胶州作为侵略远东的基地）悍然发动进攻。日本的军事行动得到一支英军小分队的协助。1914年11月，日本占领青岛，中国要求日本撤出，日本非但不撤，还趁机占领山东大部分地区。1915年1月，日本炮制出"二十一条"，在山东肆意横行。"二十一条"为秘密签订（日本违背外交惯例，越过外交部，直接递交袁世凯，交换条件是支持袁世凯称帝），但不久便被公之于众。一共五项条款，其中包括：日本继承德国在山东的一切权益，日本人有在辽宁和内蒙古居住、经商及开矿等多项特权；汉冶萍公司改为中日合办企业；所有中国沿海港湾和岛屿，概不租借或出让他国；与他国协议借款在福建采矿、修路或建港，都要征得日本同意。

"二十一条"一经曝光，凡是有良知的中国人都愤慨不已。但在日本的强势威胁下，袁世凯同意了经过修改后的条约。后在西方列强的干涉下，最终仅有部分条款得到落实。尽管这样，日本并未放弃在中国扩张其势力。1917年2月和3月，日本相继得到英国、法国、俄国和意大利的秘密承诺（以维护四国在华利益为条件）：日本在巴黎和会上宣布继承德国在中国山东的所有权益，四国将予以支持。

1917年3月，中国与德国断绝关系；4月，中国对德宣战。对中国而言，正式参战的结果可谓损益各半。一方面，列强取消了中国对敌对国家的庚子赔款，对协约国的赔款也可暂缓五年，对俄国的大部分赔款也一笔勾销，美国则提出将其余下赔款用于教育项目。中国收回了德国在天津和汉口的租界，收回了奥匈帝国在天津的租界。另一方面，日本在中国的势力更加强大。日本向北京政府索要巨额贷款，用于修建铁路、采矿开林、架设电话和征税发债，这一切似乎都预示了将要发生什么。1918年，中日协议开展军事和海事合作，此等合作自然全由日本一手掌握。

一时之间，日本貌似将要取代俄国控制东北。1917年俄国十月革命发生后，新的社会主义苏维埃共和国还未成立，共产主义者忙于迎战外敌和铲除内奸，俄国陷入了短暂的混乱，对东西伯利亚也失去了控制。1918年，日本、美国和其他一些欧洲协约国趁机出兵干预。日本派出的军队数量最为庞大，试图借机控制中东铁路，若非1919年美国在协约国"联合监管远东铁路委员会"上坚持由协约国共管中东铁路，恐怕日本便可得逞。

参加战后巴黎和会，中国得以向全世界陈述中国遭受的不公平待遇。会议听取了中国的意见，但《凡尔赛条约》还是将德国在中国山东的权益转让给日本。中国代表团拒绝签字，另与德国签约。不过，中国还是从战后安排中得到了些微益处。列强失去了在中国的治外法权、部分在华特权，以及部分未支付的庚子赔款。中国成为国际联盟的创始成员国之一。

1920—1931年中国与列强的关系：中国赢得部分解放

第一次世界大战作为一个转折点，极大地改变了中国与列强之间的关系。巴黎和会后直到1931年，中国逐步收回大半个世纪以来丧失的主权。大战之后的西方，四分五裂，力量衰弱，无法再像之前那样通过武力把自身意志强加给非欧洲国家。部分西方作家很快就意识到"有色人种的崛起""亚洲的反抗""白人的没落"，撒哈拉以南非洲、埃及、土耳其、印度和中国兴起的民族反抗运动也证明了他们的分析是正确的。欧美自由主义者纷纷赞扬被奴役人民的"民族自决"意识，反对武力镇压"民族"意志。

饱受战争摧残的西方国家，更倾向于采取和平调整的方式。西方政治侵略的浪潮逐步退去。其他小国看到西方列强退出中国，也相继放弃在华特权。第一次世界大战激起了全世界的民族主义精神，中国更是民族主义精神大爆发的国家之一。中国开展了抵制洋货运动，这一运动迅速蔓延全国。覆盖整个中国的电报邮局网络，大城市里快速增加的新闻日报，都助力了此起彼伏的抵制运动。充满民族热情和政治激情的学生们走上街头，用铺天盖地的标语、生动形象的海报和充满激情的演讲呼吁民众抵制洋货。中国在军事上无法与列强抗衡，但中国民众的抵制运动所产生的效果却跟打了胜仗不相上下。

《凡尔赛条约》将山东转让给日本，刺激了中国民族精神的爆发。大中城市的学生们掀起社会舆论，两名亲日内阁官员被罢免；抵制日货运动对日本经济造成巨大冲击。

不断高涨的民族精神，加快了清除外国在华势力的步伐。1921—1922年，美国提议在华盛顿召开国际会议，解决彼此间关于海军力量对比及在远东太平洋地区，特别是在中国的利益冲突。列强之间进行海上军备竞赛，在太平洋地区时有冲突，似乎随时都会诱发另一场战争，而这正是华盛顿会议竭力想要避免的。与会国有英国、法国、日本、中国、意大利、美国、比利时、荷兰和葡萄牙。会上，中国再次表明自身立场。《九国条约》尊重中国主权独立、领土完整，支持中国建立一个稳定有效的政府，共同维持"门户开放"政策。此外，九国承诺设立委员会处理治外法权一事。列强表示，只要中国能够保护其领土上所有外国人的生命财产安全，他们便可撤走武装部队。其他许多涉及中国的事项也都有了解决方案。最后，会议另行组织中日双方商讨山东问题。日本采取安抚策略，承诺归还先前德国在山东占有的地盘，但要保留大部分商业利益，同时不放弃青岛，并坚决要求中国从日本贷款赎回中东铁路。英国在会上承诺于1930年10月归还威海卫。中国并未在会上实现自己的所有主张，但华盛顿会议仍是中国在外交史上取得的重大成就。

再看中俄关系。1917年俄国十月革命推翻沙皇政府，同年年底建立社会主义政权，中俄关系随之发生转变。由于国内政权更迭，西伯利亚内乱四起，俄国无暇侵略他国。1919年，苏维埃发表声明，归还沙俄占领的中国领土，中国政府趁机夺回对外蒙古的掌控。然而，1921年年初，中国政府的统治便告结束，俄国反共产主义者冯·恩琴控制了外蒙古中心城市库伦。1921年7月，他被苏联红军赶出库伦（9月被处死），外蒙古建立起一个亲苏政府。1924年5月31日，中苏签署协议，苏联承认外蒙古是"中华民国领土完整不可分割的一部分"，但在实际当中，苏联还是视外蒙古为独立自治的区域，并与其建立外交关系。协议还规定，废除中国与沙俄之间的一切条约，让渡俄国的治外法权和领事裁判权，取消俄国庚子赔款和在华特权。不过，协议中也规定，中国必须赎回中东铁路。在赎回之前，铁路依旧按照《中俄密约》中的规定运行。1924年9月20日，苏联与张作霖达成协议。中苏共管铁路，不断产生摩擦。张作霖憎恶共产主义，1927年，双方矛盾不断升级。1929年7月，中国控制了铁路，苏联官员被罢免并被逮捕，双方对彼此的不满达到顶峰。1930年1月，苏联入侵中国边境，威逼中国恢复铁路通行。双方陷入僵局。1932年年底，中苏关系渐趋缓和。中国之所以愿意给予苏联一定好处，是因为国际联盟阻止日本侵华失败，中国需要苏联助其在东北对抗日本。南京国民政府与莫斯科方面恢复了友好的外交关系。

由于参加了第一次世界大战，中国收回了德国在汉口和天津的租界、奥匈帝国在天津的租界。沙皇政权被推翻后不久，中国也收回了俄国在华租界。抵制和暴乱持续发酵，越来越多的中国人参与其中，也收回了越来越多的主权。1925年的"五卅惨案"，直接引爆中国人民的反英情绪。上海工人举行罢工游行，许多学生和爱国人士也都参与其中，整个上海人第一次联合行动。由上海产业工人引领的一场有组织的抵制运动持续了三个多月，给英国商人造成巨大损失。1925年6月23日，在广州租界沙面，中国人民与英国防卫队发生武装冲突。1926年8月和9月，英国在长江上游万县的船舰受到袭击，中英爆发武装冲突。1926年和1927年，在长江流域随处都能看到"打倒帝国主义"的标语，其中尤以反英为最。爱国主义者包围了汉口和九江的英租界，上海英租界因有海军陆战队防御才没被激进分子淹没。在此等形势下，列强不得不弃车保帅。上海会审公廨于1927年1月1日移交中国。汉口、九江、镇江和厦门的英租界归还中国。1929年，比利时归还其在天津的租界。不过，列强仍旧控制着几个租界。其中，1930年，日本拒绝归还汉口日租界。

中国拿回了制定进出口关税的权力。1928年到1929年年初，除了日本，所有列强都签署协议认可中国关税自主（日本直到1930年5月才签字）。海关总署由外国人掌控长达两代人的时间，现在终于回到中国人的手中。

在废除治外法权上，尽管付出了许多努力，中国却并未取得多少成绩。华盛顿会议协定的委员会确实成立了并于1926年访问中国，但却认为中国当下的情况并不适合废除治外法权。1929年4月，南京国民政府再次向列强发出照会，要求各国废除治外法权。1929年12月，南京国民政府单方面宣布废除治外法权，条约将于1930年1月1日起生效。为了使宣言落到实处，中国政府需要指派适合的政府机构构建司法体系。但这一安排迟迟未能完成，以至于推迟了涉外司法设想的实施。1930年5月4日，南京国民政府颁布一系列条例，规定自1932年元旦起施行。由于1931年秋日本入侵中国东北，条例被迫暂缓执行。

与列强的关系：日本改变侵华战略（1931—1937）

1931年出现了一些令人震惊的新发展，东亚局势随之改观。这些发展只是20世纪第二次世界大战爆发的前导因素。就中国而言，从1931年9月到1937年7月这近七年时间，是中国艰难抵抗日本侵略的第一阶段；第二阶段，从1937年7月到1941年12月；第三阶段，从上一个时间点到1945年8月，抗战胜利。

东北生活着许多中国人，但在清政府的限令下，直到20世纪初大部分地区都没怎么开发。之后二十多年，中国北方遭受战乱与饥荒，相对而言东北可谓富庶（"棒打狍子瓢舀鱼"，北大荒变北大仓），于是人们开始大举迁移，这些闯关东的人主要来自山东与河北。1900年，东北有1100万人；到1930年，这里的人口已经超过3000万。在这种形势下，自然是民族意识高涨，要求中国政府加强对东北的控制。中国逐步收回日本在东北非法攫取的权力，日方愈发焦躁不安。日本人口过多，无法靠外迁缓解压力。日本经济受到1929年全球经济大萧条的严重冲击。日本人将东北视为他们的"救生索"，认为控制了东北，就有望转嫁国内危机。日本军人对日本政客缓慢的侵略丧失耐心。反过来，对日本在东北拥有特权一事，中国爱国人士也是愈发愤慨。张学良政府并不总是顾及日本的利益，经常惹恼日本当局。中原内战结束后，张学良率领八万精锐离开沈阳，开始长驻北平。7月，为了平定华北叛乱，又调七万精锐入关。早在1929年，关东军参谋部即谋划占领东北。1931年4月，日本陆军参谋部就中国东北问题提出三个方案：（一）承认中国在东北的主权，除掉张学良，另选一个听话的东北王；（二）不承认中国在东北的主权，武力扶持东北独立；（三）直接占领东北，将其变为日本领土的一部分。1931年9月，在维持了几年表面友好的关系之后，日本突然转变战略，策动"沈阳事变"。9月18日夜，日本军队自找借口，进攻沈阳北大营；当时张学良正在北平听戏，在他的"坚决不能与日军发生冲突"的指令下，日军于19日下午占领沈阳，沈阳兵工厂的飞机、大炮、枪支全部成为日军战利品。随后几个星期，日军又占领了长春等几个战略中心。张学良听从蒋介石的"不抵抗"命令退出东北，日本在东北建起临时地方管理委员会。1932年年初，"伪满洲国"成立，由日本操控。3月9日，溥仪在长春就职。同年，日本官方承认该政权，并与之结成防御同盟。虽然部分原东北军、中共抗日游击队、农民暴动武装、义勇军等组成抗日联军，长期牵制日军，但到1933年，日本已经掌控这片领土，东北成为日本侵华基地，这里的大量资源都被运回日本。1933年1月，日军开始侵犯热河。仅仅数周，国民党部队便溃不成军。同年4月，日本宣称，为了保护新获得的边境，抵御中国入侵，要继续南下进入长城以内。

日本扶植溥仪建立"伪满洲国"，遭到国际社会一致反对。为了转移国际视野，日方经过策划，决定在上海制造一场"假战争"。当时中国掀起了全面抵制日货运动，双方在上海冲突尤为严重，日本专横地要求解散以抗日救国会为首的一切反日组织和团体。尽管上海市政府最终已有妥协之意，日军还是于 1932 年 1 月 28 日夜突袭上海闸北。在随后的战争中，上海大片区域被夷为平地，中国最重要的文化机构商务印书馆被炸，"东亚第一图书馆"东方图书馆被日本人放火烧毁，46 万册藏书无一幸存，中国文化遭受劫难。国民党军队（第十九路军）出人意料地进行了顽强抵抗。后经国联极力斡旋，1932 年 3 月初，双方停战，日本退出所占区域。

面对这一局势，世界其他各国也是忧心忡忡。中日两国并未公开宣战，理论上仍然处于和平状态，但实际上战争已是越来越近。两国都是国联成员，都签订了《巴黎非战公约》和《九国公约》。然而，条约可以签署，也可以撕毁，当前局势对第一次世界大战后的世界和平体系，提出了最严峻的挑战。

"九一八事件"爆发后，中国立即上诉国联。国联派出李顿国际调查团前来调查。1932 年秋，调查团向国联提交报告，讲明了事件原委，并提出了一套其认为兼顾中日双方利益的解决方案。但是，这份报告既没有让中国满意，也没有让日本满足，只是日本的不满表现得更为明显。1933 年 2 月 24 日，国联大会接受了调查团的报告，判定日本犯下战争罪，并提出解决方案。日本拒绝接受，并于 3 月 27 日退出国联。

截至 1933 年夏，至少在当时来看，日本获得了胜利。1933 年 5 月 31 日，南京国民政府与日本签订停战协议，中国撤走部署在北平和长城之间的部队，日本退回长城以北。这一协议意味着，南京国民政府默认日本控制东北。

日本害怕苏联会妨碍其侵华计划。1932 年 12 月中苏再次建交，日本怀疑这是两国意图对抗它而形成的联盟，因此中东铁路问题被其视作心腹大患，必须尽早解决。1935 年 3 月，经过长期谈判，苏联将其所控路段卖与日本。但在东北地区，双方一直摩擦不断。1936 年 11 月，日本与德国签订针对苏联的《反共产国际协定》；1937 年 8 月，中国与苏联签订《中苏互不侵犯条约》，以此警告日本。

1933年后，日本继续巩固其在东北的势力，大肆掠夺当地资源。无数的煤炭、铁矿和木材都被运往日本，大豆及其副产品（如油饼和豆饼）则销往德国，以增加日本外汇收入。炼铁业也有发展，尤其是在鞍山。日本人大举涌入东北，其中主要是商人、军官和士兵。

1933年后日本并未停下侵略步伐，它继续向内蒙古和中国其他省份进军。在内蒙古，日本试图利用汉蒙民族矛盾（耕地与草地之争），坐收渔翁之利。它宣称支持蒙古人，但蒙古人首领拒绝与之合作。1933年，南京国民政府与日本签署《塘沽停战协定》，这标志着日本进一步向南直逼长城。与此同时，日本向世界上其他国家发出警告，不允许任何外部势力插手中国事务。1934年，日本外交部发言人宣称，日本反对其他国家"以其势力帮助中国对抗日本""派遣军事或海军教官或军事顾问前往中国""向中国提供贷款以供政治使用"。日本试图孤立中国。

中国也一直在努力进行战备。中国的学生们激情难挡，斗志昂扬，组织民众奋起反抗。为了便于汽车通行，中国全力推进道路建设。从武昌到广东的铁路已经建成，除了中间没有架桥的长江，京广两地可以乘坐火车来往。工业化不断发展。中国空军开始成立。

1936年，国共两党表面平静下的暗流涌动局面，在漫长的抗日斗争中，由于本国国力明显削弱而出现转机。面对日本入侵，蒋介石不是积极抗日，而是提出"攘外必先安内"政策，大力围剿共产党。共产党人以江西为根据地建立了红色政权。国民党军队连续发动围剿，迫使红军在1934年年底撤离根据地。经过接连几次的战略转移，他们以生命为代价，爬雪山，过草地，穿越十一个省，进行了20世纪有名的两万五千里"长征"。1936年10月，在陕西和甘肃的东北部，共产党人建立了一个稳固的红色政权。红色政权的中心在延安。蒋介石希望将共产党人一举歼灭，他把这项任务交给当时坐镇西安的张学良。一些共产党人开始结交张学良军队中的重要人物，最后与张学良达成"停止内战，一致抗日"的共识。1936年12月，当蒋介石亲赴西安督察"剿共"时，他被张学良软禁。共产国际得到事变消息，要求除掉蒋介石。蒋介石命悬一线，最终在共产党人顾全抗日大局的考虑下，他在月底被释放。第二次国共合作开始，照理说，接下来两党将会勠力抗日，然而当时的形势却并不让人乐观。

对外关系：日本新一轮侵略（1937—1941）

当中国人在波折中走向统一，在保家卫国方面取得进展时，日本由于国内事变而加速了其对中国的侵略。许多日本人对本国现状都很不满，他们承受着巨大的经济压力，对国会、政党和资本家充满怨言，他们把国家的动荡不安归咎于这些资本运作者。日本人希望通过对中国采取更具侵略性的行动得到更多的控制权。在一系列针对政府高官的暗杀行动中，1936年2月的清除异党行动尤为引人注目。日本海陆军队的控制权，就此落入狂热的军国主义者手中，他们梦想建立一个属于自己的帝国，幻想不断扩张帝国的侵略版图、逐出在中国的西方势力并操控整个东亚，使其扩张为"大东亚"，最终成为一个"大东亚共荣圈"，由日本带领所有成员走向共同繁荣。这些沙文主义者并未立即获得完全控制权，但他们最终成为政局的主导者。

1937年，日本抽调精锐部队关东军进驻平津，频繁进行军演。7月3日，关东军参谋长向日本政府提议打击中国，日本当局决定孤注一掷。7日晚，日军在卢沟桥附近举行"军事演习"，谎称有士兵失踪要求进入宛平县城搜查，被中国守军严词拒绝后，开始炮轰宛平。国民政府提出和解方案（撤除中国军队、惩罚负责此事的官员、镇压国内抗日活动），但是日本仍向河北大举增兵。7月末，日本占领北平。在此期间，它不断扩大在华北的侵略范围。但在山西，它遭到共产党人的强力抵抗,当时(1937年8月)红军被并入国民革命军并改编为第八路军。很快,南方地区也加入战斗。显然,日本军方低估了中国人的民族主义精神。中国再也不会出现当外敌侵占一个地区(如鸦片战争)时其他地区默不作声的情况。在中国的一些地方,老百姓更是自发组织起来反抗日本侵略。

1937年8月,日军大举进攻上海,"淞沪会战"爆发。国民党政府很清楚,做出最后决定的时刻已经来临,必须实现全民族抗日。国民党政府抽调精锐部队在上海进行防御。然而,紧随而来的却注定是一场悲剧。因为日本人拥有更多更精良的武器装备并掌控海上主动权。中国则缺乏近代战争所必需的工业基础,缺乏训练有素的军官,甚至没有海军。1937年11月,中国人开始从上海撤离。同年12月初,由于国民党政府从南京撤离,日军先遣部队制造了举世震惊的南京大屠杀,遭到世人谴责。国民党政府迁往汉口,几个月后又迁往重庆。重庆处于长江上游,地势险要,除会遭到空袭,日军鞭长莫及。

1937年7月之后几个月,日军夺取了许多铁路的控制权,其中多数铁路都位于主要通航河道的下游。一旦中国人进行反抗,他们就施行慢慢扼杀中国的计划。然而,中国人的反抗仍在继续。成千上万的中国人,包括大部分学生和更多来自不同阶层的人都转移到西南部的敌后区。逃难者在那里建立大学,成立工业合作社,设立临时工厂,继续生产军用物资。在日占区的后方,抗日游击队不断袭击日军。国民党军队和共产党军队都没有屈服的迹象。虽然国共两党无法迅速把日本人赶出国门,但令日本人吃惊的是,他们自己同样无法迅速结束战争。

为了赢得中国的"合作",日本在中国扶植了一个傀儡政权。他们妄称自己是在为把中国人从共产主义和国民党政府手中解放出来而战斗。1937年12月,他们成立"北平伪临时政府",扶植孙中山的前亲信汪精卫上台。1940年3月30日,"汪伪国民政府"声势浩大地"回归"南京,日本与其签署条约,联手反对共产主义。但很明显,它只是一个提线木偶。汪精卫一直到1944年去世前都不曾握有实权。

日本通过这种方式不断榨取其所侵占领土上的各种资源。矿山、铁路、电话、工厂、银行、造船厂和船运都被日本公司接管,或者若是中日共管,控制权就握在日本人手中。日本还重建了"日占区"的学校,进行亲日教育,以达到彻底征服中国的目的。

日本人慢慢地收紧了对敌后区的封锁。他们控制着海域和大多数主要港口。但是,抗战及生活物资仍然越过封锁被运到敌后区。中国人取道香港(当时由英国控制),并利用滇越铁路到达昆明。此外,中国人还调动大量劳力,奋战八个多月,在中缅边境修成著名的"滇缅公路"。它更像是中国人不屈精神的一种象征,而不仅仅是一条帮助运输救援物资的道路。它和驼峰航线一道成为抗日战争的"生命线""输血管"。

虽然这条通向仰光的公路为中国与外界建立了联系,但是日本在占领越南切断滇越铁路后,很快就切断了滇缅公路。1940年夏,法国在德国的"闪电战"中沦陷,英国在敦刻尔克战败并面临德国入侵的威胁,这些都给了日本向这两个大国施加压力的机会。1940年7月,英国被迫将经由滇缅公路的货物运输停滞三个月。

事到如今,日本对苏联已无所畏惧。1941年4月,日本与苏联签署《日苏中立条约》,互不侵犯。1941年夏德国入侵苏联,苏联将其全部精力都投入欧洲战场。这意味着苏联不愿与日本开战,以免腹背受敌。因此,日本没有受到苏联的严重威胁。此外,苏联虽与重庆保持外交关系,但因自顾不暇,不可能给予后者太多军事帮助。

与外国的关系：日本进一步入侵到战败
（1941年12月—1945年8月）

1941年12月7日，日本对美国发动闪电战攻势；随即，中日战争扩大升级，并成为第二次世界大战的一个主战场。英国和美国卷入与日本的战争，积极支持中国，为中国提供了许多物资援助。

12月7日的"珍珠港事件"震惊全世界，战争在此刻达到高潮。正如我们所见，自1931年9月日本侵占东北以来，国联和美国就一直对日本持批评态度。1937年日本全面侵华，此举严重违反"门户开放"政策，美国开始反对日本，但一开始只是提出抗议，即使1937年12月日本在长江上袭击美国军舰"帕奈号"，也没有对日宣战。由于双方摩擦不断，美国政府和公众的对日态度日渐强硬。美国增派舰队，加强了在夏威夷的防御。1939年7月，美国宣布退出与日本的商业条约，并在接下来两年限制出口日本的钢屑和石油产品的数量，此类物资对日本军队至关重要。日美之间的谈判清楚地表明，谁都不会同意对方的建议。美国坚决反对日本在中国的计划，日本则用实际行动结束了谈判：突袭珍珠港，占领上海国际租界，轰炸新加坡和菲律宾。日本在尝到最初的甜头后，迅速采取进一步行动。1941年12月，香港沦陷。1942年1—5月，日本占领菲律宾和新加坡，在东印度群岛赶走荷兰势力，在缅甸逐出英国势力。

中日双方在战场上陷入僵局。从1940年到1944年中期，日本在中国国内几乎没有取得任何重要进展，但中国暂时也还没有足够的力量将其驱逐出境。中国国内出现了通货膨胀。到1945年中期，国统区的物价是五年前的1500倍之多。

在迁都重庆后，国民党政府主要依赖四川的地主阶级，就像先前其在上海地区依赖资本家和买办一样。国民党倾向保守派，与共产党之间的分歧不断加深，因为后者希望打倒土豪劣绅。为了保持民族团结的表象，蒋介石不得不设法笼络各种各样的团体，尽管并无多少团体真把他当回事。由于国民党官场内部腐败盛行，行政效率低下，国共两党之间的裂痕越发难愈。他们各有自己的政府和军队，他们的大本营，一个在重庆，一个在延安。尽管在重庆有一个共产党代表团，而且延安政权的存在得到所有他方势力的认可，但英、苏、美三国都要更加认可重庆政权。

以美国为首的同盟国开始向中国提供援助。与印度的空中航线建立，史称"驼峰航线"。这条航线是世界上最艰险的航线之一，需要飞越阿萨姆邦和云南之间的重峦叠嶂。在"珍珠港事件"之后的三年里，空运的货物数量比此前通过滇缅公路运输的货物都要多。

1942年5月和6月，在珊瑚海战役和中途岛战役中，美国海军重创日本舰队。美军在所罗门群岛的瓜达尔卡纳尔赢得了一个立足点。1944年年底，他们重新占领关岛并在菲律宾登陆。1945年2月，他们重新占领马尼拉。1945年中期，美军夺取了硫磺岛和冲绳岛两个战略据点。此外，美国和英国的潜艇也对日本航运造成重创。

与此同时，日军仍在逐步向重庆推进。1944年和1945年前期，日军夺取了平汉线和津浦线，切断了重庆通往中国东部的铁路。日军还占领了一些空军基地并夺取福州。尽管日本步步相逼，长期战争留下一片废墟，国共两党纷争不已，通货膨胀不断高企，但在1937年之后中国仍在多个方面取得一定进展。在中国农村地区及中小城市，共产党的力量迅猛增加，他们在正面战场和敌后战场坚持对日作战。国民党则主要控制了大中城市。国民党遭到党内外很多人士的批评，其自身内部存在多种派系。秘密团体和持不同政见的团体对国民党政府的权威嗤之以鼻。然而，蒋介石仍然保持着他的领导地位，甚至加强了其权力。1943年，他出席开罗会议，与英国首相丘吉尔和美国总统罗斯福商谈联合对日作战及战后和平条件。

1945年8月，日本陷入绝境。日本海军被美国摧毁，包括东京在内的主要城市遭到轰炸，随后又被大火摧毁。8月6日，美国在广岛投下一颗原子弹，一个巨大的蘑菇云冲天而起，几十里外都能看见；这一幕，举世震惊。两天后，他们在长崎投下另一颗原子弹。8月8日，苏联对日宣战，出兵东北。8月15日，日本宣布投降。9月2日，在东京湾一艘美国战舰上，日本正式签署投降文件。在那之后，日本军队开始撤离中国。

抗日战争激发了中国人的民族精神，塑造了中国作为一个国家的声望和尊严。在漫长的历史长河中，中国进入了一个新阶段，其特点是西方冲击下革命不断加速和民众生活发生重大变化。

1894—1945年政治以外的变化：导论

1894年至1945年这半个世纪，中国国内政治和国际关系的发展令人震惊。一场革命在国家的各个层面进行。在西方的影响下，中国的主流文化结构发生了变化。在20世纪三四十年代的抗日战争中，这种变化的速度更是不断加快，在不到一代人的时间里中国人就进入了一个不同的世界。

在经济上，中国仍是自给自足。长期以来的自给自足、内部交通不畅和军阀混战，这些因素合在一起，使中国对外界商业压力的反应相对迟缓。贫穷和货币不统一，是发展商业的额外障碍。1894年至1945年这半个世纪，中国进出口贸易的性质和对外贸易的比重发生了很大变化。1894年，棉花的进口额位居榜首，鸦片位居第二。茶叶和丝绸，虽有来自其他国家的竞争，但却仍是主要出口产品。在中国的海外贸易对象中，英国占主导地位。进口清单上的物品变得越来越多样化，包括数百种物品，如煤油、食品、烟草、机械产品。后来的内战也导致大量武器和弹药的进口。进口货物主要由制成品、日本和西方工厂的产品组成。然而，机械进口在清单上日益突出的地位表明，中国正在建造工厂，并开始用新方式生产商品。面粉和小麦的进口，表明中国开始依靠其他国家来帮助其解决人口生存压力。糖和大米也是进口产品之一。一位美国植物学家从中国引进超过一千种新植物，并将一千五百多种种子运送到美国。一位法国传教士仅从云南就寄回四千多种物品的标本。美国农业部在中国设有代理商，寻找在美国卖得开的植物品种。

1894年以后的五十年，中国的国内运输体系发生了巨变。列强进入中国即谋求修建铁路，侵占土地，开拓市场。铁路集中在东半部。在铁路扩展到全国之前，第一次世界大战和不断加剧的内乱就开始了。外资不愿进入，国内资本甚少，因此，中国大部分地区都无铁路。国民党执政后，恢复铁路建设。到1942年，广武线建成，湖南、江西、安徽、广西、浙江等省内多条公路建成。没有铁路的部分地区，由汽车公司提供运输服务。尤其是在1937年前的十年里，这种新型运输工具得到广泛应用。1938年国民党政府迁往西南，云南和四川的公路建得到发展。一些道路建设是为了满足军队作战需要，但更多还是为了便于民众出行。公共汽车穿梭在许多主要城市中。到处都是被推倒的古城墙，代之以宽阔的大道。然而，大部分私家汽车都集中在港口城市，特别是上海。

中国交通运输标志性的发展是蒸汽轮船，它们大都行驶在沿海水域和长江及其支流。尽管中国企业也在成长，但大多数大型轮船都属于外资企业。早在1937年以前，"火轮船"就已深入四川。一些地区引进了越来越多的自行车。到20世纪30年代，飞机成为中国交通运输的一大特色。1937年后，国民党政府与美国、意大利合办了几家工厂，发展飞机。

然而，中国的工业化不过是刚刚开始。到1930年，只有约1%的人口参与到工业革命中。内乱使得外国资本不愿进入中国，而中国人自己既没有足够的流动资本，也没有大规模工业化融资所必需的银行体系。现有资本供应不足，在其他项目上可以获取丰厚回报，因此像工厂这样的长期投资项目并不受欢迎。而且，当时技术水平不足，运输设施匮乏，税收沉重，尤其是官方干预常会给工厂造成毁灭性的打击。中国也没有多少值得投资的股票公司，而西方的工业化正是靠这些股票公司实现的。因此，中国的大部分制造业仍由行会组织。

工业生活中的旧组织渐趋消失。大中城市开始出现工会，特别是在铁路业和新兴产业的工人中。1926年以前，它们已经开始发挥自身重要作用。1927年蒋介石屠杀共产党人，工会遭受挫折，许多工会都消失了。

货币流通变得更加混乱。1894年前，在市面上，除了铜钱，货币体系中还存在许多形式的两元硬币和外国铸造的美元，以及银行、政府和将军们发行的纸币。虽然国民党政府也有改进计划，但从整体上看，改革毫无效果。外汇大幅波动，国内外贸易深受影响。中国在西方模式的基础上设立银行，并与在中国财政中扮演重要角色的外资银行展开竞争。

整体商品价格也在逐渐上涨。导致这一现象的部分原因是，全球经济在1929年前复苏，还有部分原因是，中国已经逐渐融入世界经济，生活也在向世界水平看齐。尽管有长时间的内战，但中国整体上还是在朝着那样的方向发展。

许多城市中的景象都预示着中国的自然环境会发生变化。例如，厦门早在明朝即对外通商，是著名侨乡，五口通商后，一度被称为中国"最脏"的港口。20世纪30年代，那里铺起了马路，亮起了路灯，再也不像之前一样是一条条狭窄、弯曲、脏乱的街道。又过了些年，厦门已是商店林立，四到六层高的洋楼鳞次栉比，现代污水处理系统也进入城区，自来水设施随处可见，公园和娱乐中心取代了昔日的贫民窟。

宗教生活变化

1895年以后，中国的宗教生活变化明显。究其因，部分在于西方政治、经济和文化的全面影响，部分在于基督教传教士。

首要因素是儒家思想衰落。1905年废科举、兴西学，动摇了应试教育的根基，儒学受到排斥。中华民国成立，儒学再遭重创：与儒家思想密不可分的政府组织形式化为乌有。孔子被新一代学生抛弃。随着西方科技日益普及，人们对古典文学的兴趣逐渐减弱。儒学在完全没落前也曾有过挣扎。有人试图证明它与新秩序并非格格不入，并敦促中华民国承认它为国教。各地官员一直保持儒学传统礼仪。经学也被纳入新课程。这表明，作为一种融入中国人骨子里的信仰，儒学并不会在一朝一夕之间就完全没落。

由于西方对中国的多方面影响，普通民众对宗教失去兴趣，甚至产生反感。20世纪上半叶，战乱频繁，世事艰难，宗教在世界上许多国家都是前景黯淡。科学研究对自然的认知不断增加，人们不再迷信宗教。对更多人来说，新知识所带来的物质享受让他们沉溺其中，宗教变得无关紧要，甚至成为追求物质享受的绊脚石。1922年，受苏共反宗教信念影响，中国出现了一场有组织的反宗教运动。基督教首当其冲，因为它源自外国，也因为它与共产主义反对的"资本主义"国家有联系。与此同时，其他宗教也遭到攻击。不止一座寺庙被改造成学校，和尚和道士被赶出寺庙。

基督教给中国宗教带来了新元素。1895年到1925年，基督教在中国有了惊人的扩张。部分原因在于中国具备传播的有利条件：旧生活结构瓦解，西方事物受到欢迎。另一方面，西方对基督教的支持并未减少。第一次世界大战结束后不久，美国新教教会要求为驻外使团提供更多的资金和人员。美国海外传教士的数量大增。新教传教士看到中国人对西式教育的渴望，开办了许多学校。他们建造医院，开展公共卫生教育，组织青年男女基督教协会。新教传教士的人数和团体数并不多，但却影响很大。中国一些著名教育家，要么是新教徒，要么就是曾在新教教会学校学习过。一些政治军事领袖也都受过洗礼，其中包括孙中山、冯玉祥和蒋介石。

1931年日本侵华，传教士在东北的活动受到抑制。1937年以后，战事加剧，许多传教士被迫离开中国。1941年以后，传教士人数不断减少。由于战争和交通不便等原因，一些国家切断了对基督教传教士的资助，基督教又一次深陷困境。

整体来看，基督教对中国人的直接影响微不足道。绝大多数中国民众可能根本就不知道基督教的存在。究其因，基督教独尊耶稣，教义严苦，不像佛教倡导"人人皆可成佛""得往西天极乐世界"而顺利融入社会生活，终不得昌行。

精神生活变化

1895年至1945年间，中国人的精神生活比周朝以来的任何时期波动都大。1895年时已有变革之兆，但因长期深受科举制荼毒，当时除了少数先知先觉者，中国的士人并不了解其同时代的西方思想。1900年后，情况迅速发生变化。越来越多的学校都同时开设中学和西学课程。1905年，科举制被废。政府规划了一个新旧知识相结合的教学体系，希望为所有人提供小学义务教育，同时为有能力者提供中学和大学教育。想要实现这样一个计划，需要培训成千上万的教师，任命贤能，由于当时政局动荡，政治腐败，这一计划进展缓慢。不可否认，当时出现了一些新式大学，十分吸引学生；但在几年之后，随着学校领导阶层的更迭和政治波动，这些大学迅速分化。1926年至1928年，这种分化尤其严重。1923年，约有650万名学生在各级政府学校就读；约有50万人就读于教会学校；还有300万或350

万学生就读于旧式私塾。1931 年的政府统计数据显示，国内有 34 所大学和学院，16 所技术院校，约 1300 所中学。许多城市都扩大了小学教育规模，尤其是在 1928 年后。1929 年至 1930 年，共有超过 880 万名小学生入学。中国人一直对教育充满热情，他们延续了这一传统，并对教育救国抱有一种近乎悲壮的感情。私人办学弥补了政府办学的不足之处。

新教育的质量很难令人满意。许多教师资历欠缺，他们凭借家族关系或政治关系获得这一职位。学校基础设施不足。学生们对学校纪律不满，躁动不安，坚持要求在学校的管理中拥有发言权，有时还要求所有人都应获得学分。教员们害怕失业，通常都会选择让步。幸运的是，也有一些学校在学业方面一直坚持高标准严要求。

许多中国人留学日本或欧美。1900 年后，海外留学人数激增。大多数有志青年在出国留学前都对国内现状不满。成千上万的人涌向日本，很多杰出军人都在那里受过训练；然而，去往日本留学的人数逐渐减少，部分原因是 1915 年后中国国内反日情绪不断高涨。还有数千人去往美国，其中有数百人是庚子赔款留学生。此外，庚子赔款还被用于在北京西郊建立清华大学（仿效美国教育模式）。多年来，留学生更多去往美国而非欧洲。第一次世界大战后，法国给中国留学生开出许多优惠条件，吸引他们前往。1930 年，有 1484 人向教育部申请出国留学护照，其中 55.6% 的人去日本，18% 的人去美国，11.6% 的人去法国。还有一些学生去往其他欧洲国家，尤其是英国和德国。在 1927 年蒋介石发动清党运动之前，也有一些学生去往苏联。

"海归"在中国的发展中发挥了重要作用，尤其是在政治和教育领域，他们手中的权力越来越大。例如，1929 年，南京国民政府的雇员中有近 6% 的人在美国留过学，近 4% 的人在欧洲留过学，近 7% 的人在日本留过学。南京国民政府的高级官员中，绝大部分都是"海归"。

无论是"海归"还是一直在中国接受教育的中国学生，都对公共事务有强烈兴趣。在这方面，他们延续了旧时儒家教育的传统，因为旧时儒家教育的目的就是让人们关心国家时事，服务社会。特别是1911年以后，学生们更加关注政治动乱。一些大规模的学生运动值得在此一提。1919年，为了收回青岛主权，爆发"五四运动"，青年学生高声呐喊"外争主权，内除国贼"。经过运动洗礼，一部分先进青年知识分子成为共产主义者，推动中国共产党于1921年诞生。大革命时代，青年学生踊跃投身革命，高举旗帜"打倒列强，除军阀"，积极推动废约运动。1925年"五卅惨案"发生后，出现工人罢工、学生罢课、商人罢市的局面。从都市到乡镇，青年学生高喊"打倒帝国主义""废除不平等条约"，推动大革命高潮到来。1927年，国共第一次合作失败，共产党开始建立农村革命根据地，许多大中城市的青年学生也离开城市，"去农村"。1935年，日本加紧侵华，阴谋扶植汉奸控制华北；12月9日，清华大学、北京大学等校学生高喊"停止内战，一致对外"，抗议国民党的不抵抗政策，促进了中华民族的觉醒。红军长征到达陕北后，青年运动的重心也转向西北，在"到延安去"的召唤下，无数有志青年从日占区和国统区奔赴陕北。

学术领域很活跃。学者们积极研究西方和中国的哲学家，其中有些哲学家受到拥护，但所有哲学家都受到批判审视。中国古代思想家，如墨子，长期以来一直被正统学派所排斥，此时得以正名。清朝的许多禁书都得到出版。学者们重新研究中国历史。清朝汉学家采用的疑古方法，以及西方历史学家采取的方法，都被用来探究中国历史，以推翻截至此时已被接受的许多思想。

书籍数量成倍增长，出版社随之兴起。数百部西学著作都出了中译本。有人开始大胆尝试新文学种类。涌现出许多新杂志，但大都是昙花一现，不过也有一些颇具影响力。这些杂志都体现了思想自由，以及年轻知识分子用文学表达自我的渴望。其中最著名的期刊之一是

《新青年》，它创刊于1916年，由当时著名学者陈独秀主编。其他传播新思想的渠道还有新式教科书、各种报纸，以及海报。1928年1月1日，从英国运来的上海海关大钟正式敲响，机器开始逐渐支配人们的日常生活，人开始成为时间的奴隶。1926年12月有声电影进入中国，中国人将其视为一种娱乐形式，明星日渐成为人们的偶像。

梁启超（1873—1929）出生于广东，是当时最有影响力的学者之一。他师从康有为，励志改良，鼓动变法，出任《时务报》主笔，崭露头角。变法失败，流亡日本。中华民国成立后回到国内，陷入北洋军阀内部纷争，密谋反袁；1917年辞去政务，从事文化教育。1918年底赴欧考察，回国后宣扬西方文明已经破产，主张光大中国传统文化，用东方的"固有文明"来拯救世界。尽管他更像是一个平凡人，而不是一个严谨的思想者，但他的作品却是受众极广，尤其深受年轻人喜爱。他抨击封建史学，倡导"史学革命"；鼓动"诗界革命"和"小说革命"，提出"欲新一国之民，不可不先新一国之小说""今日欲改良群治，必自小说界革命始；欲新民，必自新小说始"。

胡适（1891—1962）是安徽人，他比梁启超年轻，他对当时有思想的年轻人产生了很大影响。他出身书香门第，受过高等教育，在美国求学期间学业有成，回到国内后在写作和演讲方面都有出色成绩。当时不少人想用一种语音系统来代替文字系统，但都没有成功。与此截然不同的是"白话文运动"，即把普通话作为学术和正规写作的媒介。在过去的几个世纪里，白话文经常被用于小说写作，但将人民的"白话"用于文学目的的新运动，则可以追溯到1917年1月1日胡适在《新青年》上发表的《文学改良刍议》。胡适勇于坚持自己的信念，在自己的作品中率先使用白话文，其他人纷纷效仿。尽管受到保守派批评，但"白话文"写作很快就成为新老作家的主要书写语言。这场改革的伟大程度，完全不亚于几个世纪以前欧洲人用方言代替拉丁语作为学术语言。

这场充满清新气息的知识分子运动，被称为"新文化运动"。"新文化运动"包含许多方面：对白话的运用，对小说的研究，对历史的考察，对哲学的讨论，以及许多新兴知识。"新文化运动"强调了科学方法的价值，并在处理问题的过程中，充分利用社会学和心理学方面的知识。同时，"新文化运动"还涉及政治，有利于加强民族主义。"新文化运动"带有浓烈的个人主义色彩，包含了对过去的反抗。美国哲学家杜威和英国哲学家罗素是杰出的西方思想家，他们访问中国，举办讲座，也促进了"新文化运动"的传播。

多年来，得益于校长蔡元培的领导和德法留学生的影响，1917—1923年间，北京大学成为"新文化运动"的中心。许多杰出人物，如陈独秀、胡适和鲁迅都曾在这所大学任教。这所大学学术水平一流。遗憾的是，后来在政府的施压下，一部分知名教员辞职南下，运动中心转移到上海。"新文化运动"在本质上是对新思想的宣告。当这些新思想被广泛接受，它们引起的争议逐渐平息，它也就消失了。然而，作为一种表达思想的途径，学术活动仍在继续。没有人能预测这些学术方面的运动会产生怎样的后果。在那个时代，新兴学者无论老少都具有质疑精神。他们提出的许多质疑都是破坏性的。古老的儒家正统学说已经过时。就像在周朝一样，群雄争霸，百家争鸣，思想领域和政治领域一样混乱难平。

社会习俗变化

政治形式的革命、经济制度的革新，以及文化领域的创新，必然伴随着社会生活及道德风俗的巨大变化。电话、电灯和电影的出现使得城市夜生活成为可能。工厂、铁路、汽车和报纸的出现也促进了社会变革。当然，这些革新主要集中于港口城市，而非全国各地。即使到了1945年，中国大部分地区也仅受到轻微影响。然而，变革已经拉开了序幕。

许多古老的礼仪形式正在消失。恪守老礼的人们也不再像过去那么讲究。甚至在1911年辛亥革命之前，人们头上的"长辫"就已在消失。革命到来后，人们纷纷剪掉长辫。20世纪30年代，短发在女性中流行开来。许多人放弃中式服装，改穿西服。随着民族主义的兴起，尤其是在1925年以后的一段时间内，人们又开始偏爱传统服饰，西服仅用于正式场合。两性关系发生变化。男孩和女孩、男人和女人之间的社会交往变得自由，过去但凡男女"逾矩"，女性便要被打上"有失检点"的标签，现在男女交往开始变得普遍起来。由此可见，年轻女性获得更多自由。有时她们甚至也能参与政治讨论，并在政府部门任职。在1926—1927年的大革命运动中，年轻知识女性起到了重要作用。

年轻人淡化了年龄观念。越来越多的年轻人在选择对象时并不考虑岁数差别，也不强求相互尊重，甚至不会过问父母建议。可以说，许多大家庭都在解体。家中再也不是父权至上，家中成员有了一定的自主选择权。中学和高中的毕业生各有各的打算。已婚夫妇不一定非要等到另一半回家才能睡下。甚至在一些圈子里，纳妾也被接受。中国有史以来代际之间风俗观念的差距，从未如此之大，如此之深。

和其他许多变化一样，风俗观念变化并不是以相同的范围、相同的广度、相同的深度同时发生在全国各地。这些变化主要发生在沿海城市。20世纪三四十年代，人口向敌后区的西移，把这些变化的风俗习惯带到了那些偏远之地。20世纪40年代，成千上万名美国士兵的出现更是加速了这一进程。相比之下，广大农村地区受到的影响还是很小，许多地方几乎没有改变。然而，在中国社会的方方面面几乎都能看到有一些与过去不同的东西出现，旧时的那个中国已经一去不返。

总　结

　　1894年后的半个世纪，见证了中国历史上最具革命性的变化。外国势力危及国家独立。中国并未完全屈服于外国势力。人们常说中国正在经历变革，与欧洲在文艺复兴、新教改革、法国大革命和工业革命中所经历的转变一样。中国两千多年来一直赖以生存的政治体系及其带来的团结不复存在，人们正在套用西方政府模式进行试验。然而，改革并非一帆风顺。军阀割地自立，内乱不断发生，土匪活动频繁，中国贫弱不堪。另一方面，虽然在此期间中西思想庞杂混乱，新旧事物交错杂陈，但是随着启蒙新文化与救亡运动融合到一起，政治问题（爱国、反帝、抗日）开始占据主导地位。（个体的独立性受到抑制。）"城头变幻大王旗"，上层不断上演各种丑剧、闹剧和乱局，底层民众对此不感兴趣也不关心，各种思潮犹如流云从底层民众的头顶飘过，从未在其心中生根，直到共产党人出现，高声喊出"耕者有其田"，这才有了根本性的改变，中国也比以往任何时候都要更有凝聚力。新的教育体制、电报、海关、邮局，以及铁路、轮船、汽车和飞机的出现，也在一定程度上加深了民族主义，使中国人民团结在一起，并有效地促进了文化统一。

　　儒家社会长期以来形成的秩序遭到破坏。大多数受过教育的人都抱有一种怀疑主义，这种怀疑主义有时还很激进。受过良好教育的年轻人，完全被对西方民主和科学的热情所支配。旧的社会习俗正在消失，家庭解体现象层出不穷，两性关系正在发生革命性变化，旧有的道德标准受到挑战。中国正在放下历史包袱，大步向前，未来的曙光已经显现。

第十三章

华夏新生:新中国成立(1945—1949)

日本战败,第二次世界大战结束,中国在西方的影响下进入另一个转型阶段。自从五十年前甲午战败,中国的变革规模日渐扩大。共产党人坚持马克思主义,逐步掌控大陆,对整个国家的政治、社会、经济、文化进行了全面改革。在此过程中,许多旧习俗被抛弃,也有一些得以保留;许多基本观念继续存在,甚至得到强化。其中包括中国文化的自豪感,随之而来的是传播中国特色共产主义的决心。共产党人力图使中国重新成为世界关注的焦点。中国文化自秦汉以来从未发生过如此巨变。至于未来的中国将会变成什么样,还是个未知数,但可以确定的是,变革将会继续。

中华民国面临重建困境

1945年8月日本战败,国民党政府开始重建。整个抗战期间,中国人民一直满怀希望:战争胜利,就能过上好日子。他们憧憬着一个统一的国家,也期待着凋敝的经济能在战后迅速复苏。然而,想要实现这一愿望,却是阻碍重重。自清朝结束以来,还不曾有一个政府有效地统治昔日清朝领土。在这片领土上,军阀割据,交相混战。之前各个朝代覆灭时的景象再次上演。各路强者集结军队,争夺国家统治权。如果不是西方入侵，按照惯例，早晚会有一个强者打败所有对手，建立一个新的王朝。但是，西方带来了一种新的政府形式：共和国。在孙中山的领导下，中华民国宣告成立。之后蒋介石接任，国民党执政。蒋介石企图假共和国之名行独裁统治。他有才能，却认为国家福祉依赖他自己。他自称是基督徒，但他的信仰却是融合了基督教、孙中山的纲领和儒家传统。在蒋介石组建的政府中，不乏受过西方教育的人，他们希望看到中国成为一个像西方一样的民主国家。然而，这部分人只占少数，并且他们没能团结起来。事实上，许多有影响力的人也是志不在此，他们仍像在旧制度下一样，主要关心自身和家族利益，或者以权谋权。不出所料，在这种情况下官场腐败成灾。国民党内部派系众多，相互勾斗，你死我活。此外，国民党始终提防共产党，一心想要致对方于死地。

除了政治和意识形态上的阻碍，还有长期存在的经济问题，这一问题由于长期战争而变得更加尖锐。战前的经济结构就已经难以满足民众基本生活需求，战争连年不断，民生愈发艰难。铁路等运输工具很难满足新时代的交通需求，刚刚开始的工业化也受此影响。通货膨胀既是一个严峻的现实，又是一个持续的威胁，因为必须让数百万饱受战争创伤的民众吃饱穿暖。

复杂的国际关系

中国所处的国际关系错综复杂，使得国家重建难有妙法。如前所述，19世纪下半叶和20世纪初，列强蜂拥而至，抢占势力范围，瓜分中国地盘，义和团运动失败，国家独立更加遥不可及。随着日本入侵和第二次世界大战爆发，情况变得更加复杂。第二次世界大战促生了联合国。1945年春，中华民国派代表出席了联合国成立大会，会议起草了《联合国宪章》。中国与英、法、美、苏四国一起成为安理会常任理事国。

另一个新问题是遣返日本人，包括日本士兵和日本平民。在这方面，美国提供了一些援助，但这一重任主要落在中国身上。在那个多重压力同时而至的时期，对民国政府而言，这无异于雪上加霜。

中苏关系也遇上麻烦。近三个世纪以来，对中国来说，俄国一直是一个威胁。清俄接壤边界举世最长，双方冲突不时发生，就是到了中华民国时期也未能幸免。第二次世界大战结束，苏联与中国国民党而非共产党建立官方联系。1945年4月，斯大林在莫斯科接见美国驻华大使时向其承诺，苏联将与美国和英国一道促成中国统一。毛泽东领导的中国共产党以农村和农民为本，这与斯大林领导的苏联共产党（以城市和工人为本）有所不同。斯大林一心想要收复在日俄战争中被日本夺去的利益。1945年2月，在雅尔塔会议上，苏联答应欧洲战争结束后参加对日作战，条件是：维持外蒙古现状，大连商港国际化，苏联租用旅顺港为海军基地，苏中共营中东铁路。不过，雅尔塔协定也规定中国对东北拥有主权，有关大连、旅顺港、中东铁路和外蒙古的规定需要征得蒋介石的同意。蒋介石对雅尔塔谈判没有征求他的意见就进行很是不满，但因对英美的指令向来都是言听计从，立即派人前往莫斯科与苏联谈判。1945年8月14日，在苏联答应以后不再支持共产党的情况下，国民党谈判代表与苏联签署《中苏友好同盟互助条约》，承诺共同对抗日本、不缔结反对对方的任何同盟、尊重对方主权和领土完整、不干涉对方内政。苏联重申，尊重中国在东北的主权，作为交换，如果外蒙古公民投票赞成独立，中国同意外蒙古独立。苏联随即出兵东北，直到国民党占领沈阳后才从该地撤军。苏联有组织地从东北搬走了大部分机器。他们解除了日本人的武装。他们撤离之后，留下大量日本武器弹药。共产党人进入沈阳后，获取了这些弹药武器。

中华民国试图重建

面对多重的国内困难和复杂的国际形势，国民党政府的重建任务变得愈发艰难。它不仅想把行政管理扩大到1931年以前的国统区，还想扩大到日占区，主要是东北和台湾。到1947年，在实现这些目标方面取得了些许进展。国民党政府在东北的一些主要城市驻军，尤其是沈阳。然而，东北农村被共产党占领。陈仪出任台湾省行政长官公署行政长官，负责治理台湾。台湾行政长官公署施政失当，官员贪腐，军警横行，加上粮食恐慌、物价飞涨、失业严重，引起台湾人民强烈不满。1947年2月28日，台北人民举行大规模示威游行，抗议国民党当局的暴政，后被镇压。

在此前的日占区，人们对伪满政府的一些代表抱有很深的敌意。其中有些人把日占区的中国人视为汉奸。国民党政府把首都迁回南京。从敌后区回到那里的官员，与敌占区的人有着迥然不同的经历，双方在重建方面很难精诚合作。

人们对国民党政府一党专政怨声载道。孙中山认为，只有一个执政党是必要的，但他也表示，这只是一个过渡阶段，等到时机成熟，其他党派也应参与进来。许多人都说，国民党统治下的中国是一个警察式的国家。许多持不同政见者，尤其是那些持不同政见的学生都被投入监狱，或以其他方式受到严厉惩罚。长期以来，学生们一直都在反抗国民党政府。在众多反抗者中，要数共产党人的声音尤为响亮。

美国出面调停

美国对中国的情况深表关切。第二次世界大战期间，美国积极协助中国击退日本。美国承担了对日海上作战和空中作战，并在战争期间向国民党政府提供了许多援助。美国政府在对抗日本的过程中，曾劝说国共两党联合，但却并未收到什么成效。日本投降后，美国政府认为，中国要实现重建，必须实现内部团结。美国代表协助国民党解除日本人的武装和遣返日本人，协助国民党重新占领日占区，并向国民党军队提供军用物资。

1945年晚些时候，杜鲁门总统派遣马歇尔将军访华，寻求"以和平、民主的方式统一中国"。二十年前马歇尔曾在中国生活过两年多时间，他非常了解中国。他为人正直，能力出众。1946年1月，他抵达中国后立即促成召开政治协商会议，会议旨在将国共两党合并起来，以三民主义为纲领，由蒋介石领导，"建设一个全新、统一、自由、民主的中国"。马歇尔劝说国民党和共产党停止斗争，共同组建一支国民军，并在北京设立执行总部，由执行总部实施该协议的内容。国民党、共产党和美国都派代表出席了政治协商会议。尽管签署了这份协议，但在国民党单方面撕毁协议后，国共两党还是爆发了内战。不过，马歇尔在1946年6月促成双方短时休战。

国民党政府搬回南京时，谈判仍在继续。国共两党之争难以调和，双方都想掌控整个国家，双方都指责对方失信在先。1946年11月，国民大会在南京召开，旨在制定宪法，结束一党专政，建立多党政权，实现孙中山的梦想。共产党拒绝参会，因为国民党驻军华北，而那里本是共产党的驻地。尽管马歇尔努力促成停战，但在国民党于国民大会召开前一个月包围北平战略要塞张家口之后，国共冲突开始升级。

美国既不满意国民党，也不满意共产党。国共双方都指责美国政府帮助另一方。马歇尔任命新教传教士司徒雷登为美国驻华大使，后者生于中国，大部分时间都待在中国。他和马歇尔努力使国共两党化解不和。1947年1月，尽管蒋介石迫切要求他继续担任顾问，马歇尔还是离开中国返回华盛顿，出任美国国务卿。

1947年夏天，马歇尔将军任命魏德迈为特使，前往中国调查当时的情况。魏德迈将军在第二次世界大战后期曾任蒋介石的参谋长。他和他的下属收集了大量信息。在离开中国之前，他开诚布公地指出了国民党政府的腐败和低效。他向杜鲁门总统汇报说，东北持续不断的战争正在耗尽国民党的力量，他建议联合国立即采取行动来结束这场内战。

国民党败退台湾

　　魏德迈料事如神。蒋介石不顾马歇尔的一再劝告，在东北派遣了一位能力不足的军事指挥官（熊式武），并任命了一位因病致残的将军（杜聿明）作为他的继任者。蒋介石亲自到北平指挥东北战役，1948年11月初，国民党在东北的核心据点沈阳被共产党占领。而在此几周前，山东省会济南也被共产党拿下。

　　1949年1月初，国民党请求英、法、美、苏四国在其与共产党的和平谈判中充当中间人。中国百姓的态度使列强的这种行动成为徒劳，因为国民党早已失去民心。国民党内部也有能力出众、人品正直的官员，但是普遍存在的贪污腐败、低下的办事效率和血腥的镇压异见手段，让大多数人都对国民党感到寒心。1948年夏天，国民党抑制通货膨胀无果，这成了压死骆驼的最后一根稻草。

　　共产党是唯一可以替代国民党平定纷乱的政党。共产党纪律严明，实力雄厚，其他各党都无法与之匹敌。1949年，共产党在各路战场进军迅速。令他们吃惊的是，国民党军队未做太多抵抗就落荒而逃。共产党于1月15日占领天津，1月31日占领北平，3月24日占领太原，4月24日占领南京，5月底占领武汉和上海。国民党政府先后迁往广州和重庆。1949年1月，蒋介石离任总统，但保留了对国民党的领导权，暗中操纵党政军大权。1949年12月，蒋介石被迫宣告引退，败走台湾。1949年10月1日，共产党人宣布，中华人民共和国定都北平，改名北京。他们准备解放台湾，将国民党赶出其最后的避难所，然而由于受到当时国际形势的影响，再加上攻打金门受挫，海峡两岸统一的目标未能立即实现。

共产党的胜利，一定程度上归因于国民党及其他竞争对手的弱点。当然，共产党人革命信仰坚定，决策者领导有方，也是原因之一。

共产党的领导人

在世人眼中，最重要的共产党领导人是毛泽东、周恩来和朱德。1893年，毛泽东出生于湖南（湖南是19世纪下半叶著名官员曾国藩和左宗棠的故乡）湘潭一个农民家庭。毛泽东在省会长沙上学时被卷入"新文化运动"；他一边读书（《新青年》等）求新知，一边参加革命活动。他自幼习读古书，后来常写古诗词，一直赏赞古代历史小说。他感觉到来日多艰，需要有副好体魄（"欲文明其精神，必先野蛮其体魄"），后来也表现出了超强的毅力和耐力。他是1911年辛亥革命的热情拥护者。他对新知识分子和社会潮流中先驱者的著作印象深刻。他最初受到康有为和梁启超著作的影响，然后转向胡适和陈独秀的著作；他后来自述，他在二十几岁时的思想是一种反军国主义、反帝国主义、自由主义、民主改良主义、空想社会主义的混合物。1918年从湖南省立第一师范学校毕业后，他前往北京，有段时间待在北京大学，这里是"新文化运动"的中心。他在北京大学图书馆做助理馆员工作，博览群书。随后几年，他接触到各式各样的革命思想。到1920年夏天他已成为一名坚定的马克思主义者。1921年，他参加了中国共产党成立大会。之后，他回到湖南，发动工人，组织政治运动。1925—1927年，他在湖南深入调查，指出农民问题的重要性，认为革命必须来自农民而不是工人。他一度因为这种"异端邪说"而被开除党籍，但在1931年他又被恢复党籍，并在江西井冈山革命根据地表现出色。1935年1月，在长征途中，他当选为党的领袖。从那以后，他一直领导中国共产党，地位无可撼动。

周恩来的家庭背景与毛泽东截然不同，但他也很早就被卷入革命洪流。1898年，他出生在江苏淮安。他的父亲是一位前清秀才，在父亲的监督下，他很早就开始学习传统经典。12岁时离家去东北接受西式教育，成为他一生思想转变的关键，也是在那里他发出了"为中华之崛起而读书"的呐喊。15岁时，他考入当时最好的新式学校之一南开中学，学校既教授传统儒术，也教授近代新知。1917年中学毕业，为了寻找救国之路，他去日本留学，但却像鲁迅一样认识到光靠读书救不了国；同年11月俄国十月革命爆发，马克思主义传入日本，他的心里豁然开朗。1919年南开大学成立，他回到中国进入南开大学，成为天津学生界领导人，积极组织学生运动。1920年，在校董兼大教育家严修（严修评价他有"宰相之才"）的资助下，他前往法国和德国留学，1921年在海外参加了中国共产党成立大会。1924年回到中国，他很快就在党内崭露头角。他在风雨如晦的历史中挺过了各种危机，在延安继续表现突出。他风度翩翩，颇具学者风范。在这一点上，他与毛泽东形成鲜明对比，毛泽东一生都像一位地道的农民。

朱德是一位军人。1886年，他出生于四川一个佃农家庭，家境贫寒。小时候，他接受了传统古典教育。23岁时，他考进云南陆军讲武堂，接受西式教育并进行军事训练，同年加入中国同盟会。1911年10月，他在云南参加武装起义。在"五四运动"的影响下，他逐渐接受马克思主义。1924年，他前往德国学习，结识周恩来等人，坚信共产主义。回到中国，他在湖南和江西山区组建起一支人民军队，与毛泽东一起创建了井冈山革命根据地，被任命为红军总司令。他擅长游击战法，以少胜多。在长征途中，他总是与普通士兵同吃同住。解放战争期间，他任中国人民解放军总司令，协助毛泽东组织和指挥了三大战役，推翻了国民党的统治。

共产主义计划

国民党军队迅速崩溃，蒋介石一路败退，共产党人实现了心愿。他们立即着手实施承诺的计划：在马克思主义思想的指引下将中国改造成为一个社会主义国家。这意味着，旧中国的大部分遗产都将被扫除。新中国想要在人类事务中赢得声望，让整个世界都认可：中国是一个泱泱大国，是全球政治的重要角色，是世界舞台的重要支托。历史上"中央王国"这一名称所蕴含的自豪感需要不断得到增强。共产党人取得的胜利是西方意识形态的重大失败。中国共产党深入民间，立足土地改革（耕者有其田），在亿万农民的支持下，艰苦奋斗，创立了新的军事、文化、经济和政治制度。中国人将会在中国共产党的领导下，继往开来，绽放光彩。

第二部分

第十四章

人　口

中国是一个多民族融合国家，这一民族融合端赖中国文化同化之力。文化由民族产生，民族由文化凝聚。回顾历史，中国人并不看重民族区分，而也正因如此，中华民族就像一个大熔炉，得以融为一体，"长城内外是家乡""四海之内皆兄弟"。

历史上，中国北方富饶的平原地带多次遭受外族铁骑践踏，他们盘踞在中原之北部、东北部或西部边境。若是入侵之后该外族可以长期占领中原大部分地区，征服者的血液就会融入这片土地。然而，我们已经无从知晓那些现已成为中华民族一部分的所有外族的名称，也不确定他们之间的关系，只是粗略知道其中几个部族的名称。像匈奴（公元前3世纪建立政权），鲜卑（4世纪入侵中原），拓跋（5世纪建立北魏），突厥（6世纪中叶建国），回纥（9世纪中叶在塔里木盆地建立政权），契丹（907年建立辽国），女真（1115年建立金国），蒙古（1271年建立元朝），满族（1644年建立清朝），都曾占领部分或全部中原地区。他们都必然对中国人口或多或少地做出了永久性贡献。

目前尚不清楚，中华文明诞生之初，中国人是否已是民族融合的产物。我们只能猜测，古代平民和贵族之间的分歧也代表了民族差异。商周时期，中国人周边居住着许多"蛮夷"，分属不同部落；据《左传》记载，春秋时期，称呼四方少数民族为"东夷""西戎""南蛮""北狄",他们的"饮食衣服不与华同,贽币不通,言语不达"。由于各族长期和华夏族聚居,不断相互影响(他们是华夏文明的一面镜子,"天子失政,道在四夷"),文化礼俗之别日少,春秋末年已融入华夏。秦汉时期,书同文,行同伦,中华民族就此确定。魏晋南北朝时期,中原政治教化力量衰减,"五胡乱华",华夷杂处,隋唐一统,皆融入华夏。西南、西北与内地混同合一。辽金元时,不断有外族内侵,等到明朝统一,又都融入华夏,那时不少知名人物都是来自外族。清朝建立,进入中华民国后,满族人也融入华夏。东北也与内地混同合一。

尼格利陀人,又称矮黑人,曾经生活在中国南部,如今在亚洲东南部的一些岛屿上仍能看到他们的身影。中国南部和西南部有许多以语言而划分的不同群体,包括孟高棉语、藏缅语和汉泰语,这些可能在某种程度上与种族血统有关。泰语(傣语)属于汉藏语系,流行于西南部。泰语分为大泰方言、兰纳方言、暹罗方言三个分支。

许多世纪以来,中国人一直在向南迁移,从北方进入长江流域以南,从长江流域以南进入珠江流域以南。北方人在南迁过程中遇到其他民族的人,赶跑了一部分,同化了一部分。我们不知道中国人最初是否与这些民族血脉相连,如果是,相连程度又有多深。随便观察一下就能发现,北方人与南方人有些不同,通常前者比后者身材更高,身体更重,肤色更深,更加保守。中部地区的人民介于两者之间。然而,这些差异在多大程度上源于不同民族融合,又在多大程度上源于水土、气候、饮食等自然环境差异,尚不确知。

在中国人中,一些明显具有异域特色的族群,被视为民族融合不完美的证据。其中一个有名的例子是客家人。客家人主要居住在江西、福建、广东和广西的丘陵地带,以及台湾部分地区。他们说一种独特的方言,他们的一些习俗与邻近地区截然不同。他们是北方移民的后代,其先祖来到南方的时间并不相同,但他们都从未被完全同化，而是保留了原有特征，口音带有北方特色。在南方和西南地区，讲外族语言、行外族习俗的人更是常见。跨族通婚频繁发生，已经持续上千年的民族同化过程在现今许多地方仍可看到。各种少数民族分为许多部落，如壮族、苗族、黎族、傈僳族、瑶族等。有学者通过语言学分析，将这些民族分为三组：傈僳族、畲族和苗族；另一种分法是孟高棉语民族、畲族和藏缅族。这些民族在过去分布广泛，后来逐渐被同化。通常他们在文明方面不如中国人，所以常被斥为"蛮夷"。在新疆和外蒙古等地区，少数族裔占据人口多数。在东北，汉人数量不断增多，不过，一些地区的朝鲜族人数量也不容小觑。甘肃省居住着许多回族，虽然他们也讲汉语，流着古老的中国血脉，但他们的口音、衣着和外表往往与一般中国人不同，他们（中有许多人）信仰伊斯兰教，由此可以看出，宗教差异减缓了民族融合。

中国政府信奉儒学理念，不断向国民灌输儒家哲学，促进各个民族融入中国文化，有助于产生一个更加流动的社会。不同民族相互通婚，中华民族得到新鲜血液补充，不断得到繁荣，并就此形成多元一体局面。欧洲等地的情况则恰恰相反。因此，中国人是世界上同质性最强的人群。

人　口

关于中国人口的总数，可谓众说纷纭。现代西方采用的高精度人口普查，从未在中国全域实现。历史上，中国政府多次统计人口，因为这对征税和招兵来说是极为重要的参考。但通常情况下，结果仅仅是家庭或成年人的总数。即使这样，误差率也很高，究其因，数字会说谎，就像任何地方任何时候一样，可能是个人希望避免征税或服役，或者官员为了自身利益而篡改数字。即使总体估值是准确的，想要从中得出确切的人口总数仍是一个大问题。

据史书记载，公元 2 世纪一次人口普查表明，当时人口超过 5900 万。280 年，长期战乱平息，人口数量仅为 2310 万；606 年人口升至 4600 万；618 年人口达到 1.29 亿。隋末天下大乱，进入唐朝，652 年人口为 2090 万，705 年为 3714 万，733 年为 4320 万，754 年为 5288 万。1097 年，时值北宋，基于家庭数量（1940 万户），总人口估计在 1.1 亿左右。元朝时，人口数量跌至 5500 万～6000 万。明朝时期的人口总数和元朝大致相同。清朝，特别是在 18 世纪和 19 世纪早期，疆域扩大，摊丁入亩（增丁不增税），人口总数迅速攀升：1741 年 1.4 亿，1771 年 2.1 亿，1793 年 3.1 亿，1840 年 4.1 亿。列强入侵，战乱不断，1910 年普查结果显示有 3.4 亿人。新教传教士在 1919 年经过仔细估算，宣称当时全中国有 4.5 亿人。另据南京国民政府统计，1928 年中国总人口为 4.4 亿，1936 年为 4.7 亿。

中国人口分布不均。人口密度最大的地区在江苏东南部和浙江东北部，这两者都坐落于富饶的冲积平原。华北平原（尤其是山东和河南），湖南和湖北，四川成都平原，人口分布更是密集。广州周边多港口和富饶的低洼土地，有利于农商业发展，那里也是人口众多。

移　民

中国历史上有两类移民：一由底层民众自发进行，旨在躲避天灾人祸，追求更好的生活；二由官方引导、组织或强制推行，如秦汉和两宋时期，是一种政治或军事手段。前者因为无组织，影响较小，后者在统治者的有意推动下，对迁入地有很大影响。每逢朝代交替，全国性战乱都会造成巨大人口损失，产生大量移民。

中国人口的地理分布区域也在不断扩大。两宋以来，主要是向南扩展。进入清朝，中国人也迁移进入山西、陕西、甘肃、内蒙古、四川、云南和东北，另有少数人迁至新疆绿洲。以四川为例，1776 年其人口达到660万，其中约340万为移民，这些移民来自七个省份，到这个世纪末，四川已由地广人稀变为人稠地狭。19世纪下半叶和20世纪上半叶，由于人口激增，交通设施改善，经济发展，政局动荡，中国人快速扩散到这些边界之外。事实证明，中国人能够适应多种不同气候。他们在东北的严寒和广东的酷热中都活得很好。这个民族有着强大的生存能力和繁衍能力，这使他们在与其他民族的竞争中获得了很大的优势。

在过去的三个世纪中，数百万人涌入东北。在清朝大部分时间里，满族统治者为了保护他们祖先的家园，不时发布禁迁令，但还是阻挡不住内地农民前去谋生；后来他们限制移民到某些地区，特别是沈阳，那里是满人的龙兴之地。然而，汉人还是越过层层阻碍，在这些地区扎下根来。1776年，约有90万人移居沈阳和锦州。1900年，东北人口超过1000万，其中大都是汉人。1930年，东北人口超过3000万。这种大幅增长可能是因为交通运输工具改善，东北大量招工，新土地开发和长城以南陷入混乱。1931年之前，官方开展"东北新建设运动"，在东北部分地区，定居者可以获得自由土地。至少有一位山东长官鼓励其辖区人民前去东北。也有一些人迁至黑龙江以北和乌苏里江以东，构成东西伯利亚人口的主要部分。

清朝初期，台湾由郑成功控制，居民相对较少。后来清朝收回台湾，直到1895年被割让给日本，它始终都是中国的一部分。台湾居民主要来自广东和福建，就是在被日本占领后，人员迁移仍在继续。大部分移民都成了商人或劳动者。

沿海居民，因与内陆有地理阻隔，加之地狭人稠，"靠水吃水"，靠劳动力输出和经商为生。鸦片战争之前，沿海移民几乎全是去往东南亚。鸦片战争之后，西方技术进步推动海外贸易，西方工业需要大量廉价劳动力，以美国为代表的"移民社会"成型，帝国主义全球扩张，移民模式发生变化。西方列强在通商口岸建立殖民据点，香港和澳门成为转运港，外国公司直接招募、运送和雇用华工。

在西班牙占领菲律宾时期，中国人为菲律宾经济做出了突出贡献。在菲华人数量不时因为大屠杀而有所减少，但仍有中国人坚持来到这里。最终，他们掌控了菲律宾大部分零售业务批发贸易。越南有数万名中国人。长期以来都有大量中国人居住在泰国，特别是在曼谷，并与泰国人通婚。中国人在缅甸的贸易和工业中一直扮演重要角色。1941 年，在英属马来亚，中国人的数量与本土马来亚人的数量持平。中国人早在英国占领前的几个世纪就来到新加坡，但在英国的统治下，他们成倍增加并成为新加坡人口的主要部分。几个世纪以来，中国人走遍东印度群岛，明朝时曾大规模迁徙。荷兰占领东印度群岛后，鼓励中国人前来开发。之后几年，中国人成为一种威胁，荷兰开始实施移民限制。然而，这并不能阻挡中国人的到来，特别是在 19 世纪中叶以后。1917 年，荷属东印度群岛上的华人约有 77 万人，其中近一半住在爪哇；该地区 1930 年的人口普查显示，中国人口达到 123 万，1940 年的人口普查显示，中国人口为 143 万。

促使大批中国人涌入澳大利亚和新西兰的主要吸引力是淘金。最初的大规模移民是在 19 世纪 50 年代。不久，因为中国人展现出强大的竞争力，澳洲开始抵制中国移民。对中国移民的限制，导致澳洲华人总数很少。夏威夷的中国人数量众多，但在其他太平洋岛屿上却是难得看到中国人的身影。

由于加利福尼亚的淘金热，中国人在 19 世纪 50 年代开始涌入美国。他们提供了廉价劳力，后来许多人被雇来建造横跨太平洋两岸的铁路。加州本地人对他们颇有微词，因为不论工钱多低他们什么活都干，抢了白人的饭碗，而且他们喜欢扎堆，不易被同化。后来美国政府禁止华人移民，一开始是几年时间，1904 年起变成无限期禁止。直到 1943 年，这项禁令才被废除。除了数量庞大的学生群体外，由于只能在充满敌意的环境中谋生，在美华人主要都是干着白人不愿干的活,如家政、种菜、送水、洗衣、小杂货店、小餐饮等。加拿大的华人情况与美国华人大致相似。墨西哥、中美洲和南美洲的几个国家,以及西印度群岛的一些岛屿,也有中国移民。其中巴西和秘鲁的中国移民人数最多。生活在欧洲的中国人较少。

虽然中国人广泛迁移,但与留在本土者相比,微不足道。之所以如此,部分原因是受中国传统文化影响,故土难离;部分原因是他们想要移居的国家都有对华限制。中国移民在外不受欢迎,部分原因在于他们的民族心态,尽管与当地人广泛通婚,他们还是更爱与同族人打交道,但主要原因还是经济利益之争。在东南亚地区,中国人比当地人更有进取心,更为节俭,当地人在经济上依附于他们。因此,当地人对他们既恐惧又愤恨。在澳大利亚和北美等地,由于中国劳工勤劳能干且对生活水平要求颇低,白种人担心他们成为自己的竞争对手,担心他们的文化压倒自己的文化,所以竭力压制他们。

鸦片战争引发的移民浪潮,推动中国与其海外侨民建立新的关系。海外华人社会开始更多关注"中国"(作为一个国家)的命运。这种海外移民规模有限,但对中国影响很大。在经济上,移民带回或汇回的款项,使他们的故土(主要是福建和广东)逐渐繁荣起来。在这种做法的支持下,上述两省迅速发展。在政治上,在多年的革命宣传中,孙中山不断寻求国外华人同胞的支持。事实上,这些同胞一次又一次的金钱资助,促成了中国许多领域的变化。一些移民在国内外都享有盛名,但更多移民都是默默无闻,不过他们中有很多人最终都是选择了回归故土。如果不是这些移民,中国在20世纪上半叶的转型不可能如此彻底。

第十五章

政　府

中国最引人注目的成就之一是在政府领域。中国政府辖地广袤，人口众多，仍能保证整个国家长期稳定有序，和平统一。单凭这一点，中国古代的政府结构就值得深思。

中国持续存在的时间比我们所知其他任何国家都要长。它的出现可以追溯到夏商周。它基本的国界线形成于秦汉。当然，中国政府也并非完美无缺。有时，国家也会发生内乱，生灵涂炭。即便如此，在汉唐宋明清这五朝的贤君统治时期，盛世景象世所罕见。这样的太平盛世，主要得益于中国政府能够保证文化统一，在潜移默化中同化外族，实在值得赞叹。反观西欧，它比中国本土面积还小，面临的内部地理阻隔也比中国少，却始终无法完成政治或文化统一。相较而言，中国人的成就蔚为壮观。

为什么中国人在政府领域能取得如此成就？对此我们很难给出一个确切答案。但是，一些影响因素还是可以确定的。一是士人阶层具有很强的政治和社会意识。周朝，知识分子思想活跃，关注如何创造一个理想社会，提出许多政治主张。二是独尊儒术。汉朝，儒家融合法、道、阴阳思想，被尊为建国安邦的正统哲学。道家思想渗透中国人的生活，信徒颇多，它主张无为而治。法家思想最能迎合统治阶级内心隐秘的想法，它强调集权和专制，主张密切监管集体和个人生活。儒家思想主张教化人民，以德治人。因此，国家非常重视培养精通儒家学说的官员。三是科举考试灌输儒家思想。通过选拔考试构建官僚制乃中国人最大创举之一。几千年来，儒家思想代有所变，官僚制却是代代传承。官僚制择优选人，为有志之士走上仕途铺就道路。考试内容围绕儒家思想展开，统治阶级和那些渴望加入统治阶级的人群也就接受了儒家思想的洗礼。此外，统治阶级为了维护自身利益，也会尽力营造出一种表面上的统一性。因此，就文化和政治而言，中国是一个统一体。即使遭逢乱局，政府机构也能很快再次确立。

欧洲人到来前中国的政府结构

对西方政治学家来说，中国政府的历史让人着迷。不过，也有一些西方学者坚持认为，中国与欧洲国家完全不同，依照西方标准，中国政府几乎不能被称为政府。显然，这种说法是不正确的。但是，中西方政府形式存在较大差异也为这一主张提供了一些依据。20世纪之前，中国的统一并非依靠对国家的认同感（这是现代判断国家统一的一个标准），也非依靠武力，而是依赖于文化理念。

中国最初是一个以君主为中心、占据小片领土的国家。后来随着领土逐步扩张和中央权力减少，周朝分崩离析。秦朝焚书坑儒，文化高度统一，同时凭借等级官僚机构和法家学说，建立起中央集权的皇权统治。秦朝覆亡，汉朝将部分权力下放到地方，后来通过察举制和儒学思想调整社会分层，不断强化皇权。隋唐宋沿袭秦汉政治结构，加强中央集权。明清中央高度集权，皇权达到顶峰。20世纪初叶，皇权制被共和制代替。

上文业已说到，自汉朝以来，中国就以儒家学说为基础，辅以他派学说，应对风云变幻的局势。根据这些学说，国家融宗教和政治功能于一体，所有文明人类都是一个大家庭的成员，所有文明人类都应该安于一位统治者的统治。直到20世纪初,这种天下大同理论依然拥趸甚多,成为中西方之间难以跨越的一大交流障碍。西方认为世界由相互独立的主权国家组成,故觉这种理想荒谬可笑。然而,它实则蕴含一些极其崇高的东西,类似于建立罗马帝国大一统和教皇权力至高无上的梦想。反观西方历史,宗教无法统一世界,武力虽能统一世界,但其存在犹如昙花一现,根本无力将人类带入大同世界。能做到这一点的唯有文化,尤其是中国传统文化。事实上,中国人比其他任何族群都要更接近这一理想。

君权和相权

秦朝一统天下,始有统一政府。观察政府主要看政府职权分配,其一为君权和相权,其二为中央和地方。一个统一的政府必然要有一个皇帝。皇帝宣称君权天授,臣民有义务对他尽忠,他只需根据自身"美德"行使皇权。他统治地位的稳固既有赖其人格魅力,也要靠手中兵权。如果他一直德不配位,上天就会另选他人。洪水干旱或天呈异象就是上天不满的标志。持续的暴政和对人民的高压是违逆神明之罪。因此,谋反者可以自辩:自己这样做是受了神明指令。历代开国皇帝多是流氓、盗贼或夷狄,没有一个人是因德上位;然而,一旦上位,他们就会宣称恪守儒学之道以维持自身权力。

秦朝之前,贵族世袭,各种特权悉被垄断。秦朝之后,仅余皇位世袭。秦朝之前,政府和家庭合而为一,秦朝之后,皇室和政府相互分离。皇帝是一国之主,掌管天下权力,代表国家统一。宰相是群臣之首,率领群臣经办各种事务。汉朝皇帝有六尚("管理"):尚衣,尚食,尚冠,尚席,尚浴,尚书。前五尚负责皇帝饮食起居;尚书管理文书,相当于皇帝"秘书"。宰相名下有十三曹("部门"),分管奏章、官员升迁、农桑、法律、交通、漕运、兵役、盐铁、盗贼、仓谷等。全国政务悉归宰相掌控。

到了唐代，宰相制度改由多人负责，凡事由各部门会议决定。汉代宰相下设御史大夫（副宰相），宰相管行政，御史管监察。唐代宰相下分三省（中书，门下，尚书），三者合一才相当于汉代宰相（且不包括监察权）。这三者在汉代都是内廷官，到唐代变为政府外朝执政官。中书省管发令，政府最高命令（包括皇帝诏书）都由其拟定。古代传统观念认为，意见抉择取决于贤人，所以国家选举权不托付民众而径由地方长官行使，因为理论上长官皆由贤能者为之。门下省负责复核诏书，确认流程合法后交付尚书省执行。尚书省是政府最高行政机构，下分六部（吏部管人事，户部管民政，礼部管宗教，兵部管军事，刑部管司法，工部管建设），六部制一直推行到清末。《唐六典》详载尚书省六部之组织、用人、职权分配等，后世政务以之为范。

宋代积弱，政治上因循承袭。三省只有中书省在皇宫，单独取旨，称政事堂。它和枢密院（负责军事）同称两府。中书省长官为丞相。门下省、尚书省不再预知政府最高命令。宋代财政分属三司。宋代设立考课院，后改为审官院，又分东西两院，负责文选和武选。又设三班院，权衡内廷及殿直官。汉唐两代宰相的用人权悉被夺取。相权衰落，君权自是提升。唐代上朝，宰相赐座。宋代上朝，宰相也得一边站着。宋代最高政令的决定权都在皇上手中，宰相只是奉命行事。汉代监察权由御史大夫（宰相的副手）行使，中央地方内外百官均归其管。御史中丞监察王室和宫廷，也可说是监察皇上。后来御史退出皇宫，设立御史台，只负责监察政府。监察皇帝一职归属谏官，唐代属于门下省，包括谏议大夫、拾遗、补缺等，专门负责谏诤皇帝过失，旨在调和君权和相权。宋代明确规定，宰相无权任用谏官，改由皇帝拔擢。谏官之责本为纠正天子，如今开始纠正宰相，遂与政府对立。谏官官低权小，仅有清望，讲错话会被免职，但被免后声望反而愈高，于是就大唱反调。这样一来，皇帝那边没人管，宰相这边既要对付皇上，又要对付谏官，难施手脚。先有范仲淹变法失败，后有王安石变法失败，后者得到宋神宗充分信任都未能扭转这种局面。物极必反，到最后谏官闹得太凶，人人厌烦，无人待见。

明初宰相胡惟庸造反，洪武帝废止宰相。中书、门下俱废，仅余尚书省，尚书令和左右仆射均废，改由六部负责，是为六部尚书。另有都察院（其前身为御史台）负责监督全国事务，专司弹劾纠察。它与六部合称七卿。七卿再加上通政司（管理奏章）和大理院（负责平反），统称九卿。九卿之上无长官，所以明代政治制度是有卿无公。经此一变，一切事权全归皇帝。当然，一个人不可能管这么多事，所以皇帝身边少不了得有秘书；秘书办公地点都在内廷，故叫内阁，秘书就叫内阁学士或大学士。一开始，内阁学士地位不高（官阶五品），皇帝让干啥就干啥。明代一日三朝，洪武帝精力充沛，永乐帝精力旺盛，都是亲自过问一切事务。其后诸帝，生在深宫，精力不济，后来连一日一朝都做不到，可是事情又不能不解决，就把事权推给内阁。内阁之权日重，但其官阶仍只有五品，故常由尚书（二品）和当过经筵讲官者（帝师）兼任。最初皇帝亲自在内阁，后来不常到内阁，再后来更是长久不到内阁，这就给了太监上手之机，渐趋弄权，终至擅权。洪武帝铸有铁牌"内臣不得干预政事"，但其后人并未听从，所以明代太监干政程度最深。在这种情况下，内阁学士真心想要做事，也得笼络太监。张居正是万历帝的老师，又是内阁大学士，却也见不到学生面，最后与司礼监联手，才得以施展抱负。

清代和元代都是外族政权，就像元帝背后有蒙古人大力拥护，清帝背后也有满族人大力支持。元代，汉人列为第四等，蒙古人处处受优待；清代，汉人排在满人和蒙古人之后，满人处处受袒护。清袭明制，不设宰相，内阁大学士掌管国政。雍正帝另设军机处，初为保守军事机密，后来负责处理政府要事。军机处向六部尚书大臣及各省督抚直接下发命令，当然，发令权都来自皇上。雍正时，上谕分为明发上谕和寄信上谕，前者无要紧事，由内阁拟好皇帝阅后转交六部，属于历朝惯例。后者为清代特有，皇帝下诏，直接由军机处寄给收信人，内情只有本人知晓。六部尚书权力大减，不能直接对下发令，而且六部尚书侍郎凡事皆要单独上奏。此前六部一尚书一侍郎，一正一副；清代满汉分立，有一汉人尚书，就要有一满人尚书。每个人都要单独向皇帝汇报，彼此互不了解，也就难以共事，事权自然集中到皇帝手中。中国政治制度最大的优点就是公开，现在全变成秘密进行。而且除了上面那些人，其他人都不许跟皇帝讲话。此前历代都鼓励大家发言，现在则变成一言堂，禁止人们有言论自由、结社自由和出版自由。清代，府学县学均有明伦堂，内立石碑，上刻三条禁令："生员不得言事，不得立盟结社，不得刊刻文字。"如此一来，集中则集中矣，只可惜自由尽失，最终物极必反，激起民怨，自己玩儿完。

中央和地方

中国地域广大，地方行政好坏关系甚大。地方政治好，天下就太平，反之则大乱。汉代，中央有九卿：太常（管司祀），光禄勋（管门房），卫尉（管宫中卫兵），太仆（管出行），廷尉（管司法），大鸿胪（管礼仪），宗正（管皇室家族），大司农（管政府经济），少府（管皇室经济）。地方政府分为郡县两级，当时有一百多个郡，每郡管理10～20个县。县分二级，万户以上为大县，长官称令（县令）；万户以下为小县，长官称长（县长）。地方长官之下属均可自行选用。郡之长官叫太守，名位与九卿相差不远。太守可入中央做九卿，九卿也可出为太守。每年九、十月，各郡太守都要向中央上交财政、经济、教育、刑事等各种统计表册。中央派往地方进行调查的官员叫刺史。全国分十三个调查区，一区一个刺史。这些刺史属于御史丞，宫中还有十五个侍御史，专司弹劾上奏事宜。他们的意见上报给御史大夫，御史大夫再报给宰相。

唐代内官重，外官轻，故中央大臣的素养好于汉，地方长官的素养则逊于汉。唐代改郡为州，当时有三百多州，州下为县，县分上中下，六千户以上为上县，三千户以下为下县，两者之间为中县。州也分上中下，十万户以上为上州，二万户以下为下州，两者之间为中州。州县长官无权选用下属，全由中央委派。地方官地位较低，期望升迁，政府遂多分层级。汉代官员三年一考，中间层级少，升迁机会好，故能各司其职，人事少变，行政效率自高。唐代升迁机会多，但因难以高升，故各怀其心，人事多变，行政效率自是欠佳。唐代设御史台，脱离相权而独立。唐中宗后，御史台又分左右御史，前者监察中央政府（"分察"），后者监察地方政府（"分巡"）。全国分为十道，监察之御史，成为监察使（后为观察使），名为巡察，实则常驻地方，逐渐演变为地方更高一级长官。若巡视边疆，常驻边塞重地，中央要他对地方事务负责，临时可以全权支配，遂成节度使（节是一种印信，持有此节即可全权调度）。节度使手中权力日大，军权、财权、用人权悉归其管，日久就成"藩镇"。唐代逐渐用武人出任边疆节度使，形成军人割据，安史之乱即起于此。中央此举之本意在于集权，但其所派官员剥夺地方职权，拥兵自大，掉头对抗中央，终致唐朝消亡。

宋代地方政府分为三级：最上者为路，类似唐代的道；中间者为府、州、军、监，类似唐代州府；最下者仍为县。初分十五路，后分二十多路。五代以来，地方长官全是军人，宋太祖"杯酒释兵权"，武臣不再带兵，也就不管地方民政。他们保留名号，住在都城。另派文臣去地方主事，叫知某州事、知某府事。严格来说，宋代没有地方官，都是中央官员兼管地方事务。唐代各道的长官是观察使，宋代称其为监司官，每一路有四个，分称帅、漕、宪、仓。"帅"是安抚使，掌管兵工民事；"漕"是转运使，掌管财赋；"宪"是提刑按察使，掌管司法；"仓"是提举常平使，掌管救恤。唐代地方长官只要想法应对好观察使这一个上司即可，宋代地方官则要想法应对好四个上司。四者之中，漕运使最重要，他负责把地方财富全部转运中央。唐代地方收入，一部分上缴中央，余下留归地方。宋代则全部上缴中央，一旦地方有事，结果可想而知。军权集中，财权集中，地方日弱。

元代地方分为路、府、州、县，但地方政权并未交给地方（蒙古人害怕政权分散，所有权力尽归中央），而是由中央派行中书省（"流动的中央政府"）管理，旨在镇压地方，进行军事控制。

明代地方长官分为承宣布政使（管行政）、提刑按察使（管司法）和都指挥使（管军事）。承宣布政使又叫藩司，提刑按察使又叫臬司，清代称藩台、臬台。布政使下面有参政、参议等官，提刑按察使下面有副使、佥事等官，这种官派出去叫分司，清代俗称道台，去地方协助办事。最低一级是县，县上是府和州，再上是承宣布政使司，分司则是又一级。明清两代都是把地方高级政府官员派到低级去。分司分道又分两种，布政使派出的叫分守道，按察使派出的叫分巡道。由此一来，管官的官多，管民的官少且权小。县官被压在最下面，应对上面层层长官都来不及，遑论深入民间体贴民情。三使上面还有总督和巡抚（旨在防止内乱），有事派出，无事撤回。进入清代，总督和巡抚变为定制，地方行政更是日损。

明清两代，官吏日分。汉代长官称官，属官称吏，两者区别甚小。唐代官吏渐远，但尚未截然两分。元代政府长官均为蒙古人，不懂政事，不识汉字，理事全靠书记和文案。那时汉族读书人没有出路，混进衙门充任书记和文案，官吏迥别。明初人才稀缺，下令荐举，官吏不分。永乐帝时规定吏胥不得考进士，不能当御史，官吏两分，后者开始被人看轻，因为只有没有出路的人才会去当吏胥。但在现实生活中，吏胥有很大的影响力，他们掌管地方铨选（可疾可迟）、处分（可轻可重）、财赋（可侵可化）、典礼（可举可废）、人命（可出可入）、狱讼（可大可小）和工程（可增可减）；但因在官场上被人看不起，乃自甘堕落，舞弊作恶。明清两代地方行政官都是管官不管事，具体事务都由吏胥操办，他们便操纵各种事务。到了清末，情形更甚，小说《二十年目睹之怪现状》和《官场现形记》中对此多有揭露和嘲讽。

清代地方最高长官为布政使，其上常设总督和巡抚，布政使遂成其下属。从下到上，依次为知县、知府、道员、布政使、总督和巡抚；真有事，总督和巡抚还要听从中央派下的经略大臣、参赞大臣等人。一句话，清朝不许地方官有实权。各省总督和巡抚原则上只用满人，汉人做到总督、巡抚和封疆大吏者甚少。

古代中国行政系统优点甚明，但也有其弊端。其中最大弊端就是中央集权，地方发展缓慢，地方官员没有地位，地方政治难有起色。其次，学而优则仕，谋官者太众，导致政治臃肿。

科举制度

历代官满为患，官从何来？汉代开设太学，考试毕业分为甲乙两等（科）。甲科为郎，乙科为吏。此前为官者均为贵族集团，如今有了考试，遂有读书人进入。考乙等者，回乡为吏。汉代还有乡举里选制度，地方随时都可举荐人才。一种无定期的，叫选贤良；一种定期的，叫举孝廉。汉武帝时形成制度，每年每郡都要举一孝廉入朝为官，这些人多为太学毕业生补吏出身。时间一久，汉代为官者遂都变成读书人。进入东汉，可用之人太多，就只保留举孝廉，郡国选举，中央考试后任用。曹魏推行九品中正制，后来提拔权都在大中正手中，人人求之，全国人才都集中到中央，地方少才，行政空虚，办事效率低下，地方文化自难上进。

隋唐推行科举考试制度（考是考绩，试是试用），学子可以到自己所在地方政府报名参加中央考试，通过尚书礼部考试，为进士及第，就有做官资格。实际任用还要经吏部再试；礼部考才学，吏部考能力。吏部考试有进士、明经等科，故称科举制；这一制度一直沿用至清。科举旨在开放政权，汉代选举突破贵族势力垄断，唐代科举突破门第势力垄断。宋代重文轻武，应试者愈众，为了安置考中者，只有扩大政府组织，终至官浮于事，政治的核心自此变为治官。

宋代科举承袭唐代。唐代应考者有不少门第子弟，受家庭熏染，早知政治，从政后应对自如；宋代应试者多为穷苦书生，除了应考科目，不知政治，入仕后行事多有不通。唐代考试有公卷，即考生平日诗文早送中央，阅卷人心中自有定评，以此选人，并不单凭考试当日一纸试卷来定。考试旨在选拔真才，但因有人借此作弊，宋代为防舞弊，制度愈严，结果反而遗失真才。另外，唐代考试及第后尚需吏部历练，宋代只要考试及第即得高官，失却重要一环，效果自是欠佳。当时有人想用书院教育取代考试（考试只能选拔人才而无法培养人才；汉代有太学，唐代有门第，均可培养人才），物色有真才实学果能效国者，但却未能实行。

明代科举考试大变。唐宋科举都是一年考一次，明代试者众多，乃分数考。府县考（府试），考中者为秀才。秀才到省会参加省试（乡试），考中者为举人。各省举人到都城会考（会试），考中者为进士。考中进士，留京读书三年，再考一次，成绩佳者入翰林院为翰林。明代看重进士和翰林，非此做不了大官。这与汉代到宋代的情况相反，先前想当大官必要从小官做起。明代科举最为人诟病之处就是八股文，究其因，应试者众，录取标准难定，不得已而为之。清代科举逐渐变为一种拉拢和管束汉人的工具。考试旨在开放政权，选拔真才，清廷对汉人处处设防，焉肯放权，各个职位上都是满人处上，汉人居下。古代倡导为政以德，崇拜圣君贤相，故尊师重道，对学术持中立态度；学术自由，乃可与政府抗衡。清代屡兴文字狱，逐渐失却学术自由，政府一家独大，日腐月败，终至被代。

赋税制度

土地在中国占有重要地位，因为国家主要财富来源就是地税，所以只要农业稳定，帝国也就得以安宁。汉代税负较轻，税额十五税一，实则三十税一，汉文帝时更是全国免收田租十一年。汉代土地所有权归农民私有，遇有经济困难，可以自由出卖，由此形成兼并，农民变成佃农；佃农租金很高，导致贫者无立锥之地。因而，政府租税越轻，地主越占便宜。那时全国田地，除去耕地，山林川泽尽归贵族，贵族将其划为禁区，派人看守。时间久了，有人偷猎偷伐，政府设官防范。后来防不胜防，就留一出口，设一征收员，就其所获收取一定比例，这是后来商税和关税的前身。汉代田租充当政府公费，山林川泽之税供皇帝私用。随着盐铁之利日增，山林川泽之税超过田租。汉武帝时军费开支巨大，国库钱财不足，他就拿出自用钱财，同时下令地方有钱人捐资，结果没人响应，就把盐铁收归国营。董仲舒曾主张限田，每个地主田地规模不能超限，但未得实行。王莽新政，所有田地收归国有，重行分配，结果引起大乱，后世土地制度再无大变。

唐初，田赋制度叫租庸调。租是分给人们耕种的田地（18岁授田，60岁归还），四十税一。庸是义务劳役，每人每年服役20天。调是各地贡献的土产，如丝麻织物。这一制度的实施有赖账籍制度。籍是户口册，一个人从生到死，上面都有记载；一式三份，县、州、户部各留一份。账是壮丁册，它是庸的根据，一年造一册。由于唐初门第豪族俱有，这一制度并未实施太久。加之工作疏漏，以及地方豪强舞弊，户口错乱，此制遂废，改行两税法，所有赋税合并，一年分夏秋两次收税，此后一直到民国，田赋均采该制。此制的优点是人口可以自由流动，缺点是，政府不再授田，土地自由买卖，导致穷者（农民）愈穷，富者（地主）愈富，久而久之，各地经济状况悬殊。两税制不收米谷，改收货币，农民必须卖粮换钱纳税，商人趁机从中渔利，农民损失很大。

宋代沿袭两税法。晚唐战事不断，军队每到一地，依然要民众出劳役和土贡（这些原本已并入两税），民众负担增加。汉代本有地方自治组织，首领叫三老（管教化），下有啬夫（管收租）和游徼（管治安）；到了隋唐，先是有名无实，后来逐渐消失。到了五代，军队每到一地就要临时找一个带头人，提供住处、饲料、人员、给养等。时间久了，这个人就专门负责对上办差，地方长官觉得这样甚是方便，就沿袭下去，是为宋代差役法。但是这样一来，地方就多了一重负担，更糟的是地方上没有富家，因为谁家富派差就到谁家。直到王安石变法，才用免役钱（地方出钱，每家分摊）破解此弊。此后一直到清朝不再有力役。但也正因没有力役，不用详细统计人口，户口册便不被重视，统计数字也不再可靠。后来明代推行一条鞭法，丁税合入田租。清代中叶，下令摊丁入亩永不增赋，户口册也不要了。如此一来，就剩土地与国家有直接联系，人口不再与国家有直接联系。

兵役制度

汉代全民（壮丁）皆兵，一是去中央做卫兵，二是去边郡做戍卒，三是原地服"役"（从20岁开始）。每个壮丁都会轮到这三种。中央军队分为南军（皇宫卫队）和北军（首都卫戍部队）。各地壮丁轮流做卫兵一年，待遇优厚，所有花费均由中央包办。当戍兵则一切费用自负，不过期限很短，仅为时三天（也可出钱免戍）。郡有都尉负责地方军事。每年秋天有都试，壮丁集体操演，为期一月，期满回乡，国家有事，临时召集。各地因地制宜，训练不同兵种，如步兵、骑兵、车兵、水师等。上述都是义务兵役，此外还有义勇队，志愿从军，多见于边郡，因为立下军功就可做官封侯。

唐代疆域广，户口多，不宜全民皆兵，乃行府兵制。府指军队屯扎地，唐时称折冲府，分上（1200人）、中（1000人）、下（800人）三等。当时户口依照家庭财富多寡分为九等，下三等户没有资格当兵，上等、中等户自愿当兵者才能正式入伍。当兵者家中赋税全免，但军事装备和粮食全需自理。府兵20岁服役，每个人都要到中央宿卫一年，其余时间各回各府，耕田为生，农闲演练。国家有事，各府均可抽调。中央直辖十六卫，各卫都有一将军，遇到战事，率军出征，战事结束，兵归府，将归卫。那时文官分品级，武官分勋阶。武官有勋无职，不预政治。唐初府兵阵亡，军队立马上报名册，中央迅速下令地方，地方立刻派人抚恤；后来，军队和政府都松懈疏慢，战事结束军队复员也不见有亡者音讯传来，人心渐失。武官有名无权，其勋名也逐渐被人看轻，军人地位下降。后来政府开边，需要部队戍边，就派府兵前去。边疆营官刻薄待人，没收财物，大家逃避兵役，府兵制遂废。兵源枯竭，政府只好花钱雇兵，边疆大吏如安禄山和史思明都是外国人，平乱的李光弼也是外国人。唐代富强，对外国人不怕也不提防，府兵遂变为藩镇，最后终至不可收场。

宋代军队分为禁军和厢军。唐末五代，战乱不止，几乎人人为兵，到后来都成老弱病残，宋太祖只能从中挑选精壮者编为禁军。厢军驻扎地方城厢，不打仗，当杂差。南宋偏安南方，对阵辽金，不能裁兵，不能复员，又不敢打，形成"养兵不打仗，不打仗又不得不养兵"这一怪象。军队越养越多，纪律不佳，易出内乱，不得不待遇加优；文武兼养，冗兵冗吏，国家重负不堪，积弱难变。

明代兵制称卫所制，等同于府兵制。大的兵区叫卫，小的兵区叫所。5600人为一卫，1128人为一所，内归五军都督府管，外归都司管。打仗时，朝廷派将军（总兵官）率领卫所军队。打完仗，总兵官交出兵权，军队回归卫所。平日卫所军自种自养，国家免收赋税。

清代兵制分为八旗兵和绿营兵。八旗包括镶黄旗、正黄旗、正白旗、正红旗、镶白旗、镶红旗、正蓝旗、镶蓝旗，前三旗为上三旗，后五旗为下五旗。旗乃满族社会组织，兼管军事、政治、生产。八旗平时耕猎，战时出征，以旗统兵，各有旗主。入关后分为京营八旗和驻防八旗。前者由上三旗人充任，拱卫京师；后者由下五旗人充任，震慑地方。八旗兵为满族和蒙古族，绿营兵为汉族，仿明代卫所制，以绿旗为标志，以营为建制单位。有马兵（骑兵）、步兵、守兵，另有水师，均归兵部管理。鸦片战争之后，八旗兵和绿营兵腐不堪用，太平天国运动爆发，清廷谕令各省举办团练"助剿"，乡团改勇营，称为防军。防军之外，又有练军，两者成为甲午战争之前政府主要武装力量，从此"兵为将有"，中央兵权移至将手。甲午惨败，又兴新军，武器装备全用西器，编制训练尽仿西军。清廷本想在全国编练新军三十六镇，收回兵权，但到宣统末年仅练成十三镇；辛亥革命爆发，兵制与之俱亡。

武举制度始于702年武则天当政时，由兵部主持，每年一试，中举者授武职。唐代武举偏重技勇。宋代武举，外场考武艺，内场考策论兵书。元代废武举。明清两朝，武举兴盛，尤其是清代。明代承唐宋旧制，初为六年一试，后改定三年一试。清沿明制，乡、会、殿试均同文举之例。1901年，清廷宣布废武举、施新政，令各省兴新军，各省督府纷纷借机壮大自身军事力量。

乡里制度

古代中国以农立国，乡村是社会财富的主要来源；某种意义上，中国就是一个由许多自治乡村组成的集合体。由于皇权不下县，国家推行官民共治的乡里制度。

《周礼》记载："五家为比，使之相保；五比为闾，使之相爱；四闾为族，使之相葬；五族为党，使之相救；五党为州，使之相赒；五州为乡，使之相宾。"乡、党、邻、里传至后世，多有所变。从春秋战国到隋文帝时，实施乡官制，官方主导。秦汉设乡、亭、里，魏晋南北朝时"村"代"里"。从隋炀帝到宋神宗时，由乡里制向保甲制、乡官制向职役制转变。从王安石变法（实行保甲制）至清代，为职役制。这一时期，宗族和乡绅逐渐合流，成为亦官亦民又非官非民的中间层。

宗族是以父系血缘为纽带联结而成的群体。春秋初期实行宗法制，当时家国合一，庶民被排除在宗法制之外。战国时废分封，宗法制瓦解，土地私有促进家庭独立。南北朝时，门阀士族兴起，当时选官行推举制，官员家族互相推举，把持朝中要职，并通过联姻等手段使其世代相传。隋唐废推举，行科举，士族衰落。北宋统一，为了整合社会，倡导敬宗收族，宗族取得合法地位，形成一定规范。乡村治理，士绅宗族居于核心。科举制在为国家选拔人才的同时，也造就出诸多乡绅。乡绅在皇权与乡村之间斡旋，既能确保中央集权贯通，又可实现乡村社会的有限自治，使乡村社会和谐安宁。乡绅在宗族中的地位十分突出，德高望重者才能当选族长。乡绅和宗族在明清两代逐渐左右乡村治理，两者基于自身利益选择合流。乡绅享有多项特权，如在徭役和税负上有优免权，在法律上有豁免或减刑权等。他们也担负多项职能：作为上下联系的中间纽带，代民请愿，解读政令，调解纷争，因此乡绅既可偏向政府，亦可为乡民利益考虑，历史上既不乏刚正不阿者，也不乏中饱私囊者（清末乡绅恶霸是其典型代表）；督促生产、兴修水利；办私塾，兴学院，定族规，树民风；建立护卫队，维护乡里安宁。乡村治理更注重的是思想控制，乡约很好地承担了这一功能。乡约源自《周礼》，但直到宋代才在乡村治理中发挥作用，主要是鼓励乡民团结互助。进入清代，国家逐步加强对底层民众思想的控制，乡约成为统治者统治乡民的工具。

清朝末期，列强入侵，乡村社会的和谐有序被打破。乡绅与宗族无力调动乡村资源，与此同时国家则加大对乡村的控制和掠夺，并将权力触角延至乡村。20世纪初，迫于形势，清廷实行新政，推行"乡镇自治"。但是，随着乡村社会日益衰败，宗法制度日益式微，西学快速兴起，乡绅逐渐失去昔日地位。科举被废，更是断绝乡绅入仕希望。乡绅分化，部分人变成新兴商人、企业家和知识分子，也有人蜕变为土豪劣绅，横行乡里。民国时期，乡村精英流失，土豪劣绅日多，他们掠夺乡村资源，榨取乡村利润，攫取乡村权力，致使乡村社会矛盾愈演愈烈。国民党政府联合地方土豪劣绅加重对农民的压榨，农民苦不堪言，农产品价格惨跌，土地价格下滑，农民购买力下降，农民离乡率上升，乡村社会濒临破产。20世纪二三十年代，一些知识界精英呼吁开展"乡村建设运动"，希望通过乡村治理，进而改造中国，但因农村问题牵一发而动全身，单从一方面入手无济于事，这场运动最终还是以失败告终。

法律制度

夏、商、西周时期形成宗法制法律制度，以"亲亲""尊尊"为主要原则。春秋战国时期，进入成文法阶段。秦朝一统，推行法治。秦朝速亡，促使汉朝实施儒家思想，到魏晋南北朝，法律已经儒化。隋代颁行《开皇律》，唐初仿之成《武德律》，贞观年间成《贞观律》，高宗时删改成《永徽律》，长孙无忌撰《律疏》，逐条解释律文，后世通称《唐律疏议》，儒家礼教与法家"法治"相融合，中华法系就此形成。它是现存最早且最完整的成文法典，包括十二篇：名例、卫禁、职制、户婚、厩库、擅兴、贼盗、斗讼、诈伪、杂律、捕亡、断狱。唐代法典有"律、令、格、式"四种形式。律令制传入朝鲜、日本、越南等国，被普遍采用。五代和两宋承袭了律（宋代改为敕）、令、格、式制度。刑法律条，自宋至清均以唐律为本。进入宋代，例律相合。自汉代以来，以例辅律即为传统。明代颁行《大明律》。《弘治问刑条例》将"例"附于"律"后，"律""例"合一。后来《大明律》改名《大明律附例》。清初设立律例馆，负责修订国家法典，修成《大清律集解附例》，乾隆初年改名《大清律例》。律例馆五年一"小修"（汇集各种法令、案例，分类编排），十年一"大修"（增删原例，颁布新例）。"例"收集了实际案件中的司法裁决结果。"律"分七篇：名例律、吏律、户律、礼律、兵律、刑律和工律。先例在法律案件中起了重要作用。关于法庭判决的汇编浩如烟海。当时有大量法律卷宗，地方法官为了更加称职，必须对法律烂熟于心。中国社会缺少专业律师（讼师在中国名声不佳，有"讼棍"之恶名），而律师在西方则有重要地位。许是传统差异，中国士人不像西方知识分子那样注重法律事务。中国人一般也不信任法律。中国的法律审判，更多是一种"艺术"，背后夹杂众多人情利益关系。一直到18世纪，中国的刑法程序都要较西方更为人道；进入19世纪，西方在人道主义运动的影响下，全面改良法律，中国才在这方面显得落后。总的来看，儒家思想对社会民众的影响，反而使得中国人守法观念不强，从而造成中西方在法律观念上的一系列摩擦。

总　结

中国的发展道路曲折多变。现今的中国可能刚刚处于政治变革的起跑线上。未来的中国政府会是什么样子，它能不能稳定下来、何时能稳定下来，尚都难猜。中国人抛弃了从秦汉流传下来的政府体系，不过，一些旧制度的精神还是被保留了下来。如果中国实现了永久性的统一，不管是否有意，必然要接纳一种哲学思想，这种哲学思想起到的作用，就像儒家思想在古代社会所起的作用一样。如果这一哲学思想的确是共产主义的话，作为正统理论的马克思主义思想，最终将会经过大量的改变，以适应中国的国情。

新事物的变革过程总是令人着迷。毫无疑问，除非中国人失去了他们无与伦比的执政能力，他们会及时地再次建立起一个相当稳定高效的政府机构。

第十六章

经 济

居有定所,丰衣足食,是中国人非常重要的奋斗目标。这些东西在任何社会都是必需品。然而,中国人比大多数其他民族的人都要更偏重物质一点。中国人一直以来信奉的哲学都强调追求物质生活。中国人素有"民以食为天"的观念,并强调"仓廪实而知礼节"。中国人成功地养活了地球上数量最巨的人群。18世纪前,中国人的生活水平比其他任何民族都高。马可·波罗走过当时几乎所有文明地区,人们经常回忆起他对中国财富的描述:"古老的东方,黄金遍地,充溢于野。快到东方去吧,哪怕路途再遥远,经历再艰险!"直到近代通过地理大发现和工业革命富裕起来后,西方社会才在物质财富上超越中国,为人类设立了新的舒适标准。

另一方面,虽然国家富有,但因财富分配不均,中国老百姓的生活水平并不高。历史上,每逢改朝换代,饥荒引发起义,王朝倾覆招来外敌,年轻男性死于战争,人口数量急速下降。许多叛乱都是源自极端贫困,所以有一个更好的组织来更好地控制人类生存环境,便可防止或减轻自然灾害给人民带来的痛苦。值得注意的是,19世纪促进世界上许多地方人口增加和生活水平提高的机械发明并未源于中国,而是源于西方。个中原因,众说纷纭。

农　业

中国是一个农业大国，但却不是一个农业强国。自古以来，中国人大都是靠耕作，以及与耕作直接相关的职业来谋生。中国人向以从事农业为荣，社会排位，"士农工商"，农民的社会地位很高——当然，这只是名义上如此。在现实生活中，商人通过出资和捐资将个人财富转化为社会地位，要更有影响力。每年开春，皇帝都会举行春耕仪式，旨在重农劝稼，祈盼丰年；下面的地方官也会举行类似仪式。

中国是一个多民族国家，长期民族融合；加上汉代凿空，与国外文化联系日多，不同文化相遇，最先交换食物（和武器），也使得栽培植物数量增多。中国培育出当今世界上最重要的粮食作物水稻，最重要的豆类作物大豆，最重要的常绿果树柑橘，最重要的饮料作物茶，以及其他许多农作物，如纤维植物大麻、油料作物油菜等。

因为自然环境适合农业发展，中国农业发端很早。距今约一万年前，中国古人就开始了原始农业种植。神农（"非同寻常的农业专家"）尝百草，教人食五谷。古人以五谷（黍稷麻麦菽）为养，五果（桃李杏栗枣）为助，五畜（牛犬羊猪鸡，后世加上马称六畜）为益，五菜（葵藿薤葱韭）为充。谷不熟为饥，蔬不熟为馑，果不熟为荒，在长期食物紧缺的农业社会，每类作物歉收都是严重的民生问题。

稷据说是尧舜时代的农官和周人的祖先，也是后代的五谷神；稷是古代黄河流域最重要的粮食作物，被称为"五谷之长"。北方主要围绕稷的栽培形成旱作传统。秦汉以来，国家的代名词"社稷"，就是土地神"社"和五谷神"稷"的合称，由此可见稷这一粮食作物在古人心中的重要地位。当时从中亚传来的小麦也是一种重要粮食作物，其主产地在黄河下游的山东。战国末年，小麦栽培已很普遍。黄河流域很早就栽培果树，桃、李、梨在人们的生活中占有重要地位并被赋予许多文化意义，比如，古人常用桃来代表美好事物，如桃符、寿桃、桃花源、桃花运等。《诗经》："桃之夭夭，灼灼其华。""投我以桃，报之以李。"桑是具有中华文明特色的作物之一，分黑白两种。早期主要是一种果树，后来在其上发现野蚕，逐渐变为饲料植物。蚕桑很重要，古人用"农桑"指代农业生产（汉景帝时"令郡国务劝农桑"）。古人认为，"民以衣食为本，衣食以农桑为本"。一些重要农书也以"农桑"为名，如《农桑辑要》等。古人还用"桑梓"指代家乡，用"桑田"指代田畴，如沧海桑田。

黄河流域早期驯化的纤维植物有大麻，原产西北黄土高原。早期人们曾将麻子当粮食，故也为"五谷"之一。在棉花得到全面推广之前，大麻一直是北方重要纤维植物（被服原料），在文化中也留下很深印记，如心里很乱叫"心乱如麻"，问题难解叫"麻烦"；古人也知道大麻的枝叶浸取物可以麻痹神经，故有"麻痹""麻木不仁"等词。

与干旱的黄河流域不同，长江流域多雨湿润，中下游楚越之地，古称"水乡泽国"，发展起以稻作为中心的"泽农"；这里盛产鱼虾，形成"饭稻羹鱼"的饮食传统，后世江浙富庶之地被誉为"鱼米之乡"。莲、菱等水生作物亦起源于此，《诗经》《尔雅》中均有相关记述。蔬菜中的白菜、莼菜、水芹、竹笋等耐湿作物，果树中的柑橘等也都发源于此。"果之美者……江浦之橘，云梦之柚。"（《吕氏春秋》）这里起源的其他经济作物还有苎麻、漆树、油桐和一些种类的竹子，其中苎麻被西方人称为"中国草"。《诗经》云："东门之池，可以沤纻。"竹子在中国文明进程中扮演着重要角色，在古人的生产、生活及艺术发展中作用甚大，有些西方人称中华文明为"竹子文明"。

长江中上游与长江下游的良渚文化联系密切。青稞（裸大麦）和芋头等起源于此，大麦可能是藏族首先栽培，在谷物生产中，长期位居小麦、水稻和玉米之后。葫芦也起源于此，盘古（瓠）开天辟地传说中的盘古就是葫芦。长江中上游驯化的重要栽培植物还有茶（世界三大饮料植物之一），以及调味品花椒（蜀椒）。花椒至今仍是四川、重庆一带（古巴蜀）盛行风味"麻"的根源。华南有许多热带亚热带栽培植物。闽广百越族驯化了不少喜欢高温高湿的作物，如参薯、芋头等。一些重要的热带亚热带水果起源于此，如香蕉、荔枝、龙眼等，《广东新语》中称此地之民为"龙荔之民"。这里的重要经济作物有甘蔗和葛。调味品则有姜、桂。《楚辞》中多次提到桂这种香料。东北辽河一带是大豆的发源地。西北新疆等地则是一些耐寒抗旱瓜果的发源地，如苹果、胡桃、香梨和哈密瓜等。

汉武帝时进一步加强了中原与北疆和岭南的联系，促进了各地的文化和物质交流，尤其是张骞通西域，同时在华南设立南越等郡县后，各地联系日密。华南许多珍稀水果为中原内地知晓，中亚和西域也传入不少栽培植物。东汉以降，北人南迁，也促进南北栽培植物的交流。唐代国力鼎盛，中外交流发达，域外引入作物日多。北宋时经济中心南移，长江流域加速开发，水稻成为最重要的粮食作物，尤其是太湖流域，有"苏常熟，天下足"之谚。南宋时北人南徙，进一步加强了南方的麦作。南北作物交换互补，加上当时海上商业发达，元代地域拓展，中外作物大交流，栽培作物的种类和品种不断丰富。

元代，棉花引入内地，对民众生活有深远影响。古代称棉花为吉贝或白叠。汉代时，华南沿海栽培有木棉。西南地区在公元前 1 世纪也种过。新疆栽培棉花（草棉）要晚一些，新疆汉墓曾出土过棉布。棉花起源于热带地区，应该是从南亚次大陆传入中国西南和华南。北宋时，福建、广东等地普遍栽培"中棉"。南宋时，棉花传入浙江。元代，长江流域普遍种植。草棉也从新疆传入陕西等地。元代置浙东、江东、江西、湖广、福建木棉提举司，"责民岁输木棉十万匹"。明代更是全国大范围栽培。在纺织业中，棉布取代麻布。白布易脏，需要染色，蓝靛效果最佳；种植蓝草，生产蓝靛，遂成明清重要产业。第一次鸦片战争结束后，五口通商，英国布料（俗称洋布）大量流入中国，由于价格低廉、花色繁多，土布滞销，本土纺织业受到沉重打击。

明代中期，长江流域湖广地区的粮食产量有很大提升。但因人口增长和自然灾害频发，许多地方人稠地狭，饥荒不断；一些学者如徐光启等搜寻救荒植物。西方地理大发现，促进世界各地栽培作物的交流传播，尤其是美洲作物的外传。东南沿海商人引入美洲高产作物番薯和玉米。当时华南沿海居民称南洋为"番"，故从那里引进的作物常带"番"字，如番薯、番麦（玉米）、番豆（花生）、西番菊（向日葵）、番茄、番木瓜等。

茶起源于中国西南地区，至少在汉代，江南地区茶叶的种植和饮用已很常见，不过当时是把茶和葱、姜等煮在一起，称"粥茶"。饮茶最初只在南方流行，真正得到普及是在唐代，那时连穷人也喝起了茶，种茶采茶成为一种重要职业；饮茶盛行，民间出现卖茶的"茶肆"，后来出现"茶坊""茶房"。据史书记载，唐代中叶，江淮人近三分之一以茶为业。茶叶成为唐代经济一大支柱，当时专门设有茶叶税。安史之乱爆发，回纥士兵帮着平叛，作为答谢，广开贸易，出现"名马市茶"，成为日后"茶马贸易"的先导。唐人陆羽著有《茶经》，讲述了从制作到饮用的整个过程，对推动饮茶起了很大作用。唐代中后期出现煮茶（又叫煎茶，中唐最为流行）和点茶（晚唐以后流行）。茶叶选料十分讲究，贵为茶笋、茶芽，采集要在春间、晴日、清晨。制茶有多道工序。《茶经》说饮茶要"调之以盐"，宋代彻底摆脱这种饮茶法。明代兴起开水冲散茶的撮泡法，一直流传至今。

唐代，茶树成为经济作物后，江南百姓多以种茶为业。茶商不断增多。从唐德宗时开始收取茶税，税负不断加重，成为中晚唐政府的重要财政来源。宋代，每年投放市场的茶叶总值更是高达一百万贯。唐代饮茶之风传至塞外，回纥和吐蕃每年都要从唐朝购买大批茶叶。

饮茶必用器具，从而带动手工业发展。《茶经》中提到24种茶具。

对茶具的重视也推动了瓷器的发展。宋代"建茶"（福建）异军突起，武夷茶名扬天下，清代更是出口海外。宋代茶坊不断增多，饮茶日见普及和讲究，出现"斗茶"大赛。明代文人茶艺兴盛，他们把饮茶活动变成一种生活品位的象征。下层民间茶馆也更加常见，成了平民休闲的好去处。

唐人认为饮茶益处甚多，既可润身，又可净心。僧人皎然诗中言及"茶道"，把饮茶提升到更高的境界。茶道贵"闲"（一杯茶就是一片天），主"敬"（中国人有敬茶习俗，体现好客传统）。饮茶在中国是一门艺术。喝茶讲究：一看水，好茶配好水，茶新水活。二看茶。茶分绿茶、红茶等。三看茶具。茶具有瓷陶之分，陶具最佳。品茶要看色香味形，四者合一方为好茶。茶是中国人对世界的一大贡献。出使唐朝的日本僧人将茶树引种日本，结合禅宗思想，形成日本茶道。17世纪，荷兰人将中国茶带到欧洲，形成欧洲人喝茶传统。

罂粟是鸦片的主要原料，原产西亚，六朝时已传入中国，因种植不广，唐时犹是贡品，纯为观赏和药用；直到明末，罂粟仍是稀有名花。宋代以来，历代医书多载其药用价值，是治痢疾等症良药。元人已认识到其副作用，建议慎用。明人逐渐熟悉鸦片的生产制造。当时境内鸦片多由东南亚输入，并作为"贡品"药材献给皇帝。成化年间，鸦片市面稀缺，市价等诸黄金。其后鸦片进口逐渐增加，1589年正式对鸦片征收药材税。鸦片种植始于闽广，扩及吴楚，吸之醉人，飘飘欲仙。后来发现吸烟有很大危害，崇祯年间曾下令严禁，但却未能止住。清代，其种植传播更快，对中国人危害日深，后来更是引发鸦片战争。中华民国时期，一些军阀广种鸦片，换作军费；当时云、贵、川、藏四地种植烟土最为普遍。据史料记载，1933年，鸦片种植面积达到最高，为8000万亩。

衣 冠

中国向有"衣冠王国"之称。远古时代，服饰旨在蔽体遮羞。进入文明时代，服饰常被用来区分等级、职业、民族、年龄和性别。先秦时期，人们常说的"衣裳"指的是衣服和裙子，上为衣，下为裳。秦汉以来，服饰更为绚丽。当时人的服饰常因场合而不同，如有朝服、常服、婚服、丧服、祭服，并因等级和职业而不同。皇室服饰端庄华贵。仕女服饰：扎高髻，穿花襦，褂裙曳地。文吏服饰：束带，穿裤裙，戴冠帻。农民服饰：束髻，穿草鞋，短袖长襦。市民常服：包头巾，加抹额，穿褝褕，束大带。帽称"头衣"，有冠、冕、弁、巾、帻之别。冠、冕、弁是上层男子所戴，统称"冠"。古代男子二十行冠礼，因是人生重要转折，仪式隆重。冠重在礼仪，戴冠是上层男子的特权，下层男子只能戴巾或帻。秦代尚黑，百姓常以三尺黑布巾包头，故称"黔首"。帻后来演变为便帽。南北朝时，纱帽成为上层社会服饰，皇帝戴白纱帽，官员戴乌纱帽。此后"冠""帽"不再刻意区分。这一时期，上衣种类繁多，有长衣和短衣，内衣和外衣，单衣和夹衣，颜色、图案、质地不同，并随地位和职业而不同。最端庄华贵的上衣是帝王大臣穿的冕服。冕服尊卑有别，颜色图案各有讲究。这一时期的下衣分为裈、袴、裙等。袴即裤子，主要搭配短衣来穿，男子之袴有裆，女子之袴无裆。民间女子多穿裙。上襦下裈的流行搭配传至魏晋，逐渐为"裤褶"代替，后者最初源于北方游牧民族，传入中原后多有变移。秦汉之鞋，有履、鞜、舄、屐等。履供人们正式场合穿用。鞜供士兵或北方人穿用。舄为上朝时穿。屐为木屐，下有两齿，因较轻便又适合远行而迅速流行，魏晋南北朝时在贵族中尤为风行。东晋南朝人们出行所穿的鞋称"屩"，普通人和士兵多穿。北朝主要着靴。古人称袜子为足衣，多用丝帛、麻皮或皮革制成，一尺来高，袜口缝有带子，用于系牢。古礼规定入门脱履，所以袜子对上层社会很重要。

　　隋唐时期，隋文帝厉行节俭，衣着简朴，不注重服装的等级尊卑，在位时只戴乌纱帽。唐代规定，官服三品以上紫，五品以上绯，六品七品绿，八品九品青，颜色以散官品位为准。文武百官上朝，看似色彩缤纷，实则等级森严。皇室衣服样式属于少数人拥有的特权。百官至百姓服饰反映社会整体风貌。官员有冠服和常服。冠服中袴褶最常见，沿袭北朝样式，头戴平巾帻，上穿褶加裲裆，下穿袴，足蹬靴。常服除依品位高低颜色不同，还有与各自身份相应的腰带，上面垂挂刻有官员职务证明的鱼符，鱼符袋上有金、银、铜等装饰，代表不同品级。有唐一代，"青衫"象征低级官员，"白衣"代表平民百姓，"青衣"代表奴婢。武则天时，文武三品以上朝服加绣动物图案，自此图案也成了身份标志。宋初的品官服色继承唐制，诸臣有祭服（祭祀天地、宗庙及各种大典时穿）、朝服（朝会和献祭时穿）、公服（品官常服）、时服（每年赏赐文武群臣的冬夏装）。宋代官府不再对民间服饰做具体规定，但这并不意味着服饰不再表示身份。服装总体上仍是一种明尊卑、识贵贱的礼仪制度。

　　尽管政府明令规定"妇人服从夫、子"，但妇女不出于"公庭"，故其着装"上下效仿，贵贱无别"。唐代女性服装之美得到充分展现，基本服装为上穿衫或襦，下着长裙，肩背披帛。服装的多样与变化源于手工业发展。衣着服饰除了展示等级变化，也反映出思想观念取向。唐人服饰除融合南北风格，还借鉴了西域"胡服"。唐代前期，女性喜欢穿的半袖，男装中的半臂，还有官员穿的袴褶，都是源于胡服。女装初由遮掩全身变为靓妆露面，受到唐高宗严厉斥责。而六十年后，唐玄宗则明令妇人"帽子皆大露面，不得有掩蔽"。唐代妇女还流行戴胡帽，样式颇多，或者喜欢露出各式发髻，上插钗、簪、梳等，面部以额黄、画眉、点唇等化妆，再配以面料、色彩、花纹丰富的各式服装。由于过分奢华，唐文宗曾下诏对女子的发型、化妆、衣鞋都做出详细规定，然而人多怨者，事遂不行。

"君子正其衣冠"是传统古训，讲究穿着打扮被视为礼仪教养的外部展现，在唐宋两代深入人心。宋代基本保留了汉族服饰的风格，辽、西夏、金及元代的服饰则分别具有契丹、党项、女真和蒙古族的特点。不同民族服饰不断交流融合。明代恢复汉族传统，要求衣冠恢复唐制，其法服式样与唐代相近。

清代甫一统一全国即暴力推行剃发易服，颁行《服色肩舆条例》，废除汉族冠冕衣裳。明代男子一律蓄发挽髻，着宽松衣，穿长筒袜、浅面鞋；清代男子则剃发留辫，辫垂脑后，穿瘦削的马蹄袖箭衣、紧袜、深统靴。官民服饰，依律泾渭分明。

民国初年，男装之西装革履与长袍马褂并行。无论穿中装西装都戴礼帽，被认为是最庄重的服饰。二十年代前后出现中山装，逐渐在城市普及。女装自辛亥革命以来出现了多样化趋势，一身袄裤之外，又多袄裙套装。二三十年代，城市妇女（尤其是上海妇女）喜爱旗袍，旗袍风行一时。在广大农村，为了便于劳作，上衣下裤一直是大多数农民的传统装束。

货　币

中国最早的货币是商周贝币。甲骨文中常载商王"赏贝""赐贝"，以"朋"为单位。西周金文载有周王"赐金（即铜）"，以"钧"为单位。贝或铜均为实物货币。春秋出现金属铸币，战国大量流通。列国分立，货币各异。两周流行平肩或斜肩、弧足的空首布。晋国流通尖肩尖足空首布。齐燕流通刀币，战国晚期出现圆钱。楚国流通黄金币、铜布币、铜贝币。秦国流通圜钱，单位为"两""铢"，面文分为一两钱和半两钱，后者为主。

秦朝一统，始皇帝废除六国旧币，推行秦国"半两钱"（铜钱，为下币；黄金，为上币，重二十两），古代货币得到统一。铜钱圆形中孔，轻巧易携，利于商业发展。西汉初刘邦改铸三铢钱，汉文帝改铸四铢钱，当时国家和地方均可铸造，货币混乱，影响国家税收和商品交换。公元前118年，汉武帝下令官方铸造五铢钱，作为法定货币，通行全国，严禁私人仿铸。王莽时，先后改革币制五次，均告失败。东汉初年重铸五铢钱，废除一切旧币。三国两晋南北朝，战争频繁，钱法混乱，屡铸屡废。

隋代统一币制，改铸五铢钱，再次统一度量衡。621年，唐高祖废五铢钱，改铸"开元通宝"，以"通宝""元宝"为名的钱币一直沿用到民国初年。唐代商品交换频繁，传统布帛、谷粟等实物货币难以满足市场交换需要，铜钱越来越受欢迎。但是唐代铜钱供应不足，尤其是实行两税法后，社会上对铜钱有很大需求，唐代后期出现"钱荒"。加之铜钱不便大量携带，大额交易有时仍需使用布帛。于是白银开始出现。唐代后期更是出现类似纸币的"飞钱"（汇兑就像钱在两地之间飞来飞去，故得此名），但它无法用来购买商品缴纳赋税，还不能算是真正的货币。

唐末五代，实物货币（绢帛和谷粟）逐渐被淘汰，白银大量进入流通市场。宋代更是出现了世界上最早的纸币。北宋前期，川陕诸路出现"交子"（源于唐代"飞钱"），它是以铁钱为本位的纸币。1023年设置益州交子务，官方正式管理交子事务。南宋时东南地区也开始使用交子，不过早在官方介入之前，民间就已出现便钱会子。

元代倡导商业，为了适应商业发展，建立起世界上最早的纸币流通制度，但在元代后期，因为滥发纸币，造成通货膨胀。

明朝中叶，一直流行民间的白银成为通行的主要货币，市场商品悉以银两计价。大额交易用白银，小额交易用铜钱。两者比价，明清政府规定，铜钱一千合白银一两。由于商业繁荣，16世纪下半叶，货币不够支付商货交易，政府加大铜银生产。明代一直禁止民间自行开采,但民间私采却始终都是有禁无止,后来不得不放开;为了防止民间私采引发争斗,万历年间派宦官监督地方采矿,结果反而激化官民矛盾,矿产开采愈发混乱。恰在这时,美洲白银通过中国与吕宋(菲律宾)之间的贸易流入中国。与此同时,日本出产的白银也开始输入中国,由此加速了经济的白银化。

明代中叶以后,银、钱兼用,钱铺银铺应运而生。伴随白银成为主要货币,银铺派生出抵押放款的借贷业务。清代,银铺发展成银号,存放款和汇兑是其主要业务。银钱兑换业务仍由银铺经营。钱铺又叫钱店、钱肆等,明代中叶因经营以银换钱的兑换业务而产生,入清以后继续存在并发展出了以存放款和汇兑为主要业务的钱庄。钱庄主要分布在江浙一带,尤以开埠通商后的上海为盛。上海开埠,钱庄日多。大钱庄又经营汇划业务,所出庄票为外商承认,买办商人内地采货亦需钱庄庄票,钱庄庄票由此具有货币性质。太平天国运动期间,江浙富绅纷纷逃难上海,带来的资金存入钱庄,因军功而发财的官僚也将钱财存入钱庄,钱庄存款快速增加,钱庄商人由此大富。

道光年间出现票号,又称票庄或汇兑庄,源于晋商在全国贩销商货而形成的联号制。票号专营汇兑,利润可观,晋商纷纷效仿。道光末年,山西票号发展到十一家,20世纪初扩大到三十三家,分号四百余处,全国各大城市和商埠均有分号,并远达国外一些大城市。山西票号在晚清可以说是执中国金融界之牛耳。1904年,清廷组建"大清户部银行",邀请山西票号加入,被后者拒绝。户部银行转由江浙绸缎商出面筹办,江浙财团就此后来居上,并在20世纪上半叶独霸经济和政治领域。

总　结

显然,中国的命运与经济状况密不可分。任何一个国家,如果其大部分地区人口过多,有些地区还经常闹饥荒,数百万人营养不良,就不可能有一个稳定的政府。在这种情况下,总是会有很多不满的声音出现。事实上,政治问题和经济问题总是相伴而生,因为政治问题就是饭碗问题。然而,中国的经济生活并非一塌糊涂。无论过去还是现在,能够在可用耕地有限的情况下养活如此多的人口,都称得上是一项伟大成就。而且中国的官员和商人,虽然只占人口少数,日子始终过得相当舒服。

人口数量庞大、生活水平低下,不仅是中国面临的问题,也是其他各国需要应对的问题。如果中国人能够成功地控制他们的出生率,发展起他们的工业,并用其农业技术和商业贸易来提高人均生活水平,其他国家民众一定也会从中受益。如果世界上大多数民众的生活水平都很低下,那就不只是中国一个国家的失败,而是全人类的失败。

第十七章

宗　教

原始部落崇拜图腾。殷商先民祭祀天神、地祇和人鬼。天神指日月星辰及主管风雨雷电之神，地祇指山川之神，人鬼指死去的祖先。人类祭祀天神地祇以求福避祸。夏代开祭，商周承续。周代天（帝）成为至上神。帝掌管风雨，主宰人间，居于天上，故名上帝。周代祭祀，天（帝）最重要（"皇天上帝"）。天子祭天，人王受命。殷商卜辞多载祭祖。周人祭祖，天子七庙，诸侯五庙，大夫三庙；庶人祭于寝。商人祭祖，功利色彩重，道德意味淡。周人祭祖，血缘关系浓，道德价值重（"天命合德"）。古人信天，故要推测天意，如占星五行，龟卜筮占，卜筮为古代王宫之学重要部分，由卜史执掌。龟卜的主要材料是龟甲，通过刮削、凿孔、火灼，解释兆纹。筮占的主要材料是蓍草，察看蓍草数目变化，确定卦象，判断吉凶。筮占传统，《周易》对后世影响最大，后经儒家解释，变为人文经典。卜筮技术，巫史掌管。巫祝职能，主在降神，舞之蹈之，讨神欢心。巫者把世界分为神、民、巫，神民不杂，巫来沟通。商代巫风盛行，卜辞多有提及。周代，巫仍在祭祀体系中占有重要地位。史巫关系密切，史初以事神为主，后来负责记事、典守文档。周代史官负责观天象，明天意，察天道。巫仅知求助鬼神，史已留意天道，更重德性，果能达德，即可为儒。春秋战国，政治变动，王学衰落，私学大兴，诸子登场，百家争鸣。尘埃落定，帝国成型。汉代承秦，始兴黄老，国家稳定，后用董儒，终成正统。汉朝灭亡，接以内乱，夷华互动，佛教渐兴。隋唐统一，三教相争，越辩越明，渐趋相融。其他宗教亦有传入，教义严苛，未能流行，缺少变通，影响微轻。宋明理学，儒教日胜，王朝支柱，国家正宗。从元到清，佛道出宫，改头换面，弥散底层。

中国宗教生活的特点

首先，中国人在宗教上持折中态度。与总人口相比，本土佛教、儒教和道教的信奉者人数相对较少。绝大多数中国人都是万物有灵论者、多神论者、佛教徒、儒教徒或道教徒的混合体，彼此之间协调共生。中国其他较弱的宗教分支，有时也会与强有力的主流宗教杂糅。在这种折中主义的影响下，大众常会持有相互矛盾的观点。与这种折中主义相关联的是宽容。中华民族一直以宗教信仰自由享誉海内外。儒家思想在汉代成为正统，在宋代地位得到巩固，直至20世纪上半叶仍有不少人信奉。清代广为流传的康熙《圣谕》，视佛教、道教和基督教为异端，劝诫百姓远离它们。异端信仰之受批判，不只是因为从形而上学观点来看它们是错误的，更是因为它们有害于建立在儒家原则基础上的王朝政治和社会结构。然而，即便如此，中国仍然推行宗教宽容。这可能是因为务实的中国人渴望从每一个宗教那里都获得尽可能多的益处。他们对宗教有一种潜藏内心的怀疑，认为所有宗教至少在一定程度上都是错误的，但又担心每一种宗教都可能存在真理。不过，更大的可能还是，中国人以天下为一家，想要建立一种包容众生的文化。例如，许多后来看似中国本土的神灵，都是在征服和同化的过程中从其他民族那里借鉴过来的。

中国宗教生活的另一个特点是乐观。中国人很少对生存表现出绝望，很少对自身生命价值感到悲观，而且并不渴望摆脱肉身，而这则在印度思想中经常被提及。尽管佛教最初只是一种摆脱欲望的方式，但在许多释经者看来，佛教是实现"人"作为独立实体存在的方式。值得注意的是，作为欲望最终熄灭之所的"涅槃"，在中国佛教中并不重要，"天堂"和"地狱"观念也逐渐消失。与这种乐观态度相连，中国宗教带有强烈的伦理色彩。儒家思想强调人对人的责任，推崇真诚、善良、忠诚、孝道等美德，赞扬"己所不欲勿施于人"。佛教宣扬"前世行善，今生获福；今世造业，来生受罪"，或许可以提高人们的道德，激发向善的力量。道教反对律法，但它也对中国宗教的道德化有不小的贡献，它的一些戒律带有浓厚的伦理色彩。

同许多其他民族一样，中国人也相信宗教仪式，认为它与合乎道德的美好生活同样重要。之所以如此，是因为周朝传统和后世历代国家祭祀起了示范作用，引导人们遵循仪式。普遍流行的佛教和道教也十分重视仪式。广为传播的万物有灵论认为，在举行过与道德无关的仪式后，神灵就会满足人的心愿。

中国宗教生活的再一个特点是现世性（功利性）。中国早期宗教把眼前的物质幸福当成首要目标，相信亡灵犹存，主要关心生者福祉。宗教旨在实现一个理想的人类社会，儒家十分赞赏这种态度并将其发扬光大。从这个角度来看，宗教是一种确保人类社会平稳运转的途径。但在日常生活中，这种理念的呈现形式却是带有很重的功利色彩。人们贿赂神灵，以求获得好处；人们祭祀祖先，祈求祖先保佑；船夫上香，祈求出海平安；商人拜神，祈求生意兴隆。如果祭祀完神灵，比如祈求大病痊愈或事业成功，而结果却并未如人所愿，人们就会有一种受骗感，诅咒神灵，乃至将其塑像砸个粉碎。道教寻求长生不老，十几个世纪以来，其信徒一直相信，只要信教就可得道成仙。佛教对来世生活的生动描绘让其信徒相信，只要信教就可摆脱痛苦，来生幸福。

然而，中国也有不少怀疑论者。想到这些人，一位现代中国人宣称,中国将是第一个超越宗教的民族。至少从杨朱和荀子开始就有人公开反对当世的信仰。孔子的思想开了不可知论的先例。韩愈在遣责帝王崇拜佛骨舍利的同时,又写了一篇文章(《祭鳄鱼文》)劝诫鳄鱼离开他的管辖地。政府的官员们多次私下表示不相信神灵存在,却又公开主持仪式祭拜那些神灵。

中国宗教生活的最后一个特点是国家控制。早在周朝,宗教就起到维系国家和家庭的作用。从秦代一直到清代,国家一直都对宗教享有绝对的控制权,但这种控制并不总是很严。中国人对国家的忠诚度,是任何伟大的宗教组织都不曾超越的。

国教与儒学

儒学,又称孔教、儒教和儒家。孔子被尊为至圣。儒家思想从汉代开始吸收佛道思想,在一定程度上集中国哲学思想之大成。人们有时会争论儒教到底是不是一种宗教。答案部分取决于如何定义宗教。儒家学说至少可以说包含了宗教元素。即使没有儒家的影响,国家也很可能会扶持另一种宗教为其所用。大多数古代和现代政府都是这样做的。然而,如果没有儒家思想,中国的宗教可能会与现在大不相同。

西方宗教重个体,教导人们做一个善良的人;儒教重社会,教导人们做一个善良的公民,它认为不存在完全独立的个体生活,因为每个人都生活在社会中,生活在人与人之间,个人生活与家族、社会和国家密切相关。故可说,西方宗教是个人的宗教,中国儒教则是社会的宗教。西方宗教多强调利害关系,中国儒教则多强调责任义务。西方宗教感染力的来源是爱上帝,中国儒教的感染力则来自于孝顺父母,崇拜祖先。

国家祭典

国家宗教祭祀隶属传统礼制，历代都很重视。秦汉以来，礼乐传统由儒家主导，后生歧义，混入释道，礼乐渐趋形式化，难以"格上下、感鬼神、成教化"。宋代理学兴起，礼乐正本清源。明代伊始，改革礼乐，恢复儒家古礼。清代按照康熙《日讲礼记解义》、乾隆《三礼义疏》进行修礼，充实儒家思想。明清两代在天地、宗庙、社稷三大祀之外，非常重视祭孔，祭祀规格不断提升。到光绪末，祭孔已经升为大祀，儒家思想分量加重。（孔庙由国家修缮维护，在强化和延续儒家思想方面所起作用尤大。）

明清两代国家宗教祭祀，分为大、中、小三祀；明代大祀有圜丘、宗庙、社稷等，中祀有星辰、山川、帝王、先师等，小祀有司灶、司门等。清代大祀、中祀与明代相差不多，去小祀，增群祀（先医、贤良、昭忠）。天地、宗庙、社稷三大祀，由天子亲自主持，最为隆重。其中祭祀社稷，上自天子，下至府县，都要举行。中华文明以农为本，祭祀先农具有象征意义。祭祀先农始自汉代，明初在南郊建先农坛，仲春皇帝亲祀先农，然后行耕藉礼。雍正初谕令全国，立农坛藉田。自洪武元年起，每年仲春和仲秋的上丁日，皇帝降香，遣官前往国学，祭祀至圣先师孔子。1726年雍正定春秋二祀皇帝亲祀孔子之制，来年又定八月二十七日为孔子诞辰。永乐初年，北京孔庙落成，成为之后明清祭孔专用场所。祭孔是礼敬孔子及儒家学派，众多从祀者都是儒学精英。从祀者人选，历代有增有减。坛庙建筑是国家宗教祭祀的重要组成部分。永乐帝迁都北京后在兴建紫禁城的同时，修建太庙、社稷坛、天坛等坛庙，后世帝王又有增建，最后形成由天坛、地坛、日坛、月坛、社稷坛及太庙、宗庙、孔庙、关帝庙等构成的坛庙系统。

天坛祭祀，每年春冬各有一次。春季大祭在祈年殿，皇帝率领文武百官，祈祷天赐丰年。冬季大祭在圜丘，冬至那天，皇帝率领群臣，感天恩德，祈祷平安。天坛大祭，感恩上苍。古人敬天，认为地载万物，天主大地，人间祸福、自然收成，悉由所控。天尚善行，化生万物，自然灾异，警示世人。中国人敬天畏神的思想，一直贯穿古代社会。北京紫禁城以黄色基调为主，天坛则以蓝色为主：祈年殿屋顶琉璃瓦都是蓝色，四周墙壁也以蓝色琉璃为主，代表天人和谐。受佛教（西天极乐世界）影响，天坛以西门为正门。进入西门，随处都是柏林，绿色代表庶民，绿树衬托蓝天，代表芸芸众生环卫昊天。圜丘坛呈圆形，分三层，拾级而上，就像一个不断收缩的圆形世界。圜丘坛平面中间是一圆石（天心石），古人认为那里是天的心脏，是举行祭天礼的地方。祭天时，天的神牌就放在天心石上。人在天心石上说话，可以听到回声，代表天人交流。天坛祭天，让人超越个体存在，感受融入天地之乐。

封禅。山神在中国很早就受到尊崇，并且很早就出现了五座圣山，它们都与方位有关：东、西、南、北和中，其中最著名的是东岳泰山。古人认为，群山之中，泰山最高，帝王到此祭过天帝，才算受命于天。在泰山上筑土为坛祭天，报天之功，称为"封"；在泰山下之小山上辟场祭地，报地之功，称为"禅"。历史上，秦皇汉武、东汉光武帝、唐高宗、唐玄宗、宋真宗都曾封禅泰山。道教中有许多关于泰山的传说，全国各地建有许多泰山庙。泰山是朝圣者最喜欢去的地方。泰山在民间也深受崇拜。泰山乃碧霞元君成仙之地，民间信仰称其有送子升官之神力，香火鼎盛。民间还有泰山石能避邪和镇宅等传说。

在现代人眼中，国家宗教祭祀崇拜是一种迷信。然而，它确立了儒家伦理的重要性。从皇帝到官员，他们都告诫臣民要遵守圣人的道德准则。当然，其中大部分内容都是陈词滥调和虚伪言辞，只能欺骗那些头脑简单之人。但是孔子所强调的美德依然普遍流传，哪怕只有少数人才会去亲身实践。

民间宗教

民间宗教一直与佛教和道教相伴而生。明清两代，民间宗教发展势头迅猛。传统宗教一直在走上层路线：儒教依附皇权，佛教和道教贴近文人和官员，难以满足下层民众的心愿。下层民众只想通过偶像崇拜和巫术迷信来禳灾祛病，满足内心简单的精神需要。明清两代，社会两极分化，民间宗教多有服务贫苦大众的内容，如施医送药，赈济穷人，从而赢得了民心。民间宗教与民间社会相互混杂，形成民间一些特殊的社会组织原则、道德原则乃至法律原则。明清两代，除宋代以来的白莲教继续发展外，涌现出数十个民间宗教教派。

城隍庙（"守护城墙和护城河的庙宇"）。对城隍神的祭祀起于周朝，道教兴起后快速传播，后来演化为守护城池、庇佑百姓之神。据说它能旱时降雨，涝时放晴，保民丰足。唐代，城隍祭祀蔚然成风，各州各县每年都会祭祀城隍；宋代，城隍神被列入祀典；明代，城隍祭祀空前鼎盛，朱元璋大封城隍，各地重建城隍庙。每个城市都有一座城隍庙，祭祀的城隍神则不尽一样。城隍神常被认为是一位已故官员，或是一些城市当地的神化英雄。城隍神和他的寺庙在城市生活中扮演着重要角色；地方官上任，首先要祭拜城隍庙，发誓忠君爱民。每年春秋各会举行一次仪式，人们举着城隍神像在街上游行。百姓在殿里祷告献祭。遍布乡村的土地庙与城隍庙职能相同，土地源自灶神，本与城隍并列，秦汉盛行，宋代以后城市兴起，祭祀城隍庙成为主流，土地神也就只在乡村祭祀。

关帝庙。关羽是三国时期蜀国大将，他追随刘备，其仁义忠勇为后人推崇。关羽之祠兴于荆州，北宋面临外族入侵，关羽的忠义和勇武精神受到重视，宋徽宗时授封忠惠公，后又加封武安王、英济王，元、明、清三代更是一路加封，最终成为"忠义神武关圣大帝"，成了护佑国家的最高武神。明代北京白马庙尊关羽为护国武神，月城庙尊其为道教财神。从明代开始，每年五月三十，全国上下都要大举祭祀。清代各省、府、县都建有武帝庙，定期举行官方祭祀，通常都由首席武官主持。袁世凯特别尊敬他，下令全国祭拜。此外，关羽还被塑造成财神爷，受到商人，尤其是黑社会成员的高度尊重。

女神信仰有碧霞元君。宋真宗封禅泰山，建昭真祠，明代成化年间扩建为宫，嘉靖年间更名碧霞宫，碧霞元君信仰由此在北方广为传播。道教宣扬碧霞元君是普佑众生的大神，民间则更看重她能使妇女多子多福，庇护儿童，所以妇女对其信仰尤为虔诚。北京碧霞元君信仰最盛，京城内外建有十多座碧霞元君庙，妙峰山上的碧霞元君庙最为有名，被称为"金顶"。自明代以来，每年阴历四月初一到十五和七月十五到八月初一，妙峰山都会举行香火会。

庙会。庙会源于远古宗庙祭祀，最初仅在氏族内部举行。古时候，祭祀是氏族部落一项重要的集体活动，祭祀对象主要是祖先和自然神灵。人们聚到一起，供奉祭拜，分享食物，进行歌舞表演，娱乐神灵，对神灵表达虔诚之心。后来为神灵修建了专门的房屋和宫殿（庙宇的雏形），庙会就在庙内或其周边举行。商周时的宗庙社郊制度以祖先崇拜为基础，对后世影响较深。佛教传入，道教兴起，庙会文化逐渐朝多元化方向发展，民间庙会日益普遍。后来，经济活动融入集市交易活动，唐宋时称为"庙市"。庙市发展的同时，娱乐性也随之增加，各种表演活动不只为敬拜神灵，也为娱乐民众。后来它成为佛教弘法的手段，道教为了与佛教争夺信徒，也开始发展游神赛会活动。庙会变成一种依附于寺庙的宗教信仰活动，集宗教崇拜、大众娱乐和商品贸易于一体。民众在庙会上向他们心仪的神灵进贡、祈祷，求神赐福，可谓古代"朝贡制"关系的翻版。（普通民众愿意模仿他们渴望的东西，而非颠覆它们。）庙会可以满足民众的心理诉求，是底层民众的宗教场所和娱乐场所，既可抚慰心灵，又能满足娱乐社交愿望，这里面既有对神灵世界的奇妙想象，也有对人生境遇的同情和理解，更有对美好生活的憧憬和向往。

民间信仰处于社会底层，与民众生活紧密相连，信者尤众。民间信仰包含不少迷信思想，但相比正统宗教，它要显得更加自由。它是民间社会人与人、人与社群之间一种特殊的凝聚力。

总　结

总的来看，中国人有宗教但又淡于宗教——他们用伦理道德取而代之。他们有一颗安详恬静之心，只求在老天爷的慈悲中寻求活下去的勇气，寻求一种安宁的心境。反观西方宗教，教派林立，宗派繁多，纷争不断，相互开战，究其实质，或为利益，或为观念。在一般中国人眼中，佛寺道观及佛道仪式更多的是一种娱乐消遣，而非道德说教。因而，与其（像有些人所）说中国没有宗教，不如说中国人不需要。中国人就像中国神话传说中的混沌，还是一个孩子，他们眼中的世界是一个整体，不需要像西方宗教那样把自己拆得七零八落。两者对比，中国人的简单信仰，不纠结于教义，反而含有更多真义。

第十八章

家　族

中华文明的一个突出特点就是强调社会关系。家族是中国最具特色的结构单位，中国历史在某种意义上就是一部家族演变史。中国的社会特性即源自家族制度。

古代中国是礼治社会，政简刑清是传统政府的最高政治理想，地方社会有较大的自主性，对民众社会生活的管束主要靠家族内部道德教化。受儒家思想影响，对家族的重视由来已久。

家　族

宗法制由父系家长制演变而来，萌芽于夏，商代有所发展，宗统与君统结合，父死子继为主，兄终弟及为辅。西周异商，立子立嫡。平王东迁，周室衰微，诸侯征伐，嫡长屡废，嫡庶互戕，宗法制被毁。古人齐家治国，家国相通。秦汉统一，核心家庭为五口之家。汉代，里中民户分为"什""伍"，相持相督。儒家思想以孝为本。汉代以孝治天下，举孝悌、举孝廉，选拔官员。孝为诸德之本、众善之始，由内及外、由亲及疏、由近及远。若干血缘关系相近的家庭组成宗族。秦汉宗族不同于前，宗子仅为族内最高权威。族权与政权就此分离。汉代乡官有三老、孝悌、力田等，孝悌掌管伦理风尚，力田掌管农业生产,宗族与农业生产相连。秦汉时期,宗族成员赡恤宗亲,互相救助,尤其是经济救助。宗族成员祭祀祖先,维系宗族存在。族长主祭,族人按序排列,旨在慎终追远,奉行孝道。汉代宗族还有族人会议,商讨族内大事。宗族职能逐步强化,宗族变成一个相对独立的社会单位。两汉嬗替,许多宗族聚堡自守,得以保全。东汉时期,强宗豪族渐起,四世三公频现,宗族与政权再度重合。魏晋分裂,战事不断,人们意识到只有组织起来才能求得生存,而同宗血缘关系则是最佳社会纽带,所以这一时期宗族组织比较兴盛。士族制度形成后,士族宗族势力发展到顶峰。宗族势力得到政权认可,社会观念随之改变。政治上,家族是政治前途的保证,大族子弟仅凭出身便可平步青云,东晋门阀政治是其极端体现。经济上,士族庄园的规模和自足性远超东汉豪族。宗族成员相互救助的观念转化为"通财"意识。宗族成员数世同居共财成为风尚。隋唐统一,士族衰落,依附士族的个体民户变为编户齐民,家庭与宗族再次回归常态。宋代以后,理学兴盛,上倡下行,建宗祠,置族田,定族规,立族长,宗法制复兴。宗祠(祠堂)供奉祖先,进行祭祀。明初打破庶民无庙规矩,明世宗诏令天下臣民冬至可以祭祀始祖,从此祠宇建筑遍及城乡。祠堂是宗族的标志,除去合族共祀的宗祠,还有大宗祠,系异地同宗传人通过联宗修谱结成宗族合建而成。宗族最重要的活动是祠堂祭祖,仪式极为隆重。族人违反族规家法,要在祠堂受罚;祠堂由此变为本族"公堂"。宗族为了维持正常运转,需要一定族产作为支持。族产主要是族田,每年都有地租收入。宗族谱牒旨在区分宗族成员的血缘承传,明清两代盛行纂修族谱,名门望族和寒门小族都视其为族中大事。与宋元宗谱相比,明清宗谱增加族规家训,政治色彩较浓。族规相当于宗族成文法,对族众有较强约束力。一些著名家族的族规和著名人物的家训在社会上流传甚广。明清两代,宗族是民间社会生活的重要调节机制,影响到几乎所有社会成员。但到19世纪中叶,随着商品经济的发展，宗法关系受到冲击，宗法约束逐步涣散。后来悌道日丧，分家而居者渐多，大家庭逐步解体。

《周易·家人》中云："女正位乎内，男正位乎外。男女正，天地之大义也。"古代中国以家居庭院之"门"为界划分内外。这一"内""外"之别，涉及"正家"与"治天下"等关系，与家族制度的演变有很大关联。唐代社会宽松，在男主外女主内的大环境下，上层妇女相夫教子、管理家业；下层妇女为生活所迫，更多忙碌于门户之外。宋代商品经济发达，富贵盛衰无常，家族维系功能具有重要意义。家族管理职责日重，原则上由男性主导，现实生活中则多由主妇主管。司马光说："妇者，家之所由盛衰也。"女性在家族中的位置和责任，随身份不同（为妇、为妻、为母、为姑）而变。宋儒提出"女正一家道正—天下正"，实乃"正女—正家道—正天下"。宋代家训族规都力求"正女"，因为"正女"是"正家"的前提。宋儒强调天理，要求家族成员履行"正位"义务，其代价就是，牺牲两性的个性发展：男性必须道德修身，女性必须贞节为本，双方都被家族规训。宗法社会的礼教观念认为，夫妇为人伦之始，夫妻名分一定，终身不变。元明以来，朝廷表彰守节的寡妇和贞女为"节烈""贞烈"，清代在这方面做得尤为认真，贞节坊和烈女祠随处可见。然而，这些守节者主要来自社会上层家庭且往往是迫于家族舆论和道德压力。中下层家庭妇女再婚现象非常普遍，因为古代社会重男轻女，男多女少，男性待婚人数可观，另外家境贫寒的独身妇女很难独自生存，加之涉及财产利益，有时甚至会被族人强迫再婚。明清两代，妇女地位确有改善，家中地位亦有提升。在"男女授受不亲"的规约下，妇女抛头露面有伤风化，但在明代中叶以后，城市生活日益繁华，就连大家闺秀也纷纷外出赏玩，甚至私结姻缘。伦理观念的转变，婚姻观念的变化，妇女地位的改善，都是社会经济因素使然。明代中叶以后，财富开始主导社会伦理价值取向，侵蚀宗法社会的壁垒。清代，一些宗祠根据贵贱［按照爵（官职大小)、功（捐钱多少）]排序，失去宗法旨意，预示着宗法社会的瓦解。中华民国成立，受西方影响，个人主义抬头，家族渐趋没落。

社会生活

家族制度的存在如此普遍，力量如此强大，势必影响社会生活。国家本身就是一个大家族（家天下），中国人眼中的政府为"父母政府"。理论上，官员（父母）是百姓（孩子）的监管人，两者关系由感情和责任维系。实际上，"父母"既可以给你一切，也可以拿走你的一切。家族也是一个保守机构，它由长辈统治，维护旧日理想。显然，这有利有弊。它既可防止体制解体，也能阻止创新变革。和帝国政治组织及儒家正统思想一样，家族是中华文明保持相对静止的主要因素。此外，儒家伦理崇拜祖先，看重家族荣誉，个人主义的发展受到抑阻。中国人组成不同种类的群体生活，对其成员施加不同的限制性影响。现代欧美国家个人主义盛行，古代中国则是个人主义缺乏，从某种意义上说，中国是一个个人难以单独存在的国家。

家族制度教导人与人之间的社会义务：守本分，负责任。对父母要知恩图报，孝顺有加；要敬老爱幼，以家族为荣。家族制度影响私人生活，个人婚姻要听父母之命，个人没有隐私可言。父母若是太过专制，大包大揽，常会扼杀孩子的天性和创见，此乃家族制度最大的弊端。孔子学说重在名分，人人各归其位，社会稳定有序。中国社会倡行五伦，君臣、父子、夫妇、兄弟、朋友，皆可合入家族。孔教的弱点是政治与道德混而不分，于家有盈，于国有亏。家族内部亲密互助，家族之外无情冷酷；家族一人得官，裙带随之飞舞，徇私舞弊，亲贵偏宠，夺公肥私，官制崩坏。营利舞弊，渎职榨财，恶于公众，美于家族。家族制度将中国社会切割成许多小群体，群体与群体之间没有统一的联系，人们愿为家族牺牲而不愿为国家牺牲。民众缺乏社会意识，公民观念淡薄。

中国人重"礼"（讲规矩）。中国被称为"礼仪之邦"，"礼"的本质是将心比心，体贴他人。古代典籍（如《礼记》）中有许多礼仪准则，指导人的行为。人们的感情靠礼来满足，人们的职责靠礼来实现，人们的善恶靠礼来评判，人与人的关系靠礼来维系。千百年来，中国人已将恪守礼节变成一种本能。中国人的礼也不全是发自内心的真实表现，而是带有很多表演成分，旨在维护既定关系，进而维持社会秩序。中国人规矩繁多，外国人难以理解，表现出来也就显得无能，故被中国人视为"野蛮人"。中国人的"礼"也表现在"送礼"上，"投之以桃，报之以李"，期望得到更多回报，因为礼尚往来，"来而不往非礼也"。中国人的礼，繁文缛节处，让人厌恶；温文尔雅处，让人舒服。

中国人重"孝"，孝为百善之先；尊养老人是为"孝"，祭祀祖先叫"追孝"，只有自己亲生儿子供奉的东西才能享用，加之养儿防老、多子多福习俗，故有"不孝有三，无后为大"之说，也因此养成"重男轻女"习俗，出现童婚早婚、溺死女婴、买卖妇女等恶俗。

中国人信命，他们常爱说："这是我的命！""我就这种命！"他们安分守己，听天由命，相信天道轮回，一旦因缘际会，高下就可易位，比如突然中举，突发横财，突交好运，地位立变，命运改观。这让他们能够容忍社会不平等，等到他们自己或其后代跨入上层，也会爱上社会不平等（享有特权），觉得自己大有面子。

中国人爱面子，他们常说的一句话就是："人要脸，树要皮。""面子"很难定义。试举一例。一户外国家庭的仆人被告知，糖下去得太快了，而糖则由他管理。他认为这是在说他偷糖，因此建议加装设备来保护糖，以免被偷。主人明知糖不可能被外人偷走，仆人对此也心知肚明，然而，他和他的主人都表现得好像是这条建议起了作用，此后糖再未丢过，仆人的面子也保住了。在古人眼中，面子相当于一个人的尊严，所以中国人的面子意识比其他国家表现得更加强烈。在中外条约里关于"不平等"条款引发的冲突中,最让中国人恼火的是面子上的损失。外国人在与中国人交往时,只要小心维护中国人的"面子",凡事都合乎"礼",想做的事情就可以顺利完成。不给人面子,是一种无礼之举。中国人好面子,"君子动口不动手",他们常会骂上半天,就是不出手,谁要出手有辱斯文。中国人之所以好面子,有可能是因为他们比其他民族更爱演戏。另一个可能的原因是,中国是一个熟人社会,缺少流动,一旦丢了面子就会"寸步难行"。还有一个原因则可能是中国人过于敏感的结果。

中国人非常敏感。他们有着一颗淡漠的灵魂。中国人知足常乐,悠游度日,就像生活在一场甜美的梦中;他们的生活中有许多快乐,即使在穷人中间也常能看到欢笑。都说中国人是乌合之众,像盘散沙,他们自己也常这么说,事实上,他们并不是一颗一颗孤立的沙粒,而是一个一个带有黏性的沙团(家族)。中国人天生文弱,生怕得罪人,但却柔而不顺,顺而不从(耐心接受别人批评,过后一切照旧),口是心非,自行其是。

可能由于好面子和极度敏感,中国人在交往时不喜欢直来直去,而是喜欢拐弯抹角。例如,在传递坏消息时,尽可能地隐瞒或间接表达。有时,一个看似很小的动作却是极具侮辱性。吵架经常语带暗讽。为了保住自己的"面子",中国人会随机编造各种借口,若你追根究底,你准会听到"不知道"/"不清楚"的回答。在官场上,尤其是冠冕堂皇的场合,绕弯子表现得尤为突出。中国人的社交礼仪非常复杂,对不明个中深意的外国人来说,很是令人困惑。

中国人忍耐力超强,许多人家的屋子里都会悬挂一个"忍"字;若不是被逼上绝路,他们绝对不会起来反抗。中国人看重人情世故,各项规章制度的效力也常被人情世故所稀释。中国是一个规矩繁多的社会,但也是最不守规矩的社会,或者说规矩都是给别人设的,自己人不用讲规矩,更不用遵守。中国社会的规章制度具有很大的融通性,关系到位什么都好说；重形式，轻实质，似乎定下规矩就是为了破坏它，可以说是一种有序的混乱。

中国人一直是一个谜，西方人很难真正读懂中国人，反之亦然。要破此局，唯有换位思考。中国不缺资源，不缺知识，不缺人才，也不缺资本，但缺少信任，如果做不到人与人之间相互信任，创造出一个信任社会，中国的复兴之路就会多生曲折。

婚丧嫁娶

远古传说，伏羲女娲兄妹通婚，繁衍后代。旧石器时代，先是血缘群婚，后是族外群婚；当时是母系氏族制度，知母不知父，舅父代父行权。新石器时代产生对偶婚，严禁同族通婚。原始社会末期，男子社会地位升高，父系制代替母系制，从妻居变为从父居，男娶女嫁、妻从夫君的家庭随之产生。"妻"字本义为"抢来的女人"，古代有抢婚俗，女子离家，哭闹不止；更常见的是财物赎买，后世演变为彩礼/聘礼。在这方面，有钱人家不成问题，一般人家则比较吃力，所以一旦结婚就不愿婚姻破裂，尤其女子不能随意离婚，同时为了传宗接代，继承家财，严格要求妻子忠贞。

夏商周时，有权势者除按"礼制"规定娶女人，还可以买女人、抢女人等。《礼记·昏义》记载，"古者天子后立六宫，三夫人，九嫔，二十七世妇，八十一御妻""诸侯一娶九女，卿大夫一妻二妾，士一妻一妾"。据说周文王有百子。当时的家庭，丈夫主导妻子，多妻之间等级分明，有嫡庶、正侧、妻妾之分。"妾"的本意是有罪受罚的女人；妻称夫为"君"，即有权发号施令的人。《诗经》中的"风"，多为与爱情婚姻有关的民歌。

中国重视礼治和礼教，上至国家大事，下至个人言行，都要合乎"礼"。人由男女通婚生育而来，所以"婚礼者，礼之本也"。男女正常通婚，需备"六礼"：纳采（携礼求婚），问名（姓氏生辰），纳吉（占卜凶吉），纳征（又叫纳币，送纳聘财），请期（约定婚期），亲迎（迎娶新娘）。礼节如此繁复，只有上层阶级用之；"礼不下庶人"，下层民众既无财力也无权利讲究这一套。当时已有三从四德，"未嫁从父，既嫁从夫，夫死从子""妇德，妇言，妇容，妇功"，要求妇女在德行、言语、容貌、劳作方面合乎规矩，安分守己。婚后所为不合规矩，可以休妻。当时对离婚不像后世看得那么重，讲究好合好散。"女无二适""从一而终"，要到宋代以后才成为女性的枷锁。

　　秦汉到清末的婚姻特点，一是性爱分离：婚姻首先是两个家庭的经济交易和政治勾联，其次是男方家庭传宗接代的工具。二是明媒正娶：为婚之法，必有行媒，父母包办，买卖婚姻，媒人传言在前，父母决定在后。子女的一切都属于父母，女子婚后变为媳妇，首先是公婆的媳妇，然后才是丈夫的妻子（婆媳关系处不好，日子自是不好过）；丈夫，首先是父母之子，然后才是妻子的丈夫。媒分官媒和私媒，周朝设地官媒氏掌万民之判（配），西汉、三国、晋、元等朝代史书中仍有相关记载。私媒多在民间。媒人的共同点是，人缘好，交际广泛；口才好，能说会道。媒人会按照两家的世系、门第、经济，以及当事人的八字属相等来确定婚姻。三是讲究"门当户对"，如春秋时期结"秦晋之好"，就是社会等级的反映。战国时期礼崩乐坏，秦朝统一复又大乱，陈胜喊出"王侯将相宁有种乎"，社会等级受到冲击。西汉初，门第意识松弛，后来封建等级制度完善，门户制度再次严格。寒门世族很难通婚。魏晋时，王谢家族十世联姻。

　　隋唐时，"上品无寒门，下品无世族"的状况有所改变，但是"新官之辈、新富之家"对自己门户太低不满，竞慕世族，结为婚姻，多纳财贿，形同卖婚。唐高宗反感此举，诏令"定天下嫁女受财之数，毋得受陪门财"，但此风至今犹存。武则天上台后打击世族，提携寒士，门第婚姻逐渐变化。普通人娶妻之外还可纳妾。妾地位特殊，是

第十八章　家族

独得宠爱还是被视若草芥，全看主人心态。受外来风气影响，唐代不忌讳离婚，"义绝则离"，法律规定有"七出"（无子，淫，不事舅姑，口多言，盗窃，妒忌，恶疾）和"三不去"（有所娶无所归，为公婆守孝三年，前贫贱后富贵）。唐代婚礼通常在黄昏时举行，"有障车、下壻、却扇、观花烛之事，又有卜地、安帐、并拜堂之礼"。新郎带着迎亲队伍到新娘家"催妆"，要高声诵诗催门。宋代门阀政治衰微，官僚政治兴起，权力财富转移，人们开始追逐新贵豪门。唐代婚龄，初期男满二十、女满十五；唐玄宗时，规定男年十五、女年十三以上，推行早婚；增加人口成为考核地方官政绩的一项指标。宋袭唐规，男子年十六至三十，女子年十四至二十，后来反对早婚者逐渐增多，婚龄也就相应推后。随着商品经济发展，金钱魅力大增，婚嫁多论钱财（"今之俗，娶其妻，不顾门户，直求资财"）。古之六礼仅留纳采、纳币、亲迎三礼。宋代形成新的婚俗，用花轿迎新娘。婚礼三拜：一拜家庙，二拜公婆，三夫妻交拜。元代人分四等，不同等级不许通婚。明代镇压豪强大族，商品经济发达，宋代那种"门当户对"日益流行。清代强调血统纯正，严禁满汉通婚；汉人之间出现官商联姻，用金钱换取地位。

隋唐人的丧葬，身份不同，死称不同（帝王之死叫驾崩，三品以上叫薨，五品以上叫卒，六品以下及庶人叫死），墓制不同。在特定历史时期，丧葬活动与其说是对死者的悼念与哀伤，不如说主要是活人演剧。丧葬制度，父母过世，子女守孝三年，官员父母死亡要"丁忧"（离职守孝）三年。丧礼包括丧、葬、祭。"丧"规定活人在丧期内的行为规范，"葬"规定死者的应享待遇，"祭"规定丧期内各种祭祀活动。隋唐流行厚葬，既可炫耀权财，也可表明自己孝道（在看重孝道的社会，装"孝"有助于升迁）。但因相互攀比，厚葬"丧尽家财"，无益生人，且易招盗，后期官方下令制止。宋代丧葬也强调身份等级区分，但礼仪和墓葬相对较为简单。唐代服丧期间的严格规定，到了宋代已经走形。当时民间流行在七七、百日、期年、再期之日要设道场，民间做道场超度水陆众鬼时"鼓钹震惊"，违背朝廷"丧葬不得用乐"规定，后来"丧家率用乐，人皆以为当然"，显得热闹无比。宋代流行"殡葬实能致人祸福"的观念，人们认为墓地风水直接关系到子孙后代能否发达，一旦发达就会说是"祖坟冒青烟"。当时（及后世）选择墓址，营墓下葬，均要请阴阳家。历史学家司马光虽然强烈反对这种做法，但在营葬先人时，迫于舆论压力，也不得不照此办理。理学大师朱熹更是对风水堪舆深信不疑。宋代出现很多堪舆家，形成不同理论和流派。风水阴阳思想一直到20世纪上半叶依然存在。

第十九章

艺 术

中国十分美丽，不仅风光旖旎，艺术尤为神奇。那里有高低起伏的丘陵、耸立云天的山峰、幽深绮丽的峡谷和雪光闪耀的冰瀑，其中有些景色极为壮观。对那些感受过中国魅力的人来说，中国有着无穷的吸引力；尽管北方气候恶劣、黄沙满天，部分子民贫困依然，历史文物锈迹斑斑，但它的倩影还是深深地刻印在了那些在它身边流连忘返、对美格外敏感者的心间。凡是在中国有过游历经验的人，更是不会忘记那些令他忘情其中的人文美景：水墨雅韵的绘画，线条飞舞的书法，曲径通幽的园林，气势宏伟的建筑，北京故宫更是散发着古色古香的华光。

历史总结

中国古代艺术丰富多彩，每个时期皆有自己的特点。其最大特点就是：艺术与道德融为一体。史前陶器，花纹独特。商代青铜，技术发达，图案造型充满活力。周代艺术延承商代，同时受到塞西亚文化的影响。秦国灭楚对中国艺术有很大影响，因为楚国文化与北方文化有所不同。汉代艺术发生巨变，简洁肃穆的装饰造型随处可见。艺术主题由过去的神转变为人。壁画中大量描绘与儒家美德有关的人物故事。艺术作品充满人间生活气息。魏晋南北朝，人物画向山水画过渡，佛像雕塑之风大盛，书法艺术飞腾。隋唐一统，诗艺达到顶峰，文人画开始流行。宋代，山水画达到全新高度。山水画之所以受欢迎，其中一个原因是，宋人渴望逃离城市，在山水间中寻找一份难得的宁静。明代，世俗艺术无比繁盛。绘画深受欢迎，主要描绘日常生活场景。建筑大兴，留存至今的许多城墙和宫殿都是明代建造，它们是 19 世纪和 20 世纪中国建筑的主要代表。

如果说艺术能够彰显一个民族的灵魂，那么中国人的灵魂可谓灿若霞云，与光同存。其宏伟的帝国理想，在其都城雄伟的城墙和宫殿中得到彰显。儒家的中庸之道，在比例恰当巧妙的庭院设计和建筑中得到体现。天人合一之愿，在宋代大师的风景画中可以窥见一斑。佛教和道教的修仙成佛幻想，在许多绘画和雕塑中有生动表现。一些寺庙的墙壁上还描绘了粗犷而充满活力的中国大众生活。在许多花卉和动物的图画中，在一些复杂精妙的雕刻中，都可以看出这个民族极其细腻、近乎女性般的敏感。

建　筑

中国古代建筑自成一体，文化底蕴深厚无比。其平面布局，讲究中轴、中正、方位、对称。唐都长安和明清都城北京，堪为古代建筑的典范。以北京为例，明代在元大都的基础上加以改扩建，北城墙南扩五里，成为东西略长的方形，后又在城南加筑外城，形成"凸"字形平面。重要建筑都建在南北中轴线上。讲中正，中国的礼仪道德规范渗透生活方方面面，建筑自然也不例外。古代建筑讲尊卑、高低、上下、正偏、主从，是传统等级观念的体现。传统观念认为，北为正、为尊、为上、为主，东西为偏，为辅；南为卑，为低，为下，所以建筑都坐北朝南。中式建筑按屋面形式分为不同类型，依照级别从高到低，依次为重檐庑殿式（如故宫的太和殿、乾清宫），重檐歇山式（如故宫的保和殿），单檐庑殿式（如故宫的文华殿、武英殿），单檐歇山式（如故宫的东西六宫，一般的庙宇山门）、悬山式（北京太庙中的神库）、硬山式（这种形式最常见）。中式建筑内外常有石雕、砖雕、木雕、彩画等，借助文字、图案、动植物和自然风景，用谐音寓意等手法，寄托人们对美好幸福生活的追求，如"万事如意""龙凤呈祥""五福捧寿"等。中国古代建筑最大的特点就是讲究与自然相合如一，它的屋面在天空下平和地延展，就像一只小鸟翱翔自然。

由于建筑材料较易被腐蚀，现今很少能够见到原汁原味的古代建筑。但是我们仍对明代以前的建筑有所了解。这是因为日本、韩国和一些东南亚国家保存有少数中式古建筑，其中最有名者如日本奈良的招提寺，它由唐代高僧鉴真所建，以建筑精美著称。

长城是中国最有名的建筑。它宛似一条巨龙，蜿蜒群山之间，飞向遥远天边，一如中国历史，段段相连，绵延久远。从公元前7世纪到16世纪，先后有十多个朝代修过长城，秦、汉、明三代更是进行了大修，今存遗迹主要是明长城。中国人为什么修长城？求和平，反战争，中国人没有侵略性。长城是一道屏障，它可以防御北方民族马背上的进攻，给予中国人一种心理安全感。长城也是一道隔离墙，它隔开了农业文明与牧业文明，阻碍了南北文化交流，但幸运的是，在长城数十个关口处，南北双方一直"往来长城下"，从而为双方文化交融（农牧互补）打下了基础。

紫禁城分为外朝和内廷，前者为皇权机构中心，后者为皇室起居区。外朝部分，紫禁城最重要的主体建筑是三大殿：太和殿、中和殿、保和殿。三大殿东侧有文华殿，西侧有武英殿，一文一武，代表文治武功的治国思想。内廷部分沿着中轴线建有乾清宫、交泰殿、坤宁宫，两侧是东六宫和西六宫。这条中轴线就是北京城的龙脉。中轴线长八公里，从南城永定门开始，一路往北，两侧是天坛和先农坛；正阳门，中华门，天安门（东侧是太庙，祭祀祖先，西侧是社稷坛，祭祀农神）；由端门到午门，进入紫禁城内城，最后由神武门出来，出皇城北门地安门，一路直通鼓楼和钟楼。

紫禁城的建筑主题就是强调皇权至高无上。紫禁城有很多门和桥，午门有五个门，太和门前有五道桥，中间那道门和桥，称为御门和御桥，只有皇帝才能走。紫禁城内有六对石狮，左雄右雌，雄狮脚踩绣球，表示世间一切力量尽在皇帝股掌之间。紫禁城的建筑色彩以黄色和红色为主。色彩在中国别有内涵，古代阴阳学家将五色与五方和五行相配，土居中，故黄色为中央正色。自从北宋赵匡胤黄袍加身，黄袍成为皇帝专用服装，黄色象征皇权，所以紫禁城也就以黄色为主调。红色代表吉祥，给人希望，民间视红色为喜庆色，明清两代规定奏章必用红色，称为红本。金黄色的琉璃瓦，暗红色的宫壁，红色的立柱，中南海、南海、北海环绕其间，蓝与黄、绿与红形成鲜明对比，把紫禁城衬托得富丽堂皇。

许多外国游客都称北京是他们见过的最宏伟的城市。这并不完全是因为对西方人来说，北京看起来很有异国情调，而是因为它是一个自称统治全人类文明的帝国的首都。它的四面城墙和高高耸立的白塔，本身就是尊严和权力的象征。它那宽阔笔直的主街道，与世界各地的旧城市形成鲜明对比，给人一种敞亮无比的感觉。它的庙宇，特别是为敬拜天神而建造的庙宇，昭示着一种寻求协调所有自然力量以造福全人类的秩序，给人一种天下共和的感觉。宫殿坐落在城市中心，象征着一种其他一切都只是其附属物的力量。在帝国时期，对各国使节来说，随着他们步步深入其中，这整个场景定会让他们肃然起敬。

园　林

　　中国园林受到中国哲学及山水诗画等传统艺术的影响。它可以分为皇家园林、私家园林、寺观园林等。园林源于"囿"，商周时为帝王祭天、狩猎之所。皇家园林为帝王所有，风格华丽，气势恢宏，体现了皇权至上思想和古代的宇宙观及世界观。它又可细分为大内御苑、行宫御苑、离宫御苑。私家园林为王公贵族、官僚地主、商人、文人等私人所有，风格隽秀、精巧玲珑，体现了文人雅士的审美情趣，多位于江浙及广东等地。寺观园林是古代佛寺道观附属园林，风格庄重而不失清秀，宗教色彩浓厚。它是宗教世俗化的结果，反过来也促进了宗教和宗教建筑的进一步世俗化。宋代佛教各派相互融合，禅宗进一步汉化，契合文人口味，寺观园林由世俗化变为文人化。

　　先秦为园林萌芽期，主要作为宫廷宴会、祭祀等活动场所，兼具游赏功能，囿中的建筑称为台，用于登高、观星等。秦汉为园林形成期，国家走上正轨，自然山水中布置大量离宫别苑。王公贵族、地主富商拥有的私家园林也逐渐兴盛。巡游封禅盛行，外加神仙传说影响，仿造自然堆山理水成为造园的发展趋势。魏晋南北朝为园林拓展期，国家动荡，民生困苦，佛道兴盛，寺观园林应运而生，成为民众逃避现实苦难之所。晋人南迁，南方得到开发，南方风景秀丽，开启游历山川之风。当时名士隐逸避世，崇尚自然和田园生活，山水诗画兴盛，园林美学初步奠定。代表园林如石崇的金谷园，王羲之等人的兰亭雅集。隋唐为园林兴盛期，国家繁盛，文化爆发，山水诗画对营造园林有重大影响。代表园林如辋川别业，长安芙蓉苑。两宋为园林升华融合期，偃武修文，文化繁荣，审美崇尚清淡雅致，"模天缩地"，注重细节。皇家园林出现大量人工假山。元代出现许多文人园林。代表园林如北宋的西园雅集，元代的玉山雅集。明代为园林繁荣期。明初太祖以俭治国，禁营园囿。明代后期，经济文化空前发达，文人生活日益精致化和情趣化。文人园林和皇家园林蓬勃发展。造园理论成熟，出现《园治》等专著。清代为园林辉煌期，继承写意山水园林的精华，北方以颐和园和承德避暑山庄为代表，形成借景自然、宏伟华丽的皇家园林；南方则以苏州、扬州园林为代表，形成朴素典雅的私家园林。

园林与建筑紧密相连，园林建筑旨在适应自然。佛寺道观常处深山，树木掩映，山水相连，曲径通幽成为主要景观。园林多为微型景观，内有假山泉水，亭台楼阁，树木湖泊。园林中，窗户起重要作用，常设计成扇形，称为"便面"；窗外青山翠竹，望去就是一幅画面。不仅是窗子，一切亭台楼阁都是为了"观和望"（体验空间之美），颐和园有一匾额"山色湖光共一楼"。中国的园艺大师，利用借景、分景、隔景等手法，自创风景。颐和园内玉泉山的塔，就是借景。颐和园的长廊，一园风景隔两半，即为"分景"。颐和园的谐趣园，自成空间，即为"隔景"。

雕　塑

中国古代思想重礼与德，轻物与形，故造型艺术不发达，但是这并不意味着雕塑技艺不发达。汉代以前就有类似古希腊雕塑的雕像，两者水平不相上下。中国有很多人体雕像，但雕塑师对人体刻绘兴致不高，对他们来说，身体不过是穿着衣服用来表达行为或思想的工具。中国雕塑师吸收外来佛像形式并加以改良，讲求传神，所以有时会违背雕塑传统，但却使这些令人敬畏的佛像看起来更有人情味。

新石器时代，红山文化就有大型女神塑像。夏商周有青铜雕塑，其中多为礼器。古蜀国有面具铜像。秦汉以后，青铜失去光彩，瓷器成为主流。始皇陵兵马俑，外观宏大有力，细部刻画入微，圆雕、浮雕、线雕有机结合，相得益彰。两汉魏晋南北朝流行俑像陪葬，有陶俑、木俑、石俑、铜俑。两汉皇帝仿秦陵俑，墓中也有兵马俑、仪卫俑、侍者俑陪葬。一般汉墓中多手工雕刻陶俑，其中百戏俑最为成功。魏晋南北朝，北方多武士、骑兵、仪卫等俑像。秦汉魏晋南北朝，地下随葬俑像，地上逐渐流行大型石圆雕。西汉霍去病战功卓著，死后陪葬茂陵，墓前有许多大型动物石圆雕，其中最有名者为"马踏匈奴"。这些石雕风格质朴，灵性十足。东汉中后期流行陵前神道两侧立石阙，列雕像，多以天禄、辟邪（狮子为原型）配对，或者是石狮、石虎、石人等。六朝以降，直至清朝，墓前石雕群像形成制度，帝王贵胄陵前必备。唐代陵前雕刻以"昭陵六骏"为代表，线条朴拙，姿态神武。唐三彩陶俑制作精良，栩栩如生。佛教在南北朝时期迅速流传，寺院、石窟应运而生，雕塑壁画灿烂多姿。隋唐雕塑，佛教造像艺术达到鼎盛。大佛脸上神秘的微笑，仿佛在笑对人生过往，笑看世事沧桑。佛教造像既是雕塑艺术的展现，更是人们心灵的寄托。最有名者为大同云冈石窟和洛阳龙门石窟。龙门石窟，东西两山对峙，中间一带伊水，远望犹如天上宫门，故叫龙门。武则天主持开凿最大一座石窟。工匠雕刻卢舍那大佛用去三年时间，凿成时，她率领大臣前来参加开光仪式。卢舍那是佛祖的化身，意为"光明遍照"，据说是仿照武则天的形象塑造而成，面目含笑，平和大度，有种女性之美。北宋以降，历代都有佛教雕塑，但大都显得较为刻板，缺少美感。20世纪上半叶，佛教圣地幸存下来，那里历经千年的雕刻，能够给方外游客带来一种难得的平静和安宁。

绘　画

　　中国人认为，绘画是他们最伟大的艺术表现形式，最能展现中华文明的生命力。西方鉴赏家越来越认同这一看法。特别是过去几十年，欧美一直有人在研究中国的绘画，并收藏了不少名品。许多专家都断言,中国画是最能展现人类创造美之能力的表现形式之一。遗憾的是,由于年代久远,画作材质易腐,加之战祸不断,画作易燃,大多数名画原作早已失传。幸运的是,它们有许多摹本流传。

中国画不仅是画家个体的心灵记忆,也是中华民族的心灵记忆,深受古代哲学思想熏染。它肇始于河图洛书,其时代特点可以简括如下:秦汉沉雄,多为匠人所为,然气度过人;魏晋清雅,受玄学清谈影响,敦煌遗窟,信仰虔诚,艺术超凡;大唐富丽,气度雍容;宋守格法,精细入微;元人散逸,淡泊寄情;明人革故,受商业冲击,个性觉醒,姿态万千;清人墨守正统,日渐式微。

中国画分为民间画、宫廷画和文人画。民间画始于新石器时代的彩陶,汉唐墓室壁画(尤其是敦煌壁画)可见其高超水准。壁画虽出自众工之手,但宫廷画家和文人也有参与,如唐代的吴道子等。宋代之后,院画家和文人画家不再创作壁画,壁画仍由民间匠人绘制。宫廷画,屈原《天问》《九歌》中有明确记载"宫墙文饰",汉赋中照实描绘了宫殿壁画的华丽和神妙。进入隋唐,宫廷画家广有记载。宋代院体画流行,名家辈出。明代院画仍存,山水花鸟皆有名作。清代院画渐衰。文人画始于六朝,当时社会动荡,士人在自然山水中追求精神寄托,绘画功能扩充到怡神悦性和抒怀明志。唐代,王维开一代风气,被尊为"南宗"之祖。宋代,文人画甚是流行。元代,士人遭弃,绘画成为安身立命、明志抒情的手段。明代,文人画仍是一时风气。清代,文人画式微。

水墨画最能代表中国艺术精神,纸墨浸润交融,气象变化万千。诗佛王维受到道家和禅宗影响,在书法的启发下,认为书画艺术应该造化自然,创造出水墨画,成为后世中国画的主流。中国山水画有一种俯瞰的感觉。面对中国画,即使一般爱好者也会深受感动,百看不厌。南朝谢赫在《古画品录》中提出"六法",第一条就是"气韵生动",这也是千百年来中国画的最高原则。西洋画讲求形似,中国画看重神似，两者走的是两条不同的路。西方人通过再现光线和阴影，部分使用线条来实现透视。中国画并非没有意识到这个问题，谢赫六法即曾提及，只是不重视透视。北宋初年山水画大师李成所画之物与外物极像，受到沈括批评，认为真正的画家应该用"心灵之眼"去观物，画出意念中的世界。中国画重意，重视人心内在精神。宋元山水尤为强调一片山水就是一片心灵世界。宋代山水，前期大开大合，气势压人，后期微观内敛，小有情趣。元代山水，空灵淡远，超然物外。明清山水重在展示个性，其典型代表如八大山人。他一生坎坷，早年因患狂疾而流浪街头，后来沉溺禅宗廿载，借画作表达自己独特的人生体验，其代表作《孤鸟图轴》，孤枝，孤鸟，独目，独脚，就像一个人在冷眼看世界。

书　法

　　书法以文字为载体，在一定意义上，中国书法史就是中国文字演变史：商代刀凿甲骨；周代石鼓刻文；秦朝小篆，笔写简书；两汉隶书，挥毫宣纸；但是真正意义上的书法，需要摆脱汉字的日常实用性才能升华为书法艺术，而它出现的时间点就是汉代。

　　西汉采用考试录用吏员，考试分为两大科目：（1）文化知识，识读数千古体汉字；（2）书写能力，会写八种书体。考过者可到官府任书吏，办理日常案牍文书。少数能力强者还可不断升迁获得高位。汉武帝时，善书者尊于朝。东汉中叶出现一批善书者（书法家），如蔡邕、崔瑗、张芝等；并首次出现书论，如崔瑗《草势》、蔡邕《笔论》等。当时社会上流行刻碑，其中多出自书法家之手。东汉末年，汉灵帝喜欢文学和书法，设置"鸿都门学"，招引文学之士和善书者，委以高官。南北朝时，宫廷王府设有"侍书"，辅导皇子和王子学习书法。有的善书者在皇帝身边担任中书舍人，虽然官品不高，权力却很大。魏晋出现楷书、行书和草书（后两者是书写中为了省时而形成的书体）。魏晋南北朝为书法盛世，涌现出许多为后世宗法的书法家。书学论著更是层出不穷。

隋朝开始科举取士，唐代则对这一制度加以完善，考试分为六科，其中就有"书科"，国子监中设有书学。唐代选官有四条标准："身（身材仪表），言（言语谈吐），书（书法楷式），判（判语判词）"，书法要求"楷法遒美"。另外，帝王爱好书法（如唐太宗酷爱书法，唐玄宗造诣颇深），上行下效。其结果就是，唐代书家辈出，佳作如林；文人楷书是其典范，后世无以超越。代表人物有初唐的欧阳询、虞世南和褚遂良，中唐的颜（颜真卿）筋柳（柳公权）骨。草书代表是颠张（张旭）狂素（怀素）。据说，张旭日日临摹前代大师书迹，却不见进展，一日在长安街头散步，见众人围观公孙大娘剑舞，衣带飘飞，与剑起伏。他看着看着，忽然悟出了书道，从此技艺大进。唐朝还出现许多书法理论著作。

到了宋代，各种书体都已成熟，难有超越。在禅宗思想的影响下，文人书法流行，行书大盛，代表人物有苏轼、黄庭坚和米芾。与唐人书法相比，苏黄之书摆脱法度，追求韵味。在这之后，字的风韵姿态和笔墨情趣成为最高境界，文人书法和文人绘画占据主导地位。元代书法陷入低谷。代表人物赵孟頫，字体雍容流丽，创立"赵体"。明代国家一统，征召书法人才，考过者授予官职，书坛逐渐振兴。代表人物有"吴中四名家"（祝允明、文徵明、陈道复和王宠）和"晚明四大家"（徐渭、董其昌、张瑞图和黄道周），他们追求个性解放，不受各种条框束缚。进入清代，统治日严，文字狱盛行，书法走向复古道路，流行"馆阁体"。

书法艺术，美在线条，线条流动，气韵畅通，一气呵成，如沐春风。中国人认为书画同源，密不可分，一树两支，互通其门。历代书法名家不少，但真正有趣味、有故事的却不多。

西方带来的变化

　　与西方的接触一直在破坏中国传统文化，中国艺术自然也是难逃这一厄运。西方的入侵，加上高层的腐败，使得富有创造性的中华文明一步步衰败。西方入侵在很多方面都给中国带来了不良影响。可能更具毁灭性的是，中国人对西方事物照搬全收。尤其是那些受过良好教育的中国人，他们吃西餐，穿西装，说洋话，住洋房，过洋节，信洋教，听洋乐，画洋画，营造西式建筑，抛弃中式传统，或者试图将中西方风格糅在一起，即使这违反了它们各自的建筑理念。

　　想要准确预测当代中国文化的未来，实属不易。旧传统遭到重创后，中国人只能耐心地等待新生事物的萌芽。中国人的审美意识是否会在外来冲击下激发出高水平的创造性表达？中国人是否会再次迸发出他们强大的创造力，最大限度地借力传统精华和西方新知对整个人类文明做出显著而有价值的贡献？还是他们会成为文化寄生虫，以祖先残存的衰弱成就为生，夹杂着消化不良的西方文化舶来品？目前来看，这一切都还无人知晓。惟愿旧日千年的遗产不会被完全抛弃，而是能够成为创造新千年的坚实地基。

第二十章

文学与教育

文 学

殷商时期文字成熟,甲骨卜辞已能记事,涉及天象、祭祀等。进入西周,钟鼎铭文(金文)衍为长篇,宣扬祖德,刻功纪烈,如《毛公鼎》《大盂鼎》。早期散文分为历史散文和诸子散文,前者如《尚书》《春秋》,后者如《老子》《论语》。《尚书》有古文、今文之分,前者被清代学者考证为伪托。今文《尚书》记述虞夏商周历史,其中殷商文章以《盘庚》为代表,佶屈聱牙;西周文章以《周书》为代表,文辞恳挚。

春秋战国时各诸侯国均有史官,今存《春秋》乃鲁国史书。它经孔子整理,成为孔门弟子教科书,书中以君臣父子之伦常为评人论事之标准,寄托了孔子的政治理想。《春秋》特点,文辞简洁,"微言大义"。为《春秋》作传者有公羊氏、穀梁氏、左氏,《左传》影响尤深。《左传》以叙史为主,常用倒叙,故事性强。《战国策》记述战国策士言辞,人物刻画传神。

《诗经》是中国文学的源头,也是第一部诗歌总集。它分为风(地方音乐)、雅(王室音乐)、颂(宗庙祭祀之乐)三类。《诗经》系周王下令诸侯各国采集诗歌,汇总后由乐师整理而成,适用于祭祀、朝聘、宴饮、外交等场合，流行于诸侯各国。它不仅为儒家所尊，其他诸子百家也常引之说理。《诗经》在先秦配合乐舞，后来乐舞失传。从汉代起它被视为经学，成为儒家教化的重要典籍。它反映商周时期社会生活，涉及战争、劳作、婚恋等。儒家学者从政治教化角度曲解《诗经》思想，但《诗经》自有其艺术魅力。

《楚辞》是西汉末年编撰的一部诗歌总集，与《诗经》并称"诗""骚"。《楚辞》源自南方地区的民歌和巫歌。楚国巫风盛行，民间祭祀必"作歌乐鼓舞以乐诸神"，楚乐独具特色，春秋之时即有"南风"之称。《楚辞》是楚人歌诗，带有鲜明地方特征。《诗经》代表北方文学，《楚辞》代表南方文学。楚人地偏南隅，中原视其为蛮夷，楚人亦以蛮夷自居，反而养成楚人自爱之心。屈原出身贵族，曾受重用，后因行事理想化，缺少从政者的周旋能力，投江而亡。他的《离骚》最能明其心志：路漫漫其修远兮，吾将上下而求索。他是中国文学史上第一个有个性的诗人，后世之有心人都开始思考自身的命运。

秦汉以来，乐诗分离，辞赋文体形成。汉赋代表作家是司马相如，他在汉武帝时应召入宫，代表作为《子虚赋》。在他之后，辞赋作家纷纷入宫，为统治者"润色鸿业"。司马迁的《史记》被后世誉为"史家之绝唱，无韵之《离骚》"。汉武帝时乐府盛行，有《乐府诗集》流传，它用新的形式反映汉代社会生活，唐代新乐府运动是其延续。汉乐府民歌主要是杂言诗和五言诗。汉末出现《古诗十九首》，它反映了汉末无名文人的人生感触，如人与社会的冲突（不适应变化的社会生活和人际关系）和人与自然的冲突（人生易逝，岁月如流）。人生苦短如朝露，死亡常伴如影随，如何度过短暂一生？有两种解脱办法：修名立德，及时享乐。这也是后世文学一直不断重复的主题。

建安年间，曹氏父子（曹操、曹丕和曹植）和建安七子创立"建安文学"。建安时期的作家历经战乱，饱经忧患，诗作多慷慨之音。曹操诗作以乐府居多，古直悲凉；曹丕诗作乐府居半，辞深婉约；曹植诗作乐府仅占三分之一，骨气奇高，古体诗自此变为近体诗。曹氏父子以统治者身份带头写作五言诗，促进了五言诗的发展。晋代以后五言诗成为主要体裁，代表作有阮籍的《咏怀》组诗和左思的《咏史》组诗。最耀眼的那颗星当属东晋末年的陶渊明。陶渊明身处乱世，坚持个人操守，追求道德完善。他不为五斗米折腰，退隐归耕，开创田园诗派，诗风看似自然平淡，实则内含无限感慨。他用儒家思想对待社会生活，又用道家思想安顿自己内心，为士大夫提供了一种人生榜样。

东晋庄园经济发达，人们开始亲近山水，加之玄学清谈，山水之美为人接受，山水诗应运而生。谢灵运是古代山水诗写作的代表，诗作清新可爱。在他之后，谢朓是最有影响的山水诗人，其诗作明丽绮练，情景交融。南北朝文学成就主要在南朝，北魏孝文帝力行汉化，北方文化逐渐形成自身特色。南北朝虽然政治对立，文化交流却很频繁。南方文学贵清绮，北方文学重气质。庾信融南北文化于一身，他生于南方，自幼随父出入宫廷，与徐陵同为宫体文学的代表作家。侯景之乱时，他逃往江陵，后奉命出使西魏，因梁为西魏所灭，留居长安，最后老死北方。在长安时期，他身居显贵，被尊为文坛宗师，受皇帝礼遇，与诸王结布衣之交，但他内心却是充满矛盾，为自己身仕敌国而羞愧，因不得家归而怨愤，作《哀江南赋》抒发心意。庾信诗赋文兼善，是六朝骈文的集大成者。同时，他还开唐人以诗入赋的先河，唐代王勃、骆宾王的骈作皆受其影响。代表作有《枯树赋》《哀江南赋》。

魏晋南北朝是门阀士族社会，士族文人掌控文学发展。左思和鲍照的诗作，代表寒士文学。左思家世儒学，后因其妹入宫纳为贵嫔，举家迁居洛阳。他构思十年写成《三都赋》，一时"洛阳纸贵"。但作为寒士，他始终无法进入上流社会圈子。鲍照一样有才华，有抱负，只因出身寒门，不被上流社会接纳，一生沉沦下位，最后因统治阶级内部争斗而死于乱兵。

　　从隋唐到明代中叶，文学体裁从诗文扩大到词曲小说，创作者从士族文人扩大到庶族文人和市井文人，文学的接受者也从文人扩大到市民。这与唐宋古文运动有莫大关系。古文运动起于韩愈和柳宗元，他们革新文体、文风和语言，提倡"词必己出""文从字顺"。古文运动是一场儒学复兴运动，其核心是文道合一，所谓"道"就是以仁义为核心的儒家思想。韩愈认为，强国之道，唯有加强中央集权，为此必须振兴儒学。韩柳死后，古文运动衰微，骈文势力重张。直到北宋中叶欧阳修、苏轼等人再次掀起古文运动，这才确立古文传统。宋代古文受理学影响，主张"文以载道"。受此影响，宋代文章重议论，文章与政治教化关系得到强化。"文以载道"理念在此后一千年间一直占据正统地位，直到20世纪初"新文化运动"兴起，白话文流行，情况才有根本改变。

　　唐代是诗歌发展的巅峰，作诗者遍及各个阶层。南北文化融合，文化自由开放，政治相对开明，诗歌成为科考科目，再加上皇帝雅好作诗，上行下效，促成唐诗繁荣。唐诗风格多样，多以风神情韵擅长；气象恢宏，神韵超逸，意境深远，格调高雅，打开诗歌自由联想空间，形成了中国人的艺术趣味。唐诗分初、盛、中、晚四期：初唐融合南北文风，确立近体诗；盛唐诗风博大雄浑，深远超逸，盛唐气象，后人难及；中唐，国家政治经济衰颓，诗歌政治色彩浓厚，揭露社会各种弊端；晚唐，诗人难凭诗才进入上层，沉沦日常生活，沉湎内心世界，沉溺一己哀愁。诗歌在唐朝得到普及，一树繁花，中国人的思维方式随之诗化，中华文化也多了几分诗韵，追求灵犀一点，启示无限。盛极难继，宋代追求诗的散文化，以文字为诗，以才学为诗，以议论为诗。后人评论宋诗"以筋骨思理见胜"。

　　词（曲子词）源于隋代，至唐稍盛（唐代流行酒令，演化为词中小令）。晚唐五代，温庭筠、李煜等人推动词的创作；进入宋代，由于社会有娱乐消费需要,加上市井作家出现,宋词达到繁荣,与唐诗并称。宋词的发展有几次转变:柳永发展慢词,把词引向俚俗;苏轼以诗为词,词风转为豪放;周邦彦以赋为词,音韵清雅脱俗;辛弃疾以文为词,与苏轼同为豪放派;姜夔精研乐理,词作幽韵冷香;女词人李清照,北宋灭亡前词作婉约,北宋灭亡后词作悲凉。

戏曲可以溯源到上古的原始歌舞和祭祀、春秋战国时期的俳优、汉代的角牴和唐代的参军戏,宋代的杂剧和金代的院本是中国戏曲的雏形。元朝时,读书人地位一落千丈,有才难施,改作戏剧。戏曲演出以城市为中心,遍及南北。元曲与唐诗、宋词并列。元曲包含元散曲、元杂剧和南戏。元散曲是南宋以来民间形成的新的歌曲形式,是元杂剧的主要构成部分(曲词)。元杂剧兴起于北方,前期是鼎盛时期,中心在北京;后期转向南方杭州,作家少,作品少,质量也不高。南戏早在北宋末年就在南方流行,它产生于温州,逐渐流传到杭州。元朝初年北方杂剧南下,南戏衰落;元末,南戏吸收杂剧优点,重又兴盛,并为明清传奇打下基础。

中国戏剧故事有一个模式,就是大团圆的结局:善有善报,恶有恶报,有情人终成眷属。这也是中国人乐观民族心理的一种反映。中国戏剧有抽象化(环境虚拟,一支船桨代表行船;动作虚拟,三五步就走遍天下)和程式化的特点:舞台上不设道具(或道具甚少),主要通过演员的动作、曲词和对白来呈现;以音乐为中心,在唱(唱腔)、念(念白)、做(身段)、打(武打)中,唱居主导地位,所以中国人常说"听戏"。戏剧演出脸谱化(对人物角色的道德评价),红脸代表忠勇,黑脸代表粗豪,白脸代表奸恶。中国人酷爱戏剧,看戏也就成为教化大众最有效的方式之一。圣君贤相,忠臣义仆,父义母慈,兄友弟恭,让人生出一种淳朴的爱憎伦理。不过,在对人物形象的刻画上,中国戏剧从未像古希腊戏剧一样,上升到思考人生和命运的高度。中国人对这些问题并非视而不见,而是将其付诸哲学。因此,在中国严肃文学中,戏剧并未占据显著地位。

小说始于唐传奇,此前六朝志怪多写鬼怪神异,唐传奇始以人物为主角。唐代城市经济繁荣,不同阶层行业的人形成错综复杂的关系,流传着种种奇闻趣事,成为小说素材。代表作有《李娃传》《霍小玉传》。然而,唐传奇仍属士大夫文学,作者和读者都是士大夫。另有适应市民要求而兴起的讲唱文学:市人小说、俗讲和变文。宋元时,白话小说兴盛。当时理学当道,小说充斥封建说教。宋元话本的出现,确立了白话小说这一新文体。宋元商业发达,市民阶层壮大,一些大城市出现游艺场所:瓦舍或瓦子。其中受人欢迎的技艺之一就是说话,话本则是说话艺人的底本。其听众主要是下层市民,故话本中人物也多是手工业者、中小商人、婢女、妓女等。流传至今的宋元话本主要有小说和讲史。小说是"小说话"的简称,也就是说小故事;题材广泛,包括灵怪、烟粉、传奇、公案、神仙等,代表作有《碾玉观音》《错斩崔宁》。讲史篇幅较长,分多次才能讲完。讲史话本,宋元时多叫"平话",只说不唱;明清时写作"评话"。代表作有《全相平话五种》(其中包括《三国志平话》,日后《三国演义》的雏形)和《大宋宣和遗事》(日后《水浒传》的雏形)。明代,小说概念扩大,也包括一些中长篇作品,小说与平话、演义的区别逐渐消失;话本成为短篇小说的专称。

《三国演义》是中国第一部长篇章回体小说,它描写了魏蜀吴近百年间错综复杂的政治斗争、外交斗争和军事斗争,宏观描写配以细节穿插,故事性很强,尤其善于描写战争;书中有许多虚构成分,塑造了不少具有奇特性格的人物,如千古贤相第一人诸葛亮,千古名将第一人关羽,千古奸雄第一人曹操,读来引人入胜。全书贯穿"忠义"思想,在民间起着历史教科书的作用,甚至成为道德行为规范,对明清以来中国人的思想行为影响颇深。它也是解读中国文化的上佳文本。《水浒传》也是一部著名的长篇章回体小说,它讲述了北宋末年以宋江为首的一次起义：从被逼上梁山不得不造反，到被招安后征讨方腊功成被害。书中描绘了一百单八将不同的人物性格，不同的人生经历，其中林冲风雪山神庙、景阳冈武松打虎、鲁智深大闹野猪林等，尤为脍炙人口。小说原名《忠义水浒传》，旨在宣扬忠义。梁山好汉们的经历，形象地说明了"官逼民反"的情况。这两部小说有一个共同点，就是呼唤英雄、崇拜英雄，这也是当时社会广大民众的愿望；另外一个共同点则是宣扬"忠""义"，尤其是"义"，主要表现为"有恩报恩，有怨报怨"，哥儿们义气（小团体利益）高于一切。这也是当时底层民众为了保护自身利益而推崇的一种道德规范。

元末明初，通俗文学（小说和戏曲为代表）曾向雅文化靠拢，《琵琶记》宣称"不关风化体，纵好也枉然"。明代中叶出现俗文化热。当时商品经济日盛，社会观念转变，通俗文学广泛传播。作家为商人作传、写墓志等极为常见。小说编刻成为一种有利可图的商业活动，书商开始左右小说创作。在此背景下，逐渐形成新的审美标准：尊情，崇俗，尚真，求趣。但在这些标准中，又渗透着正统道德观念。道德劝诫在小说中无处不在，就连《金瓶梅》也有"曲终奏雅"之评。这也是通俗文学创作的一种规范。正因如此，通俗小说在社会生活中的影响越来越大。当时人说："古有儒释道三教，自明以来，又多一教，曰小说。"

《西游记》这一宗教题材的小说，带有鲜明的世俗化倾向。它以人物为情节中心，通过幻想的形式，描绘了一个有着悠久历史的民族在漫长而曲折的过程中所显示出的精神风貌，虚实相生，超越时空，获得不同时代、年龄和民族读者的喜爱。主人公孙悟空大闹天宫，后来保护唐僧西天取经，历经九九八十一难，斩妖除魔，包括自己的心魔，最终战胜自我。

《金瓶梅》从《水浒传》中截取一支，演绎出一个商人家庭的故事。当时文人开始更多地关注世情。在"三言""二拍"中，可以看到很多普通市民的形象。明代中后期还出现了笑话文学，摆脱正统观念束缚。青藤道士徐渭提出"无所不可，道在戏谑"的看法。在晚明文人眼中，世间所有神圣的东西都成了笑柄。晚明还出现了小品文，独抒性灵，不拘格套。

明代后期小说戏曲突出"情""理"冲突，以情反理。清初小说戏曲仍在宣扬情，但是"发乎情止乎礼"，"情"在"礼"的制约下最终回归正统。这在当时流行的才子佳人小说中表现得最为明显。伴随金圣叹等人的小说点评，小说创作出现高峰，如蒲松龄的《聊斋志异》，吴敬梓的《儒林外史》。当时武侠小说也颇为流行。究其因，社会黑暗，法制不彰。但更主要的原因则是鲁迅所谓的"为市井细民写心"，以及这类作品的娱乐性。武侠小说反映了普通市民渴望行侠仗义、报仇雪恨的内心梦想。

《红楼梦》书写一个家族的败落史，追寻一种个体的青春生命体验，书中弥漫的忧伤和忏悔，是此前小说所缺乏的，也为中国传统文化所少有。全书叙事抒情相融，生活细节丰富，挖掘出日常生活中的诗意。书中的艺术形象表现了理想与现实的矛盾，灵与肉、才与德，难以抉择，展示出了当时中国人的精神困境。一旦矛盾无法化解，就会发生悲剧，书中有很重的末世感，并非只是一个家族的兴衰荣枯（楼馆劫灰，美人尘土），而是"有情之天下被毁坏"，昭示了整个社会的衰败，最终落得"白茫茫大地一片真干净"。曹雪芹强烈的怀旧气质，让人联想到明末清初的"忆语体"文学，如张岱的《陶庵梦忆》，沈复的《浮生六记》，都带有浓厚的感伤主义色彩。《红楼梦》折射出深厚的历史文化内涵，诗词曲赋，琴棋书画，文化经典，风俗习惯，应有尽有，是了解中华文化一个很好的文本。

戏曲在清代也有发展。汤显祖的《牡丹亭》至今仍受欢迎。作者通过荒诞的情节，弘扬人身上的美好情感。不过，戏曲真正的生命还是在民间，民间演剧是戏曲的重要组成部分。明末清初，职业戏班渐趋兴盛，当时有"雅部"（单指昆曲）与"花部"（昆曲之外的各种声腔剧种）之争。四大徽班进京促生国剧京剧，标志"花部"取胜。京剧融会宫廷趣味与民间精神、南方风情与北方神韵，成为古代戏曲艺术的最高代表。

戏曲的作用并不只是供人消遣，它还寓教于乐，演历史，传文化，扬道德。1904年《二十世纪大舞台》创刊，提出"戏剧改良"，揭开传统文艺变革的序幕。这其中变化最大的要数小说。梁启超和严复等人倡导"小说界革命"，认为小说是改良社会的最有效方式，可以体现"国民之魂"。1901—1911年间共出版通俗白话小说五百多部。

中医学

中医学带有浓厚的中国传统色彩，它用阴阳五行学说来说明人体生理现象和病理变化，将生理、病理、诊断、用药、治疗、预防等结合到一起，形成一套整体观。（中医治人，重调理；西医治病，重对抗。）这一体系始于战国，成于汉代，魏晋南北朝进一步发展。《黄帝内经》被尊为医学经典之首，它强调将人体视为一个有机的整体，治疗时不是头痛医头脚痛医脚，而是从人身整体出发，把握疾病的原因和本质；用阴阳对立转化及五行相生相克之理来解释人的生理、病理问题，提出平衡阴阳、协调五行的治疗法则。它认为人的内在世界是一个生命网络，人的脏腑功能各异，但又通过经络连为一体。经络是人体运行气血的道路，干线为经，支线为络。在治疗上，重视用针灸疏通经络。人的病因主要源于"外感六淫"（外部自然环境影响）、"内伤七情"（自身情绪失控或异常）、"饮食劳伤"。强调以预防和早期治疗为主，病从心生，养生重在养心。论述了望闻问切四种传统诊断手法。《神农本草经》是中药学方面最古老的经典，系战国到秦汉许多药学家经验汇集。书中收载药物三百多种，因多为植物，故名"本草"，

"本草学"成为后代中药学的代称。药物分上、中、下三品,上品补养,下品攻治,中品补养、攻治兼具。

东汉末年出现第一部有明确作者的医书:张仲景的《伤寒杂病论》,书中系统地论述了中医的辨证施治方法,收录三百多个药方,他本人被尊为"医圣"。当时还有一位名医华佗,他长期在民间行医,后因得罪曹操而被杀。他曾借麻醉剂"麻沸散"之力做过外科手术。社会上流传着许多他治病救人的神奇故事,有"神医"之称。东晋南朝时期,道教渐盛,道教中人葛洪通医术,编著《玉函方》百卷;陶弘景隐居山中,人称"山中宰相",著有《神农本草经集注》,创立新的药物分类,成为后世本草类书籍药物分类法的基础。

隋唐时期国家医药制度已较完备,太常寺下统太医署,太医署下立医学,分科教授,教官有博士、助教等。隋代太医博士奉诏主编《诸病源候论》,全书分六十七门,详述一千七百余种疾病的症候。唐代医学著作对疾病症候的讨论多以此书为据,宋代更是成为医学生的必修教材。这一时期,医方类书籍编撰甚多。隋代官修《四海类聚方》,多达二千六百卷,惜已亡佚。现存最有名者为孙思邈的《千金方》,其序云"人命至重,贵于千金,一方济之,德逾于此",故以"千金"为书名。书中尤为强调综合疗法,除用药外,兼用针灸、食疗。《千金方》收载药物八百余种,孙思邈被后人尊为"药王"。唐高宗朝对陶弘景《神农本草经集注》进行续作修订,名《新修本草》,后人称为《唐本草》,书中总结了唐代以前的本草学成就,颁行后成为药物学教科书,并流传到日本等国。

宋代设有翰林医官院和太医局,主管医疗和医学教育。太医局下设熟药所,地方设惠民药局,制售成药;同时设立校正医书局,整理医学文献,先后编纂《太平圣惠方》百卷,《圣济总录》二百卷。宋廷还将太医局的药方公开出版,名为《太平惠民和剂局方》。宋代各科临床医学均取得一定成就,如《外科精要》《妇人大全良方》《小儿药证真诀》。针灸学发展显著，北宋医学家铸造出两个铜制人体模型，编著《铜人俞穴针灸图经》。人体解剖知识也有进步，绘制出人体解剖图。南宋出现世界上第一部法医学专著《洗冤集录》，它被译成多种文字，成为世界法医史上的经典之作。

随着医学分科渐细、临床经验日多，中医理论也有进步。金元两代出现四大医学流派，从不同角度发展了传统中医学说。明代《本草纲目》是集大成的药物学著作。李时珍出身医生世家，自幼习儒，科举不第，转攻医药，曾入太医院工作。他发现历代本草类著作有很多误处，立志重修本草。他耗时二十七年编定《本草纲目》。书中提出当时最先进的药物分类法，系统记述药物知识，补充方药学理论，纠正不正确见解。该书流传朝鲜、日本等国，并被译为多种西方语言，达尔文创立进化论时还曾从中引述不少资料。

明代医学归属礼部，组织机构和职官设置承袭宋元。太医院为中央医药机构，下分十三科，为宫廷贵族提供医疗保健服务，任免和派遣地方药官。仿元制设立医学提举司。宫中设御药局和御药房，东宫典药司，王府良医所；地方设惠民药局，以及各种社会福利组织，如养济院和安乐营等。明代医学教育沿承元制，太医院监管医学教育，有完善的教学方法和考试制度。明代设有医生考选制度。府、州、县均设医学，主管地方各级医药行政和医学教育。民间医学教育主要是家传或师徒相传。

清代医事制度与明代相似但更简化，太医院为独立的中央医事机构，下设十三科，后合并为五科，设御药房和药库。清代医学教育，鸦片战争前设教习（内教习和外教习）培养医官人才。教学用书主要是《黄帝内经》《本草纲目》《伤寒杂病论》等。地方也开办医学，府设正科，州设典科，县设训科，名额各一人。医德教育为历代医家所重，可以概括为：济世救人，不图名利。古代医生的社会地位中等，属于"中九流"。

教 育

古时候,知识为官府垄断,只有贵族才能接受教育。后来王权衰落,学在四夷,私学出现,乡校设立,庶民亦有机会获取知识。孔子授徒教学,可谓私学代表。所授内容,不外乎诗书礼乐。春秋时期,官学沿袭守旧,诸子学自由创造。私学与士人互相促发:士人兴起促成私学,私学发展促进士人阶层壮大。

始皇统一,法治天下,虽有坑儒之祸,犹有博士事主;官府设"学室",对官员进行法律培训。汉承秦制,汉初官学旨在培训官吏。随着社会逐渐安定,朝中设立诸子百家博士和儒经博士。汉武帝兴太学,置明师,郡国立校,振兴文教,五经博士设五十弟子。独尊儒术之后,儒生官僚增多,文教兴旺。西汉末,太学弟子超过七千,博士弟子改称"诸生"。王莽时,太学生过万。东汉时,学士云会京师。东汉太学所习为今文经典,教习古文经典者多属民间私学。东汉后期,太学诸生超过三万,加上郡国学和私学,士人成为重要政治势力。太学成为"清议"中心,对抗宦官"浊流"。

三国动乱,文教残破,曹魏公卿以下能文笔者不过十人,后来恢复太学。曹魏及西晋设博士十九人,东晋设博士十一人,古文经学渐占上风。晋朝规定各县设校官掾,约千户设一小学。该时期设立国子学(招收五品以上官贵子弟),与太学并立,成为中央最高学府。二学分途,教育体制的身份化与此紧密相关。

东晋,太学时存时废,仅存学官博士。当时学在家族,官学冷败,士族门阀擅一时之盛,如琅琊王氏、陈郡谢氏。南朝,皇权重新驾驭门阀士族,官学振兴,宋文帝设立玄、儒、文、史四个学馆,梁武帝时建立国学五馆。国子学面向权门贵冑,国学五馆则面向寒门俊才,普通士人重新抬头。北方兵戎不断,文教低落。北魏文教趋盛。北齐四门学、太学、国子学三学并立,三者之别,在乎学生身份高低；国子生有品阶。北朝还逐渐形成另外三所专科学校：律学、书学、算学。

隋开科举，唐代承之，书读得好可以入朝为官，在利益的驱使下，教育有了大发展。唐初复兴国子学、太学和四门学，州县兴学。贞观（及开元）年间官学甚盛，同时兴办书学、律学、算学、医学等专门之学，中央六学二馆（弘文馆、崇文馆）学生总数达至八千。唐代官学分中央官学和地方官学。中央官学包括以贵胄子弟为对象的崇文馆、弘文馆和国子学，以一般官宦子弟和普通庶民为对象的太学、四门学和广文馆。地方官学则分县学、州学和府学。由于政策宽容，文化繁盛，加上科举考试，私人讲学也得以生存。安史之乱后，官学衰微，私学渐兴。

宋代重视文教，强化科举，学校与科举联系日密。庆历新政，大兴官学；普设州学、府学、军学，学时三百日。王安石变法，再次兴学，复办医学；主持修撰官方教材《三经新义》；创立三舍法，对学生进行综合评定。宋代官学教育偏重儒家伦理。私学方面，宋初官吏之需日增，私学应运而兴。后来中央官学扩充，地方官学普设，私学发展多受抑制。南宋时，官学一蹶不振，科举日趋腐败，高级私学（精舍、精庐）复兴，如朱熹的"沧州精舍"，陆九渊的"应天山精舍"。元代官学不振，民间私学兴旺。

国子监是中国古代教育制度发展的标志之一。隋初设立国子寺（607年改称国子监），一直沿用到清朝，统管中央官学系统。唐太宗时，四邻之国悉遣子弟入国子学。宋代，国子监负责管理各类学校和图书典籍，主管各类考试等，统领广文馆、四门学、国子学、小学、太学、武学和律学。国子学生员为在京朝官七品以上子孙。太学生员为八品以下子弟和庶人之俊异者，它是中央官学的核心。1102年，太学生总数最高接近四千。元代国子学一分为三：普通国子学、蒙古国子学和回回国子学。普通国子学招生不分种族，资格限于官宦子弟；

蒙古国子学以蒙古子弟为主，兼收少数汉人百官子弟；回回国子学主要培养译员。元代国子学分六斋教学，采取"升斋积分法"和"贡生制"。教学内容以儒家经学为主。明代国子监是设于京师的最高学府，因先后迁都之故，南京国子监（南雍）和京师国子监（北雍）并存。国子监生员有官生和民生。官生包括品官子弟、土司子弟、海外学生。官生由皇帝指派分发，出自特恩；民生由地方保送；采用"积分法"考核学习成绩。

书院是宋元明清最具特色的教育组织形式。"书院"一名最早见于唐代。723年，唐玄宗设立丽正书院，两年后改为集贤殿书院，是宫廷藏书和编书之所。书院作为一种学校"体制"始于宋代。其人员包括掌教（"洞主""山长"）和生徒，其规模有大有小（从几十人到数百人不等），其构成包括讲堂（传授学问）和斋舍（居住自习），其教育包括私人学术和儒家经学，其主要教材为儒家经典，其教学方式为单独引导，因材施教，没有考试，因其目的不为科考，而旨在明辨是非，修德成才。生徒每月听山长集讲一两次，平时自学，相互讨论。书院与书院之间也有学术交流。宋代书院培养出众多学者和教育家。

宋代书院是宋代思想发展的摇篮。书院思想自由，也是传播思想之所，理学家通过掌教书院和私人讲学来推动理学传播。书院弘扬儒学，抵抗佛道，朱熹复兴白鹿洞书院即有此意。地以人而重，宋代许多书院都因主持人或讲学者的威望而出名。朱熹在岳麓书院讲学，书院名气大增。理学家代代相传，许多还做了大官。南宋后期，许多地方官员为了讨好那些理学家官僚，修建书院甚多。书院多分布在江西、浙江、福建、湖南，那里经济富庶，重视人才教育和文化陶冶。书院繁盛之地，私人捐资办学之风亦盛。

元代，书院在北方有很大发展。随着程朱理学成为正统，书院逐渐官学化。书院山长由政府任命。书院学生由守令举荐，台宪考核，或用为教官，或取为隶属，科考内容大量渗入。明代前期，政府重视官学，提倡科举，书院衰落。明代中后期，阳明心学普及，白沙之学兴起，士子不满八股科举，书院重又复苏。清代政府加强对民众思想控制，书院发展受到抑制。清末新政更是废书院改学堂，书院就此成为历史过往。

书院教育的私学传统叮谓古代教育的一股清流，其优点是自修与研讨并行，精神独立，讲学与议政共存，思想自由，尤其是亲与师者接谈，人格多受熏染；其不足之处是忽略才能技艺培养，灌输伦理道德。总的来看，古代书院教育始于宋代，盛于明代，衰于清代，凝聚了儒家文化精神，作为一项重要文化遗产值得后人借鉴。

西方带来的变化

西方或多或少地改变了中国人的生活，但却没有哪个领域比知识领域的变革更彻底。为了追上西方，他们不得不重建教育体系。西方给中国文学带来的变化尤为显著，在诗歌、戏剧和小说中常能看到西方的影子。中国人的视野变得更加开阔。西方书籍得到广泛翻译，自然科学书籍最受欢迎。伟大的出版社应运而生，商务印书馆家喻户晓。甲午战争之后，教会学校成为中国最受欢迎的地方，因为那里能够提供人们梦寐以求的新式西方教育。新式私立学校和公立学校增长更快。成千上万的中国青年远赴日本、欧洲和美国留学，后来又到苏联留学，这是世界上任何一个国家都未曾有过的大规模学生迁移。

所有这些变化都源起于西方。欧洲人所熟知的大学理念广为传播。许多高校都立志成为真正西方意义上的大学，其中一些越办越成功。中国的学术氛围发生了深刻的变化。那些通晓经典却对其他知识一知半解的老派学者几乎已经消失。新式教育培养出来的学生，大多对古代经典一知半解，对西学也只是略知一二；可喜的是，其中有些学生既对本国文学有一定了解，又能轻松地使用一种或多种外语，既熟悉古今中外的知识，又是某个领域的专家。心怀炽热爱国情怀之人是新时代的典型产物，他们对科学和民主有着近乎天真的信心。（事实上，西方所谓的"民主"也并非什么理想之物，其本质不过是对人己权限的一种规范，以防最坏的事情出现。后来共产党人提出"人民当家做主"，这才赋予"民主"新的意涵。）

中国知识分子走向了新天地，这一巨变在小说领域表现得最为明显。许多知识分子都靠创作小说为生。他们反叛现有社会秩序，包括家庭传统和道德观念。其中影响最大者为先锋派作家周树人（1881—1936），其笔名鲁迅广为世人所知。他出生于浙江绍兴，有感于家道中落，世态炎凉，年轻时奋力向学。后来他去日本学医，受到触发，认为救人先救心。回到国内后他弃医从文，从事文艺译著，是"新文化运动"的重要参与者，20世纪30年代更是成为左翼联盟盟主。他认为，中国古代社会是一个吃人的社会，立国首在立人，人立而后凡事举，个体精神的独立和自由是现代文明之根，唯此才能建立一个自己支配自己命运的社会。他批评中国是一个"无声的中国"，希望人人都能自由发声。他的作品广受欢迎，代表作《阿Q正传》；1936年去世时，他被誉为"中国魂"，受到共产党的赞扬。

结　语

　　如世人所见，当今中国的显著特征就是新旧文化相冲突，一部分我们认为最具中国特色的传统文化正在逐步解体。

　　目前看来似乎正在隐踪匿迹的中华文明，是古老历史长期进化的产物。其发展历程已被定格在历史的舞台上，每个阶段都有其独特的标签。尽管这其中的某些特性在整个文明的发展历程中一再出现，但是毫无疑问，除了潮起潮落、波峰波谷，中国历史绝对不是我们所想的那样在循环往复。

　　与大多数古老文明的起源一样，中华文明的起源也是始于混沌。它的轮廓第一次清晰地映入我们的眼帘，是在公元前16世纪的商朝。商人生活在黄河下游肥沃的平原上，他们有文字，以农业为生，使用青铜器。周人灭商，他们来自西方，其势力范围不断扩张。平王东迁，周室权威不断下降，实权散落诸侯手掌。敌对诸侯相互交战，贵族平民差序有别。

　　基督诞生前第一个千年的下半叶，是中国思想史上最具创造性的时期：周公定仪礼，孔子重和谐，老庄尊个性，孟荀协君民，商韩则力主强君弱民。哲学家们主要关注如何创造一个理想的人类社会，如何让人民过上更好的生活。儒家希望创建一个礼的世界，礼乐教化，天下大洽。道家希望创建一个道的世界，知止无为，天下大美。墨家希望创造一个爱的世界，兼爱非攻，天下大同。法家希望创造一个法的世界，峻法严刑，天下安宁。儒家知其不可而为之，给中国人提供了一条进路，为中国文化保存一份进取精神；道家知其不可而不为，给中国人提供了一条退路，为中国文化保存一份自由精神；这两者是中国人思想的阴阳两极。商周文化是中华文明的根基，原始人对自然和祖先的崇拜至此演变成"天"，追求天、地、人和谐无间，形成以尊君、敬父、事亲为原则的家长制宗法社会。

战国是权力与欲望之争，实力决定人与人、国与国之间的关系。公元前3世纪中叶，嬴政一统六国，民众脱离战争苦海。旧秩序灭亡，新秩序诞生。始皇帝建立大秦帝国，中央集权，用官僚制来管理国家。他推行书同文，文字成为中国记忆的核心，不管时间如何流逝，文字都会让中国人与过去相连。秦文化给中国文化输入了西部游牧民族的征服和扩张气势。

始皇帝以吏治国，二世而亡，西汉吸取教训，独尊儒术，思想统一。当时盛行的儒学是一种融合论（儒家与阴阳家）。基于儒家理论，国家应该由最能干、最优秀的人来统治，不论出身。为此，西汉建立了以儒家思想为主导地位的教育机构，并开始实行公务员考试制度，通过考试选拔官员，治理国家。这种儒学治国体系，在后世不断得到完善和发展，一直延续到20世纪，最后在西方文明的冲击下消解。

西汉政权由楚人所建，黄河流域朴质守礼的华夏文化与长江流域自由奔放的楚文化融为一体。汉文化是周、秦、楚三国文化的结合与创新，那时的中国人敬鬼神而远之，人的主体意识得到张扬，热情追逐理想，为了立功扬名不惜抛尸异乡。汉朝大规模拓土开疆，中国人与外国人的接触较之以往成倍增长，甚至与罗马帝国也有间接交往。汉文化形成了汉民族的传统意识与心理结构。

魏晋南北朝，政治多元，权力分散，西北游牧民族内迁，汉文化受到冲击。这一时期，民族纷争不断，汉族信奉儒道，游牧民族信仰佛教，双方经由佛教这一渠道相互融合，汉人胡化，胡人汉化。加之魏晋时代个人觉醒，中华文化添加许多新鲜因素，充满创造生机。

隋唐统一，南北融合，中外交汇，中国成为世界文化中心。唐代统治者本身就流着少数民族的血液，唐文化融合了秦文化的扩张气势、汉文化的自由精神，以及魏晋南北朝的外来文化，各种外来文化迅速中国化。唐文化既主动包容吸收，又积极传扬散播，形成中华文化圈；他国派人学习中华文明，中华文明亦从他国获得新鲜血液。儒家文化因应时代，自我调整，得到复兴。儒道佛三分天下，三教论争变为三教融合。儒家追求大同世界，佛教追求极乐世界，道家追求太平世界。儒家倡导建功立业，容易束缚人心；道家倡导天人合一，给人心灵自由；佛家倡导超脱尘世，给人心灵安慰；三家互补，更易得到心理平衡。在中国诗歌长河中，唐诗成就非凡，中国人用诗歌来安放他们那颗敏感的心灵。

唐代是中国文化的一道分水岭，此前偏重开放与创造，此后渐趋内聚与封闭。宋代北方为辽、金统治，一直封疆应对。由于文化上没有外来竞争刺激，中国文化的新陈代谢能力下降，抵制外来文化力量增强。许是外在政治上承受重压，宋代产生了偏重内在自我修养的理学（新儒学），它有别于孔孟原初儒学，也不同于汉唐儒学，它认为"理"是万物本原，人生最重要的不是去认识客观世界，而是去追求天理，人格独立。

唐代城市经济兴盛，宋代冲破唐代里坊制度，商品经济发达，市民文化崛起。元代重视贸易，工商业城市快速发展，许多外国人以商人、士兵和官员的身份进入中国。西欧人首次直接与中国交往，其中多为商人和传教士。进入明代，理学成为正统，商业摆脱约束，艺术趋向世俗，市民文化之自由对冲宋明理学之裹缚。明代末期，心学派和性灵派反抗理学。18世纪，清朝臻于鼎盛，疆域巨广，人口新多，但因压制汉人，屡兴文字狱，文化暗弱。可以说，自元代以来，中国人的创造力和独创性就在走下坡路，且日益故步自封。明清中西交往，最后产生革命性影响。19世纪中叶，西方入侵，"师夷"与"制夷"成为一对矛盾主题，中华文明与西方文明发生巨大冲突。这两者都是人类天才的成就，虽然长远来看中华文明要更为令人钦佩，但因是西方征服了中国，所以是中华文明承受苦难。辛亥革命将中国带入共和国，然而革命失败又把中国拖进军阀混战局面。"五四运动"呼唤科学与民主，但更多的却是彷徨无依，学日本、学德国、学法国、学美国，一概不成，最后学俄国，共产主义思想得到广泛传播。虽然中国已经进入现代，但在广阔的内地农村，生活却是鲜有改变。中国的社会状态，就像是许多世纪同时并列在一起。

古代中国人的国家观念是：帝国包容所有文明人类，臣民效忠天子，儒官治理国家，政治统一，文化统一。西方推崇的国家理论则是：每个国家在各自领土上拥有主权，用国际法来处理与他国之间的关系。这种差异是双方经常产生误解和摩擦的原因，例如，一份条约的签署，对中国和西方来说意义大为不同。民主共和理论和后来的共产主义理论改变了中国的政治制度。近代中国货币以白银为主，西方货币则采用金本位制。近代中国工业尚处于手工业阶段，西方工业革命已进入电气化时代。近代中国交通工具是帆船、手推车、人挑肩扛，西方则是轮船、铁路、汽车和飞机、海底电缆和越洋电报。一直以农业和农村为主的中国，被迫进入一个日益工业化和城市化的世界。在宗教上，中国信仰儒家传统，它不得不面对继承了古希腊、希伯来和基督教传统的西方宗教。在中国，个人一直服从于家族和国家，但是随着西方文化入侵，家族解体，家庭分裂，个人的重要性得到突显。中国学术文化一直强调文以载道、人之精神修养，如今则不得不面对西方旨在控制世界的自然科学。在中国，学校教育是少数人的特权，旨在培训国家官员，现在则要与西方"人人接受教育"的理想进行竞争。中国传统艺术也遭到西方艺术的挑战。中国人对体育运动不太感兴趣，西方人则对体育运动趋之若鹜。中国人相信天圆地方，中国是中央，他们也会去往四方，但总会回头张望，最终回到圆点。西方人相信天地无边，勇往直前，不愿回头看（他们劫掠式发展留下的烂摊子）。西方世界看重控制自然（物质），认为资源无限。中国人则看重控制人欲（道德），认为资源有限。西方认为人性本恶，在征服自然（和其他民族）中谋生存，用武力、宗教、法律来维持社会秩序。中国人则认为人性本善，追求与自然（和其他民族）和谐相处，用善意、仁爱和正义来维持社会秩序。两种文明之间的对比不胜枚举。而评价一种文明，最重要的是要看它产生什么样的人，因为唯有人能揭示文明的灵魂。当然，中西文明都有各自的根系，中国不会全盘西化，西方也不会完全中化，但是中国人不得不思考：一个以家庭和家族忠诚为纽带的东方国家，如何应对一个四面出击、不讲情面的西方社会？对此我们只能拭目以待。

旧中国与现代西方之间也有一些相似之处。中国人是世俗主义者，他们热衷于建设一种能给所有人都带来物质享受和文化福祉的文明。西方人也是如此。中国人乐于接受西方器物并成功地参与国际商业竞争。中国和西方都发生了传统价值信仰危机，涌现出了虚无主义。但在看到两者相似之处后，我们仍需认识到，这两种文明在许多基本特征上格格不入。如今中国文化受到破坏，数千万中国人承受苦难，世界其他地区也面临危险，而这还只是革命的最新阶段，距离最终结果的出现尚很遥远。中国的变革是人类历史上少有的壮观景象，地球上最大的同质性群体正在经历其历史上最彻底的革命，结果如何，尚难评说。不过，就像中国古人所言，民心是一国最好的屏障；中国人只要自己凝聚一心，也就无人能敌，就像那道坚固的万里长城，只要不从内部攻破，无人能够跨越。每个民族都有自己的路要走，自己的戏要演，回眸千年历史发展，华夏新生，在中国共产党人的领导下，中国人自力更生，自强不息，有可能激发出新的创造力，创建一种新的普世文明。

世界不应该对中国失去信心，即使中国再次崛起需要一个世纪或更多的时间。许多热爱中国的人都对最终结果抱有信心，这一信心源于我们对中国历史和当代中国人的了解。中国人是一个有自信心的民族，他们有能力克服一切困难，而且我们看不出中国人的天才有衰退的明显迹象，所以我们要牢记中国人过去创造文明的能力，坚信他们最终会从遭受的打击中恢复过来，并再次创造出一种有价值的文化。在下个世纪或更长一段时间内，中国可能会遭受前所未有的挑战。然而，我们相信，这些挑战预示着一个新的、更强大的中国将会诞生在世人面前。

译后记

2019年初夏，受云彬翻译社区和北京大学出版社的委托，有幸承担赖德烈先生这部著作的翻译。2020年仲春，抗击疫情进入攻坚阶段，宅在家改翻译数月后，交付译稿供审阅。回顾近一年的翻译历程，个中体会与感悟愿与读者分享，欢迎大家批评指正。

"赖德烈"，一个颇具中国风味的名字，英文全名为"Kenneth Scott Latourette"（其音译为"肯尼斯·斯科特·拉图雷特"）。这位耶鲁大学的著名学者在传教史及东方史研究、中国历史与文化研究等领域造诣精深，其笔下的中国人及其历史与文化，为英语读者展现了一个跌宕起伏、五彩斑斓的中国社会。本书为作者的代表作之一，奠定了其在美国汉学研究领域的权威地位。1934年本书首版问世后得到众多汉学名家推荐，被誉为"一部里程碑性质的中国历史研究专著"，并被译为日文、法文等，在欧美高校被用作教材，在国内则得到史学大师时任清华大学历史系教授雷海宗先生（1935）和文化大家钱锺书先生（1946）的书评推荐（包括批评指正）。本书影响了几代美国汉学家（其中最有名者为费正清，20世纪美国汉学界分为赖德烈时代和费正清时代）的治学之路和西方的中国学界，并影响到美国政界和公众对中国抱持友好的态度和看法。中国文化源远流长，它是中国人的根，早已深入中国人的灵魂，复兴中华离不开它的浸润。将赖德烈先生这部作品译成中文，相信能给中文读者一个新的视角来研读和了解中华文化。

翻译往往被比作"戴着镣铐跳舞"。翻译一位名家的大部头作品，着实有这样那样的问题需要思考和解决，译前、译中、译后均是如此。首先，便是千方百计理解原文。通读、细读、精读、查词典、查网络、问专家，一个不能少，一步不能丢。然而，这样做了也不代表就完全理解了原文，还需要进一步打磨与润色。正如严复所言："译事三难：信、达、雅。求其信，已大难矣。顾信矣，不达，虽译，犹不译也，则达尚焉。"其次，译文多次修改。人们常说，好的译文是改出来的。这种修改不仅包括对原文理解是否准确、是否全面，还包括对原文意识形态、政治立场、文化心理乃至内容（由于成书年代久远，一些内容已经过时）等方面的调整与删减。

诚然，完成一部作品的翻译并非一日之功，也不全是一人之力。这之间包括了不少前辈、师长、亲友和学生的关心、指导与帮助。南京大学魏向清教授、浙江大学许钧教授多次鼓励和指导译者做好这部作品的翻译，并就术语问题给出了相应的指导，让我受益匪浅，在此深表感谢。同时，重庆第二师范学院的梁本彬老师就翻译中的一些问题给出了宝贵建议，并就时间进度多次提醒译者；北京大学出版社的编辑老师就译文编校付出了很多心血，在此表示衷心感谢。南京邮电大学外国语学院翻译系和英语系的方可、俞柯、王心媛、叶昱汐等同学参与了译文校对工作，在此一并感谢！

总之，翻译是一种交流互鉴，一种学习提升。诚挚希望通过翻译赖德烈先生的作品，能够加强中美、中外读者之间的交流互动，能够促进中美、中外文化的共享互鉴，让更多的朋友了解中国、理解中国、研究中国。同时，囿于译者自身水平及时间限制，译稿中难免会有不足和缺憾之处，对此译者深表歉意，也恳请读者朋友批评指正，十分感谢！译者相信，翻译是一种学习和提升，修改和完善翻译更是一种学习和提升。

陶李春于南京